天下文化
BELIEVE IN READING

孔子新傳

尋找世界發展的新模式

CONFUCIUS

In Search of a New Model for
World Development

序

黃俊傑

《孔子新傳》這部書是台灣大學前校長孫震先生的新著。孫校長是著名經濟學家，兼具理論素養與實務經驗，他不僅「心援天下」，更「手援天下」（《孟子．離婁上．十七》），除了教學研究之外，畢生參與台灣經濟建設並擔任許多政府重要職務。然而，他對孔孟思想一直有一種發自內心的崇敬與景仰，數十年來著書弘揚儒學，現在這部《孔子新傳》，是孫校長在儒學領域所發表的第六本書。孫校長年紀長我一輪，今年已近九十嵩壽，仍每週來台大研究室，將他心儀孔子研閱經典的心得寫成這部《孔子新傳》，承蒙他的好意將書稿交我先讀為快，並希望我寫一點閱讀心得作為序文。孫校長是一位溫厚長者，時時代人著想，予人溫暖，過去將近四十年來孫校長賜我關懷，貽我珍貴情誼，常就儒學而有所垂詢，我衷心感動，就忘了自己的鄙陋，寫下這一篇文字，以就教於廣大的讀者諸君子。

我誦讀孫校長這部《孔子新傳》，發現孫校長撰寫這部書時，首先將孔子置於古代中國的歷史背景之中，第一章從周代的興起切入，然後進入孔子生活的春秋時代。這樣的寫作方法，使孔子「祖述堯舜，憲章文武」（《中庸》第三十章）的歷史脈絡為之豁然彰顯，孟子（公元前三七二～二八九）所謂「知人」「論世」（《孟子．萬章下．八》），此之謂也。

這部書描繪孔子形象的切入點在於孔子的大歷史背景，孫校長的筆法獨樹一幟，與現有的孔子許多傳記著作並不相同。一九二八年（昭和十年）日本下村湖人（一八八四～一九五五，曾任台中一中校長）先生的《論語平話》，從孔門弟子「富有的子貢」切入；一九五三年張其昀（一九〇一～一九八五）先生寫《孔子傳》，從孔子的家世切入；一九六九年內野熊一郎等三人合寫的《孔子：人與思想》，從孔子的先世與孔子的出生切入；一九七二年日本著名漢學家白川靜（一九一〇～二〇〇六）先生寫《孔子傳》，從作為「東西南北人」的孔子之周遊列國切入；民國六十三年（一九七四年）二月錢穆（一八九五～一九九〇）先生所寫的《孔子傳》，直接從孔子的先世揭開孔子傳記的序幕。一九八一年英國漢學家雷蒙．道森（Raymond Dawson，一九二三～二〇〇二）寫《孔子》（*Confucius*）一書，從孔子的學與教開始講起；日本著名小說家井上靖（一九〇七～一九九一）先生曾獲日本文化勳章，到七十之齡才開始讀《論語》，深受孔子人格魅力所吸引，在一九八一至一九八八年以小說體裁寫作《孔子》時，曾六次走過孔子周遊列國的路徑，體驗、體會、體知孔子的心路歷程。井上靖的《孔子》，從孔子卒後三年，弟子服喪完畢的歷史場景切入。一九八九年張秉楠（一九三九～）的《孔子傳》從孔子作為沒落貴族的後裔切入；一九九六年韋政通（一九二七～）先生所寫的《孔子》，從宗教傳統、周禮傳統及經典傳統與孔子的關係切入。二〇〇七年久居美國的金安平（Annping Chin，一九五〇～）女士以英文寫作孔子傳記《真正的孔子：思想及政治的人生》（*The Authentic Confucius: A Life of Thought and Politics*），從孔子去魯這件歷史事件切入；二〇一〇年李長之（一九一〇～一九七八）的《孔子傳》則從沒落的貴族與孔子孤苦的幼年切入。

孫校長這部《孔子新傳》的寫法，與現有的幾本孔子傳之從「小」歷史的特定事件切入相對照，可以說是從宏觀的「大」歷史切入孔子生存的歷史場景。第一章從周代的政治制度講到春秋時代的霸主，再講到春秋中晚期綱紀廢弛與倫理敗壞，帶領讀者進入第二章，對孔子的家世、成長與為人，有了歷史脈絡的親切理解。孫校長所採取這種將孔子放在「大」歷史背景中描寫的方法，過去也有學者採用這種寫法，一九一〇年（明治四十三年）日本遠藤隆吉（一八七四～一九四六）所寫的《孔子傳》，並不是從孔子一生的某一件「小」歷史切入，而是先講孔子時代中國的社會狀態與思想狀況；一九四六年王禹卿的《孔子傳》也是從孔子的時代切入。但是，孫校長這本書，則從將孔子的歷史背景推到西周封建制度的建立與沒落的角度切入，視野更為宏闊。

其次，這部《孔子新傳》也將孔子思想置於現代思想脈絡之中，信筆所及隨時取孔子思想與亞當・史密斯（Adam Smith，一七二三～一七九

○）（本書第五章），以及諾貝爾經濟學獎得主顧志耐（Simon Kuznets，一九○一～一九八五）（本書第六章）的經濟思想互作比較。孫校長所採取的這種寫作策略，使孔子與現代可以進行對話，使本書讀者可以執孔子之手，與孔子偕行。孫校長的寫作方法與孟子所說的讀《詩》必須採取「以意逆志」（《孟子．萬章上．四》）的方法，暗暗吻合。孟子所謂「以意逆志」的「逆」這個字，朱子（一一三○～一二○○）曾解釋為：「逆者，等待之謂也。如前途等待一人，未來時且須耐心等待，將來自有來時候。他未來，其心急切，又要進前尋求，卻不是『以意逆志』，是以意捉志也」（黎靖德編：《朱子語類》，收入《朱子全書》，上海：上海古籍出版社；合肥：安徽教育出版社，二○○二年，第十四冊，卷十一，頁三三六），朱子將「逆」字解釋為「等待」，是提醒讀《詩》者必須虛心體會，優游涵泳，不可率爾論斷。但是，朱子的解釋卻受到日本德川時代儒者西島蘭溪（一七八○～一八五二）的批評說：「心無古今，志在作者，而意在後人，由百世下，迎溯百世曰逆，非謂聽彼自至也」（西島蘭溪：《讀孟叢鈔》，收入關儀一郎編：《日本名家四書注釋全書》，東京：鳳出版，一九七三，第十三冊，卷九，頁三五三～三五四，引文見頁三五四）。我覺得，孫校長以近現代西方經濟學家的思想與孔子對話，比較像是「由百世下，迎溯百世曰逆」的積極策略。這種寫作策略之運用，使孔子成為二十一世紀的領航者，對二十一世紀產生意義，本書第三章、第四章論孔子思想的二十一世紀新啟示，最為精采，並與作者另一本著作《儒家思想在21世紀》（天下文化，二〇一九年）互相發明。

接著，我想談談本書的另一殊勝之處，在於作者對孔子的行止的敘述藝術，可讀性甚高，對讀者的感染力極強。歷史敘述的藝術本來就是自古以來歷史學家之擅場，我們只要讀過司馬遷（公元前一四五／一三五～八六）《史記》〈刺客列傳〉，對於太史公敘述荊軻刺秦王驚心動魄的場景，都會留下深刻的印象，司馬遷在敘述荊軻最後擲出匕首後，以「不中！中銅柱」五個字，寄寓他對荊軻失敗的無限哀惋之情。司馬遷在〈項羽本紀〉中，敘述楚漢相爭時，項羽攻入劉邦故鄉沛縣，劉邦逃竄途中將兒子（後來的惠帝）與女兒（後來的魯元公主）救上車，但是在最危急的時刻，又將一兒一女推墮下車以便自己逃走，夏侯嬰「常下收載之，如是者三」，太史公用「如是者三」四字，生動地描繪劉邦的人格，真是入木三分。司馬光（一〇一九～一〇八六）《資治通鑑》敘述唐高祖武德九年（西元六二六年）的玄武門之變驚心動魄的過程，千百載以下讀之猶如歷歷在目。古希臘史學家修昔底德（Thucydides，約生於西元前四七二年）撰寫《伯羅奔尼撒戰爭史》，因他在西元前四二四年擔任過將軍，有帶兵作戰的經驗，所以他筆下的伯羅奔尼撒戰爭經過，恍如他親身經歷一樣，栩栩如生。傳統的歷史敘事藝術，到了二戰之後，由於社會科學理論與方法入侵歷史寫作，逐漸不受歷史學家的重視，所以在一九八一年歷史學家史東（Lawrence Stone，一九一九～一九九九）大聲呼籲歷史學家要「重返歷史敘事」（見Lawrence Stone, "The Revival of Narrative: Reflections on a New Old History," 收入氏著 *The Past and the Present*, London: Routledge & Kegan Paul，一九八一，pp. 74-76）。

在以上歷史寫作變化的背景中，本書可說是「重返歷史敘述」的成功作品。作者在本書第四章講孔子的從政之路，據《史記》〈孔子世家〉而敘述夾谷之會中的孔子；本書第五章講孔子周遊列國的際遇，參考〈孔子世家〉而敘述陳蔡絕糧的歷史事實，都栩栩如生，特別是描寫孔子與子路的對話，孔子信誓旦旦重申「君子」的涵義，讓讀者如親歷其境，使讀者對孔子的人格與風格，有了親切的體會。

最後，我想談談歷史上孔子形象及其解釋之變化的問題。二十世紀偉大哲學家柏林（Isaiah Berlin，一九〇九～一九九七），在他那部膾炙人口的《馬克思傳》中第一句話曾說：「十九世紀的思想家沒有一個人像卡爾·馬克思那樣對人類產生了如此直接、如此穩定、如此強有力的影響」（Isaiah Berlin, *Karl Marx: His Life and Environment*, New York: Time Incorporated，一九六三，p.1）。但是，如果拉長時間的視野，我們更可以說，將近三千年來的中國思想家，沒有一個人像孔子那樣對人類產生如此直接、如此穩定、如此強有力的影響。然而幾千年來孔子的形象及其思想的解釋，卻恆處於變遷之中。早在民國十五年（一九二六年）顧頡剛（一八九三～一九八〇）先生在廈門大學演講〈春秋時代的孔子和漢代的孔子〉一題時，就說：「各時代有各時代的孔子，即在一個時代中也有種種不同的孔子」（《顧頡剛古史論文集》，北京：中華書局，一九八八年，頁四八七）。二〇一〇年戴梅可與魏偉森合寫一本書，分析兩千年來歷史巨流中，孔子形象的變遷（Michael Nylan, and Thomas A. Wilson, *Lives of Confucius: Civilization's Greatest Sage Through the Ages*, New York: Doubleday，二〇一〇）。幾千年來，孔子的形象與思想在時間巨流之中歷經變遷，我過去曾編過一本書：《東亞視域中孔子的形象與思想》（台大出版中心，二〇一五年），孔子的形象及其思想的解釋常常因時、因地、因人而異，可以說是「一個孔子，各自表述」。孫校長在《孔子新傳》這部書中所表述的孔子，讀入了他自己畢生的人生經驗與體認，也讀入了現代經濟學家的啟示。孫校長所表述的孔子，是經由他的生命歷程所體知、所印證的孔子。這部孔子傳記的出版，開啟了二十一世紀對孔子的新視窗。我願意引用在這部書的結論中，孫校長的一段話，來作為這篇序文的總結：

如今進入現代成長時代（modern growth epoch），長期持續的技術進步，使勞動生產力不斷提高，人均產值不斷增加，國家的目的在社會和諧之外，增加經濟成長。倫理雖然必須遵守，因為倫理是與人相處應維持的適當關係，無倫理即無社會，然而隨著技術進步，經濟成長，經濟結構與社會結構改變，人際關係隨之改變，倫理的原則不變，但親疏遠近發生變化。政府所掌握的資源，在國家總資源中所占的比例減少，倫理的社會支援體系也自應由工商企業、教育與學術研究機構、各種行業與職業團體，以及社會中間組織共同支配。這些都是想要研究孔子智慧在二十一世紀的意義之學者必須多加努力的地方。

黃俊傑

序於台北文德書院

民國一一〇年二月三日

自序 我為什麼寫孔子傳

一

世界經濟發展可分「傳統停滯時代」（traditional stagnation epoch）和「現代成長時代」（modern growth epoch）兩個階段。傳統停滯時代由於缺少長期持續的技術進步，偶發一次性的技術進步使勞動生產力提高，社會的總產值也就是現在所說的ＧＤＰ（國內生產毛額）增加，人均產值和人均所得隨之增加。人均所得增加，生活改善，使人口增加，於是人均產值和人均所得重回原來的水準，經濟學者稱之為「生存水準」（subsistence level of living）。所謂生存水準就是使人口不增加也不減少的人均所得水準。

十八世紀中葉，工業革命從英國開始，向歐陸及北美發展，技術進步在科技研發與資本主義制度的支持下，取得連續不斷的性質，勞動生產力不斷提高，社會的總產值持續增加，抵消李嘉圖（David Ricardo）的「邊際報酬遞減」（diminishing marginal returns）效應，超越馬爾薩斯（Thomas R. Malthus）的「人口陷阱」，才有以人均產值和人均所得持續增加為特質的「現代經濟成長」。傳統停滯時代社會在長期中只有總產值（GDP）和人口增加，沒有人均產值和人均所得增加；進入現代成長時代才有總產值、人均產值與人均所得的長期持續增加。

法國經濟學家皮凱提（Thomas Piketty）在其《二十一世紀資本論》（*Capital in the Twenty-First Century*，二〇一四）中的一組統計數字，恰為上述一九七一年諾貝爾經濟學獎得主顧志耐的傳統停滯時代與現代成長時代的畫分，提出有力的證據：

皮凱提的法文原著於二〇一三年出版，下頁表西元元年到一七〇〇年相當於傳統停滯時代，一七〇〇到二〇一二年相當於現代成長時代。

世界總產值、人口、人均產值平均年增率（%）

年別	總產值	人口	人均產值
1-1700	0.1	0.1	0.0
（傳統停滯時代）			
1700-2012	1.6	0.8	0.8
（現代成長時代）			
1700-1820	0.5	0.4	0.1
1820-1913	1.5	0.6	0.9
1913-2012	3.0	1.4	1.6

我們如將現代成長時代細分為三個時期，每一時期大約一百年左右，則可發現世界總產值的平均年增率從百分之〇．五提高到三．〇。這是因為現代經濟成長隨著全球化的範圍擴大，進入愈來愈多的國家。一九一三年第一次世界大戰前夕，現代成長僅停留在西歐、北美和日本等現在所謂「已開發國家」（developed countries，亦稱 more-developed countries or economies, MDEs）。從第一次世界大戰開始到第二次世界大戰結束，當中發生一九

二九年的經濟恐慌和一九三〇年代的大蕭條（the great depression），全球化的腳步遲滯；第二次世界大戰結束後，初期僅擴及少數所謂「開發中國家」（developing countries，亦稱 less developed countries or economies, LDEs），在此期間台灣、香港、新加坡與南韓崛起，以經濟表現優異被稱為「東亞四小龍」。一九八〇年代以來，中國和印度兩個人口大國對外開放，加入世界市場，繼而蘇聯瓦解、東歐共產主義政府崩潰、拉丁美洲各國放棄進口代替改採出口擴張策略，世界經濟進入全面全球化時代，現代成長隨之向世界各地普及。

二

孔子思想產生於兩千五百多年前中國傳統停滯時代，個人追求財富不會促進經濟成長，全民的福祉來自社會的和諧與安定。因此孔子思想和以孔子思想為中心的儒家思想，重視倫理勝於一切世俗的價值，包括財富與地位。

倫理是人與人之間應維持的適當關係，以及由此引申出來人與人相處應遵守的原則。倫理的實踐為道德，道德表現在行為之上為品德，品德完美之人為君子。

在儒家思想中，倫理意識源自於人之所以為人的同理心（empathy）和同情心（sympathy）所產生的關愛之心，對他人的境遇感同身受，因此「己所不欲，毋施於人」，「己欲立而立人，己欲達而達人」。這正是孔子思想的核心元素——仁。仁是人生追求的終極目的（ultimate end），因此也是人的內在價值（intrinsic value），每個人為了追求自己的目的而實踐倫理，結果達成了社會的目的和諧與安定。

不過，雖然個人實踐倫理是為了自己的目的，但社會仍應有健全的誘因制度（incentive system）給予有效的支持。司馬遷在《史記．禮書》中說：

人道經緯萬端，規矩無所不貫，誘進以仁義，束縛以刑罰，故德厚者位尊，祿重者寵榮，所以總一海內而整齊萬民也。

行為的動機有萬千種，但有一定的道理貫穿其中。社會應以仁義加以誘導，以規範加以約束：品德高的給他地位，俸祿多的給他榮耀，如此調配社會上每個人的努力，達成社會全民的目的。這真是一個偉大的設計，讓個人自主與社會目的和諧共榮，這個偉大的設計在孔子時代就是禮。

進入現代成長時代，個人追求自己的財富，可以促進社會全體的財富，社會的目的在和諧安定之外，增加了經濟成長；個人追求自利取得道德上的正當性，因而得到社會的支持。現代經濟學之父亞當．史密斯（Adam Smith，一七二三～一七九〇）說，個人從事投資，心裡想的雖然不是公共的利益，然而「卻被一隻看不見的手帶領，達成無意達成的目的。他無意於此並非對社會不利；他追求自利，往往比志在公益，更有效的促進了社會的利益。」[1]

亞當．史密斯鼓勵自利並非不重視倫理。人有利己之心，也有利他之心。史密斯認為，我們關心自己的幸福，所以產生審慎的美德（the virtue of prudence），我們關心別人的幸福，所以產生公平的美德（the virtue of justice）和仁慈的美德（the virtue of benevolence）。公平是不減少別人的利益，仁慈是增加別人的利益。他說：

> 多為別人著想，少為自己著想，節制私欲，樂施仁善，成就人性的完美。[2]

又說：

---

1. *Adam Smith, An Inquiry into the Nature and Causes of the Wealth of Nations*, the liberty Classics ed., Indianapolis, 1981.pp.455-456.
2. Adam Smith, *The Theory of Moral Sentiments*, Penguin Classics, 2009, p.31.

為人如能做到恰好的審慎，嚴格的公平，適當的仁慈，可謂品德完美矣。[3]

史密斯認為，人的自利之心雖然強烈，但是常受

理性、原則、良心、胸中的長駐者，即內心那個人，也就是我們行為的偉大審判者和仲裁者的節制。[4]

他並相信，自由市場的公平競爭，可以保障交易雙方，不使消費者和勞動者應得的利益受到損傷，並將稀少的資源分配給效率最高的使用者，讓社會全體的利益達到最大。

不過市場並非常處於公平競爭的狀態，特別是現代巨型跨國公司膨脹，壟斷供需兩方面的市場，限縮消費者和勞動者權益，阻擋新興創業者發展，使貧富不均惡化，經濟成長率降低。

尤其是生產活動的成本，一部分超出市場，落在社會和自然環境之

中，由於無人主張所有權，所以不須提出補償，因此使生產的真實成本低估，經濟學稱之為「外部不經濟」（external diseconomies），成為現代經濟成長重大災害的主要來源，導致資源耗竭，環境汙染，地球暖化，氣候異常，生物滅絕，使世界發展難以為繼，並且日益威脅人類生存。

世界發展的希望在孔子，唯有將孔子倫理優先的價值觀引入現代西方市場經濟，並改變當前功利導向的社會誘因制度，讓個人利益和社會利益一致，世界才有永續發展的可能。這就是我為什麼要寫這本《孔子新傳》，讓大家更認識孔子，並且了解孔子思想在世界發展中的重要地位。

3. 同註2,.p.280.
4. Edward W. Ryan, *In the Words of Adam Smith*, Sun Lakes, Arizona, Thomas Horton and Daughters, 1999, p.17.

三

我中學時期愛好國文，一九五二年從台中私立宜寧中學畢業，買了一本沈知方主稿、蔣伯潛注譯的《語譯廣解四書讀本》和一部《景印古本五經讀本》，兩種都是由粹芬閣出版、啟明書局印刷，帶回台北，置諸案頭。由於大學讀經濟學，後來又以經濟學為業，無暇讀四書、五經，只有在空閒時候翻閱。不過日積月累，不知不覺增添了一些粗淺的儒學知識，也偶爾流露在言談和文字之中。

二〇〇〇年我從公部門退下，到元智大學教書，講授「經濟政策」和「企業倫理」。企業倫理並非我的專長，我從頭讀書學習，使用西方的教科書。二〇〇一年十二月到二〇〇二年六月，美國連續發生安隆（Enron）和世界通信（WorldCom）醜聞，企業倫理一時成為大學商、管學院的顯學。我發現西方雖然重視企業倫理，卻未能防止企業醜聞發生。主要因為資本主義以自利為動機，從事生產，追求利潤，基本上重利輕義。康德（Immanuel Kant，一七二四～一八〇四）說，當自利進入心中，我們就再也不能辨別是非。孟子說，「苟為後義而先利，不奪不饜。」只有將義放在利的前面，企業經營才不會造成對勞動者、消費者、社會和自然環境的傷害。於是我嘗試將儒家思想納入西方的企業倫理之中，以充實我企業倫理課程的教材，並於二〇〇四年出版我的第一本企業倫理專書《理當如此：企業永續經營之道》（天下文化）。

二〇一〇年代，我進一步結合儒家思想與經濟成長，陸續出版《現代經濟成長與傳統儒學》（三民書局，二〇一一）、《世界經濟走向何方？點亮儒學的明燈！》（台大出版中心，二〇一三）和《儒家思想的現代使命：永續發展的智慧》（台大出版中心，二〇一六）三書。

二〇一二年，時任孔孟學會理事長的郭為藩兄，邀請我和另外四位好友，我們都是儒學的愛好者但並非專家，在中華教育文化基金會贊助下，從《論語》中各選十五章，合為九十章，加以簡短闡述，譯成英文，題目是《論語粹語今釋英譯》（*A Contemporary Interpretation and English Translation of Selected Chapters of the Analects*），於二〇一四年完成。但我興趣正濃，欲罷不能，繼而於二〇一八年出版《半部論語治天下：論語選譯今釋》（天下文化），又於二〇一九年出版《儒家思想在21世紀》（天下文化），然後花一年時間完成這本《孔子新傳》，商請天下文化出版。現在我忽然感覺，過去所寫所有與儒家思想有關的著作似乎都是為這本《孔子新傳》作準備，而這本《孔子新傳》又似乎成為過去所有相關著作的起點。

本書初稿完成送請台大前人文社會高等研究院院長，現在文德書院院長黃俊傑教授指正。俊傑兄給了我很多寶貴的意見，並且答應為本書寫序。我敬表感謝之意。

台大經濟研究學術基金會執行長陳正倉教授為我安排良好的研究環境，台大社會科學院退休祕書陳玲玉小姐回來幫助我處理日常事務與整理文稿，我十分感謝。沒有正倉和玲玉幫忙，這本書不可能完成。

我也要藉著這個機會感謝內人李鳳雀女士，我們結婚即將六十年，家中一切大小事都由鳳雀一力承擔，讓我得以專心讀書、寫作，所以才能有一些微末的成績。

孫震

於台大經濟研究學術基金會

二〇二一年二月一日

目錄

第一章——孔子思想的時代背景

一、周代的興起

周的始祖名棄，姓姬氏，是堯時代的名臣。和他同朝為官且後世耳熟能詳的大臣有禹，後來建立夏王朝、契，商朝的祖先、皋陶，歷史著名公正嚴明的司法官。

棄是農業專家，從小喜歡種植各種農作物，凡是他種植的農作物都生長良好。他善於觀察土地，種植適宜的作物，百姓都照他的樣子耕種。

堯在位七十年起用舜，準備將來繼承他的帝位，試用觀察二十年，命其攝行天子之政。舜攝政八年堯崩，居喪三年而踐帝位。當時天下洪水為患，舜命禹為司空，負責平水土；命棄為后稷，負責發展農業。《書經·舜典》：「帝曰：棄，黎民阻飢，汝后稷，播時百穀。」就是說老百姓吃不飽，你來主管農事，按季節播種各種穀物，讓人民有飯吃。后稷原來是主管農事的官職，後來成為棄的別名。禹治水期間，后稷是他的重要助手，禹命他調節各地糧食的有餘和不足，確保百姓都有飯吃。

后稷在舜時代因為有功封於邰，在今陝西省武功縣，現在西安市的西方。堯都平陽，在今山西省臨汾；舜都蒲坂，在今山西省永濟；夏都斟鄩，在今河南省偃師。邰偏離當時的政治中心，接近西北方的戎狄。

夏代到了末年，荒廢農事，后稷的後人遷居到現在的甘肅省一帶，戎狄之間。到了公劉時代，公劉是一位英明之主，他不願安於現況，企圖聚集民眾，光大故國。於是發揮祖先的農業專長，開墾土地，從事耕種，蓄積糧食，充實軍備，然後遷居至豳，在今陝西省旬邑，位於邰的北方。在這裡興建宮室，繁衍人口，周室之興起從這裡開始。《詩．大雅．公劉》歌詠公劉的事蹟：

> 篤公劉，匪居匪康。乃埸乃疆，乃積乃倉；乃裹餱糧，于橐于囊。思輯用光，弓矢斯張，干戈戚揚，爰方啟行。

看來當時尚多敵對的勢力，所以南遷途中除了各自攜帶乾糧，還要準備武器，弓矢干戈和斧鉞。孟子引用這段詩句對齊宣王說：

故居者有積倉，行者有裹糧也。然後可以「爰方啟行」。王如好貨，與民同之，於王何有？（《孟子．梁惠王下．五》）

王如喜歡財貨，與民同富，有什麼難處呢？

由於民生富裕，引起北方戎狄覬覦，多次侵襲掠奪。到古公亶父時，因為不願看到戰爭造成人民傷亡，所以率領族人和部屬南渡漆、沮，越過梁山，止於岐下。四方人民歸附。岐下在岐山之南，今陝西省岐山縣的北部，在郃的西北方。古公營築城都，建立制度，奠定周代發展的基礎。

古公有三個兒子，長子太伯，《論語》作泰伯，次子仲虞，少子季歷。季歷生昌，就是後來的周文王。據說昌有祥瑞之兆，古公認為姬氏家族要靠昌光大，有意傳位給季歷，再由季歷傳昌。然而當時的政治傳統是立長。根據《史記》〈周本紀〉和〈吳太伯世家〉的說法，太伯和仲虞知道了父親的意思，雙雙逃亡到東方蠻荒之地，落腳於今天蘇州一帶，並依照當地的習俗，斷髮紋身以示與中原隔絕，成就父親的意志。太伯後來以蘇州為根據地建立吳國。不過根據《詩．魯頌．閟宮》和《左傳．釐公五年》的說法，古公亶父有滅商之意，而太伯的主張不同，所以古公不想傳位給他。

姬昌發揚光大后稷、公劉和古公的品德與事功，「篤仁、敬老、慈少、禮下賢者，日中不暇食以待士，士以此多歸之。」（《史記．周本紀》）商紂王任為三公，後來聽信崇侯虎的讒言，將他囚於羑里。姬昌在羑里潛心研究八卦，演化為六十四卦，成為《易經》的核心。

後來姬昌以重賂得贖。紂王賜他「弓矢斧鉞，使得征伐，為西伯。」西伯就是西方諸侯之長。西伯返國後，修德行善，北伐犬戎，西伐密須，東伐耆，在今山西省長治市西南，邘，在今河南省沁陽西北，再伐崇侯虎，在今河南省嵩縣東北。「三分天下有其二」，自岐下徙都豐邑，在今陝西省西安市西南。

西元前一〇五六年西伯崩，太子發立，就是後來的周武王。武王以太公望為師，周公旦為相，召公、畢公等輔之。太公望姓姜，名尚，是歷史上著名的兵學家，《史記．齊太公世家》說他是「東海上人」。他的先人因為助禹治水有功，封於呂，以呂為氏，故稱呂尚，又名牙；俗稱姜子牙。晚年窮困，垂釣於渭水之濱。周文王與之談，大悅，曰：「吾太公望子久矣。」因立為師，故稱太公望。周公旦是武王之弟，召公奭和畢公高都是文王的庶子。

當時的商紂王是一個荒浮無度、殘酷暴虐的無道昏君。他貪戀女色，寵愛妲己；唯妲己之言是用，「妲己所舉者貴之，所憎者誅之。」他重課賦稅，充實自己的府庫，蒐集天下的飛禽走獸，豐富自己的苑林；「以酒為池、懸肉為林，使男女裸相追逐其間，為長夜之飲。」百姓有怨恨、諸侯有背叛他的，設酷刑對待。他以西伯昌、九侯與鄂侯為三公，而將九侯剁成肉醬，將鄂侯製成肉脯，囚西伯於羑里。

武王九年（西元前一〇四八年），發兵東進，至於盟津，就是今河南省孟津古黃河渡口，渡河展示武力。「諸侯不期而至者八百，皆曰紂可伐矣。」不過武王認為事機未到，引兵而返。

然而紂王暴虐益甚，他的庶兄微子數諫不聽，離他而去；叔父箕子佯狂為奴，為他囚禁；另外一叔父比干被他剖心而死。孔子曰：「殷有三仁焉。」（《論語．微子．一》）三位仁者，就是微子、箕子和比干。不過子貢曰：「紂之不善，不如是之甚也。是以君子惡居下流，天下之惡皆歸焉。」（《論語．子張．二十》）武王十一年（西元前一〇四六年），遍告諸侯，率師伐紂，諸侯兵會者車四千乘，戰於牧野，在今河南省淇縣，逼近紂王的都城朝歌。紂王兵敗，逃返鹿台，自焚而死，於是商亡。

這一戰打得慘烈。《書經．武成》記載：

> 既戊午，師逾孟津。癸亥，陳于商郊，俟天休命。甲子昧爽，受率其旅若林，會于牧野，罔有敵于我師。前徒倒戈，攻于後以北，血流漂杵。一戎衣天下大定。

不過孟子說：

盡信書則不如無書。吾於《武成》取二、三策而已矣。仁人無敵於天下，以至仁伐至不仁，而何其血之流杵也？（《孟子·盡心下·三》）

孟子又說：

武王之伐殷也，革車三百兩，虎賁三千人，王曰：「無畏（不要怕），寧爾也（我是來撫慰你們的），非敵百姓也（並非與百姓為敵）。若崩厥角稽首（百姓聽了叩拜在地，如山之崩）。征之為言，正也（征就是糾正的意思），各欲正己也（老百姓都希望有人來糾正本國之虐政），焉用戰（哪裡用得著打仗呢）？」（《孟子·盡心下·四》）

二、周代的政治制度

武王滅商後，建都於鎬京，在今陝西省西安西南；尊曾祖父古公亶父為太王，祖父季歷為王季，父西伯昌為文王。

又追思先聖王，褒封神農之後於焦，在今河南省陳縣西；黃帝之後於祝，即祝其，在今山東省萊蕪東南，就是後來齊景公和魯定公「夾谷」之會的夾谷；帝堯之後於薊，在今北京市；帝舜之後於陳，在今河南省淮陽；大禹之後於杞，在今河南省杞縣，後遷於山東省安丘東北。

封紂子祿父武庚於紂王舊地，繼續統治殷商遺民；另使武王弟管叔鮮、蔡叔度為相，予以輔助，實際上是監督之意。管叔鮮封於管，在今河南省鄭州，蔡叔度封於蔡，在今河南省上蔡，皆在紂都朝歌、今河南淇縣的南方。武王崩，子成王繼位，年幼，由周公旦攝政當國。蔡叔和管叔懷疑周公會篡奪成王的地位，更大的可能則是一種政治鬥爭的藉口，於是勾結祿父作亂。這正是孔子所說的：「君子疾夫舍曰欲之，而必為之辭。」（明明心裡想要，偏偏說出另外一套看似正當的言辭來掩飾）（《論語．季氏．一》）。周公奉成王之命平定亂事，誅祿父、管叔，流放蔡叔，封微子啟於宋，都於商，在今河南省商丘，以管束殷商遺民，繼續發揮原來賦予祿父武庚的功能，而以祿父舊地封武王同母弟衛康叔。

周公攝政七年，歸政於成王，自居臣位。唐代白居易有詩歌頌此事曰：

> 周公恐懼流言日，王莽謙恭下士時，假使當年身便死，一生真偽有誰知！

商的始祖契，繼舜而有天下的禹，以及周的始祖棄也就是后稷，都是舜時代的名臣。契始封於商，自契至湯八遷，大致都在今河南商丘到山東曲阜之間，其間三次遷至商丘。至湯伐桀，代夏而有天下，建立商朝。到了盤庚從奄，即今山東曲阜，遷至殷，即今河南安陽，就是民初甲古文大量出土，經過發掘研究確定商代歷史的殷墟。商自盤庚到紂亡，共八世十二王，都城都在這裡，所以稱殷商。微子封於商可以說回到商的故居。

除了褒封先聖王之後，武王並大封功臣謀士。以尚父太公望為首封，封於營丘，在今山東省臨淄，曰齊。封周公旦於曲阜，就是今天的山東曲阜，曰魯。封召公奭於燕，在今天的北京。餘各以次受封。

當時的山東半島還是東夷的天下。太公就國途中，原來日行夜宿。後來聽到旅館主人告誡：「時機難得易失，客官住宿看起來很安心，不像赴國就任的樣子。」於是警覺，夜裡換上衣服起行，天亮到達營丘，恰好阻擋了東夷來犯。後來管叔和蔡叔勾結祿父武庚造反，淮夷趁機叛變，太公奉命「東至海，西至河，南至穆陵，北至無棣，五侯九伯，實得征之。」等於取得了東西征、南北討的尚方寶劍。海指東海，河是黃河，穆陵在今山東臨朐南之穆陵關，無棣在今山東北部靠近河北的邊境。太公望是軍事謀略家，他在齊的施政，「因其俗，簡其禮，通工商之業，便魚鹽之利。」簡單的說就是簡政便民，發展經濟，所以人民歸服，使齊成為東方大國。

周公因為留在京城輔政，所以另封他的長子伯禽就國。伯禽像他「制禮作樂」的父親，重視國家長治久安、社會和諧安定所需的禮樂典章制度。齊魯有不同的治國方針，所以發展成不同的文化，一直影響到後世。根據《史記．魯周公世家》的記載，伯禽受封至魯，三年始報政於周公。周公問他「何遲也？」他說「變其政，革其禮，喪三年然後除之，故遲。」然而太公望至齊五個月即回報。周公問他「何速也？」他說「吾簡其君臣禮，從其俗為也。」周公嘆曰：「嗚呼！魯後世其北面事齊矣，夫政不簡不易，民不有近；平易近民，民必歸之。」

很多年之後，歷史上有名的音樂家吳國公子季札訪問魯國，要求聆聽各地的音樂。歌齊。曰：「美哉，泱泱乎，大風也哉！表東海者，其太公乎？國未可量也。」浩浩蕩蕩，真是大國之風呀！能為東海表率的是太公嗎？這個國家前途不可限量！

周朝分封的諸侯，分公、侯、伯、子、男五等，公、侯為大國，田方百里；伯為次國，田方七十里；子、男為小國，田方五十里。不到五十里的附於諸侯，稱為附庸。天子之田方千里。

天子的屬官有三公、九卿、二十七大夫。大國三卿，皆由天子任命，下大夫五人，上士二十七人。次國三卿，其中二卿由天子任命，一卿由國君任命，下大夫五人，上士二十七人。小國二卿，皆由國君任命，下大夫五人，上士二十七人。

天子三公之田比照公、侯，九卿之田比照伯，大夫之田比照子、男，士比照附庸。

諸侯每年以大夫為使朝見天子一次，稱為小聘；每三年以卿為使朝見天子一次，稱為大聘；每五年由國君親自朝見天子一次，是為朝。天子則每五年親臨各諸侯國巡守一次。巡守者，巡所守也。就是視察諸侯施政情形的意思。

在軍事方面，天子統六軍；諸侯統三軍。一萬二千五百人為一軍；軍含五師，二千五百人為一師；師含五旅，五百人為一旅。天子有兵車千乘，一乘有甲士三人，步卒七十二人，合為七十五人；千乘為七萬五千人，也就是六軍之數。

天子的主要職掌為禮樂征伐，外禦夷狄，內合諸侯，以臨萬民，達成社會的和諧與安定。諸侯如有叛亂，天子可以發動其他諸侯，或統領六軍，加以征伐。不過兵凶戰危，軍事是不得已的手段，國家的治理之道，基本上要靠禮樂制度。

禮是一種社會制度，廣義的禮包含儀式、規矩和制度三部分。儀式是用以彰顯倫理也就是人際關係的形式；規矩是維持倫理的分際，讓社會分子各自扮演好自己的社會角色；而規矩有賴有形和無形制度的支持。司馬光說：

天子之職莫大於禮，禮莫大於分，分莫大於名。何謂禮？紀綱是也；何謂分？君臣是也；何謂名？公、侯、卿、大夫是也。夫以四海之廣，兆民之眾，受制於一人，雖有絕倫之力，高世之智，莫敢不奔

> 走而服役者，豈非以禮為之綱紀哉！是故天子統三公，三公率諸侯，諸侯制卿、大夫，卿、大夫治士庶人。貴以臨賤，賤以承貴。上之使下，猶心腹之運手足，根本之制支葉；下之事上，猶手足之衛心腹，支葉之庇本根。然後能上下相保而國家治安。故曰：天子之職莫大於禮也。（《資治通鑑．周紀》）

禮節制人的行為使之中正，樂調節人的性情使之平和；中正平和而天下和諧安定。司馬遷說：

> 樂由中出，禮自外作。樂由中出，故靜；禮自外作，故文。大樂必易，大禮必簡。樂至則無怨，禮至則不爭。揖讓而治天下者，禮樂之謂也。暴民不作，諸侯賓服，兵革不試，五刑不用，百姓無患，天子不怒，如此則樂達矣。合父子之親，明長幼之序，以敬四海之內。天子如此，則禮行矣。（《史記．樂書》）

這段文字譯成今天的話就是說：樂發自內心，禮來自外部。樂發自內心所以平和，禮來自外部所以有各種規矩。大樂必定平易，大禮必定簡約。樂的功能發揮到極致，人民就沒有怨恨；禮的功能發揮到極致，人民就沒有爭執。所謂揖讓而治天下者，就是指禮樂而言。社會沒有暴民，諸侯心悅誠服，不需要興兵作亂，也不需要動用刑罰，百姓沒有憂患，天子不必發怒，這樣就達到樂的目的了。調和父子之間的親情，分辨長幼之間的順序，四海之內互相尊敬，天子能做到這樣，禮的功用就普及了。

三、進入春秋時代

成王平定管、蔡、祿父、淮夷之亂後，使召公營建雒邑，即今河南洛陽；置九鼎於雒邑，以為「此天下之中，四方入貢道里均。」九鼎是國家政權、天命所歸的象徵。成王施政，遵循文、武節儉、包容、敦厚、守信、關心人民之遺風，成王去世後，他的兒子康王繼之，成就了歷史上有名的成康之治；天下安寧，刑措不用四十餘年。

後來的君主日漸趨於驕、侈、暴、虐，前賢凋謝，國勢式微，諸侯背離。周的祖先公劉從北方的戎狄之間遷居於涇水之濱的豳，發展農耕，民以富裕。到了古公亶父時代，戎狄覬覦周的財富，屢次來犯，周民欲戰。古公說：「百姓擁立君主，是希望可以得到好處。現在戎狄攻戰，為了得到我們的土地和人民。人民在我這裡和在他們那裡有什麼不同呢？如果人民為了我的關係作戰，等於殺了人家的父親、兒子，做人家的君主，這樣的事情我不忍心做。」於是再遷至岐山之下。現在，北方的戎狄又蠢蠢欲動了。

從周武王十一傳至幽王，敗德失政，嬖愛褒姒。褒姒生子伯服。幽王竟廢太子宜臼和太子的母親申后，立伯服為太子，以褒姒為后。申后是申侯之女，申在今河南南陽市，位於雒邑的南方。幽王十一年（西元前七七一年），申侯與鄫及犬戎攻幽王；鄫是申西鄰的諸侯國，在今河南方城。諸侯袖手，乃殺幽王於驪山之下。太子宜臼立，是為平王，東遷雒邑。西周自西元前一〇四六年滅殷，歷十二君，至此結束，共二百七十六年，以後進入東周時期。

東周又分春秋時期與戰國時期。所謂春秋是因為孔子以魯史為基礎著《春秋》，起於魯隱公元年（西元前七二二年），止於魯哀公十四年（西元前四八一年）。不過歷史上的春秋則從前七七〇年平王東遷雒邑，到前四七六年三家分晉，進入戰國時期。

周王室經過幽王敗德失政，已經喪失讓諸侯賓服、百姓尊敬的道德品質。平王東遷以後，缺乏資源與實力，難以發揮原有的獎懲機制與教化功能，以維持綱紀與秩序，漸至所謂禮壞樂崩。

王室衰微，諸侯恣行，各自發展自己的勢力。其中勢力最大，後來又先後發展為「春秋五霸」的，就是齊、晉、秦、楚。我們觀察這四個恰好分居東、北、西、南四方的諸侯國，其所以能夠成為霸主最重要的一個原因，就是地理上處於政治中心的外圍，有拓疆闢土的空間，可以發展經濟，招徠人口，壯大國力。從現代經濟成長的觀點來看，當時世界處於「傳統停滯時代」，缺乏使人均GDP持續成長的技術條件。然而土地增加使勞動生產力提高，人均產值隨之提高，然後人口增加，包括生育人口與移入人口，使人均產值降回原來的水準。結果人均GDP雖然不增加，但GDP增加。所以傳統停滯時代的富強之道，不論中外，都是擴大疆土，增加可以支配的人力和物力。

我們再看齊、晉、秦、楚這四個諸侯國當時的形勢：

> 齊、晉、秦、楚其在成周微甚。封或百里或五十里。晉阻三河，齊負東海，楚介江淮，秦因雍州之固。四海迭興，更為伯主，文、武所褒大封，皆威而服焉。（《史紀．十二諸侯年表》）

這四個諸侯國初封甚小，齊、晉是大國，不過百里；楚於成王時初封於丹陽，只有五十里，秦於孝王時初封為附庸，地不到五十里，然而到了春秋時代都成為大國。後來三家分晉，結束了春秋時期，進入戰國時期。晉國劃分為韓、魏、趙三國，再加上燕國，共同構成戰國七雄。基本上都是占地利之便。

一個失德、失能的王室，如果再失去認清大局，辨別是非、利弊、得失的智慧，那麼王室的處境就更陷困厄，和諧安定也就更難維持了。

平王東遷後，鄭武公和他的兒子莊公先後在朝輔政。鄭武公的父親桓公是周定王的母弟，封於鄭，在今陝西華縣東。幽王時為司徒，與幽王同時在驪山下遇難。武公隨平王東遷，鄭的封地也從陝西華縣改為今河南新鄭，在雒邑的東南方。平王後期以部分朝政另委虢公，對鄭莊公漸漸疏遠。平王去世後，他的孫子繼位，是為桓王。桓王改以虢公輔政，引起鄭莊公不滿，掠取周溫邑之麥與周城之禾。桓王三年（西元前七一七年）鄭莊公始朝，試圖改善與周天子的關係，桓王未與禮遇。桓王五年（西元前七一五年），鄭以位於山東泰山下的祊邑和魯鄰近雒邑的許田交換。祊邑是周宣王賜給鄭桓公，以方便陪天子祭泰山的封地，許田是周成王賜給周公，以方便到雒邑朝見天子的封地。這些動作都顯示鄭莊公對王室的態度囂張，不把周天子放在眼中，我們也由此可以想見周桓王心中可能累積的憤怒。

鄭莊公就是《春秋．隱公元年．鄭伯克段于鄢》的鄭伯。這段故事《左傳》有詳細的記述，因為被選入《古文觀止》首篇，所以很多人都讀過。鄭莊公處心積慮設計他的同母弟共叔段，欲擒故縱，縱容他造反，然後名正言順加以討伐，並將自己的母親囚禁於潁地。孔子在《春秋》中雖然責備段不弟，更譴責莊公有失為兄之道，冷酷無情，追殺自己的弟弟；實則段逃至國外。

周桓王十三年（西元前七〇七年），桓王率虢、蔡、衛、陳的軍隊伐鄭，鄭莊公親自迎敵。桓王自任中軍，輔政的虢公為右軍，指揮蔡人和衛人，周公黑肩為左軍，指揮陳人。一經接戰，蔡、衛、陳潰散，王軍大敗，桓王負傷。周天子的威信從此喪盡。

我們從《左傳》的記述中可以看出，周天子並無六軍，可能連一軍都沒有，所以率虢、蔡、衛、陳的雜牌軍出戰。我們也可以合理懷疑，陳、蔡、衛並未真心支持伐鄭，所以軍心渙散。至於桓王未經慎重策謀就貿然興師，不知己也不知彼，致兵敗負傷，自取其辱。孫子曰：「兵者，國之大事，死生之地，存亡之道，不可不察也。」又說：「夫未戰而廟算勝者，得算多也；未戰而廟算不勝者，得算少也。多算勝，少算不勝，而況無算乎！吾以此觀之，勝負見矣。」（《孫子兵法．計篇》）

到了周惠王時代（西元前六七六～六五二年），惠王即位之初，奪取王室五位大夫的產業，據為己有，引起怨恨。惠王二年，五大夫奉惠王的庶弟子頹作亂，帶領衛國和燕國的軍隊伐周，立子頹。這個燕是南燕，在今河南境內。惠王奔鄭。惠王四年，在鄭厲公和在朝輔政的虢公支持下，攻殺子頹和五大夫，復位。

惠王在位二十五年崩，子襄王繼立。他的少弟叔帶有寵於惠王，襄王對他頗為猜忌。襄王三年（西元前六四九年），叔帶召鄰近諸戎伐周，攻入王城。秦、晉伐戎救周，叔帶逃到齊國。齊桓公派出管仲調停襄王與諸戎的關係，使隰朋調停晉與諸戎的關係，平息了這一場兄弟之間矛盾引起的戰亂。叔帶滯留齊國，直到周襄王十四年（西元前六三八年），周大夫富辰向襄王進言引詩曰：「協比其鄰，昏姻孔云。」自己兄弟尚不能和諧相處，怎能怪諸侯之間不睦呢？襄王接受富辰的意見，召叔帶返國。

襄王十五年（西元前六三七年），鄭師伐滑。滑在鄭的西北方，靠近雒邑。襄王使大夫游孫伯、伯服至鄭為滑說情，鄭文公懷恨當年周惠王遭逢子頹之亂，避難於鄭，鄭厲公往見虢公，商量助惠王復國，虢公說：「寡人之願也。」是被動參加。但事成之後，惠王對虢公有較多的禮遇，現在又出來助滑。因此囚禁兩位來使。襄王怒，不顧鄭對其先人的幫助，使頹叔與桃子發動狄人攻鄭，取鄭國的櫟邑，櫟邑在今河南禹縣。襄王感謝狄人相助，娶狄女隗氏為后。叔帶與隗氏私通，襄王乃廢隗氏。於是頹叔和桃子擁立叔帶，率領狄師伐周，大敗周師。十六年，襄王和他的父親惠王當年一樣，出奔至鄭，派出使節向魯、晉、秦求助。晉文公覺得這是一個有利的機會，率先出兵平亂，誅叔帶，助襄王返國。

這真是一個禮壞樂崩，君不君，臣不臣，兄不兄，弟不弟的時代。周天子失去統御諸侯，維護綱紀的能量。諸侯各自努力，發展自己的勢力，目無天子。然而周德雖衰，名義仍存，尚大有可以利用的價值。於是實力雄厚的諸侯爭為霸主，假周天子的名義，維持天下紀律，也維護了周天子形式上的地位與尊嚴。

四、春秋五霸

春秋五霸有各種不同的說法。趙岐注《孟子．告子．二十七》以齊桓公、宋襄公、晉文公、秦穆公、楚莊王為五霸。《荀子．王霸》以齊桓公、晉文公、楚莊王、吳闔閭、越勾踐為五霸。班固《白虎通義》以齊桓公、晉文公、秦穆公、楚莊王、吳闔閭為五霸。以下採趙岐注《孟子》之說，只是藉以說明春秋時期諸侯之強者，強凌弱、眾欺寡的行徑。孟子說：「五霸者，三王之罪人也。」（《孟子．告子下．七》）其中只有齊桓公尚能尊重周天子，謹守臣下的分際。「葵丘之會諸侯束牲載書而不歃血」，就是綑綁盟誓所用的牲畜，用車子載著盟書，但不宰殺歃血；以做人的倫理與為政的正道約束會盟的諸侯。所以孟子說：「五霸齊桓為盛。」（《孟子．告子下．七》）

齊桓公（西元前六八五～六四三年在位）

齊桓公小白是春秋時期第一位霸主。齊國在今山東，北臨渤海，東、西方都是廣袤肥沃的土地可以開拓。周武王克商建國，封太公望於齊。太公「通商工之業，便魚鹽之利」，人民多歸，齊成為大國。

小白的父親是齊釐公，釐公卒，太子諸兒立，是為襄公。襄公無道，公子糾避禍於魯，由管仲與召忽輔佐，公子小白避禍於莒，由鮑叔牙輔佐。小白素與國中大臣友好。襄公十二年，為堂弟無知所殺，無知又為大夫雍廩所殺，朝中議立新君。高傒暗中召小白返國，魯莊公亦率師送公子糾入齊，小白先至，是為桓公。齊大敗魯師，使魯殺公子糾，召忽殉難死，管仲解送至齊。桓公用以為相，在管仲的輔佐下，發展經濟，重視倫理，建立制度，順應民心，成就霸業。管仲的名言：「倉廩實而知禮節，衣食足而知榮辱。」「禮、義、廉、恥，國之四維，四維不張，國乃滅亡。」至今為人傳誦。

齊桓公五年與魯莊公簽訂和平之盟於柯，柯在今山東東阿。魯將曹沫以匕首劫桓公於壇上，要求歸還汶陽之地，桓公許諾。繼而，想毀約並殺曹沫，管仲加以勸止。《公羊》評論這段歷史說：「要盟可犯（在要脅之下簽訂的盟約可以違反），而桓公不欺，曹子可讎，而桓公不怨，桓公之信著乎天下，自柯之盟始焉。」曹沫就是《古文觀止》曹劌論戰中的曹劌。魯莊公十年，齊桓公二年，他向魯莊公獻策，大敗齊師於長勺，在今山東萊蕪。由於這篇《古文觀止》中的文章，很多人至今都記得曹劌的名言：「肉食者鄙，未能遠謀。」以及「一鼓作氣，再而衰，三而竭。」

齊桓公七年（西元前六七九年），為平定宋國內亂，會宋桓公、陳宣公、衛惠公、鄭厲公於鄄，自此成為諸侯霸主。鄄在今山東東南部鄰近河南的地方，在宋的北方，當時屬於衛國。

二十二年（前六六四年），山戎伐燕，燕告急於齊。齊桓公北伐山戎，至於孤竹。命燕莊公納貢於周天子，重振燕國初封之君召公奭的功業。孤竹在今河北東北角，靠近秦皇島市，當年孤竹君的兩個兒子伯夷、叔齊，就是從這裡跋涉數千里投奔周文王，諫武王伐紂不成，不食周粟，餓死於首陽山。

二十八年（西元前六五八年），狄伐衛，殺懿公。齊桓公率諸侯伐狄，立文公，為衛築楚丘。衛國的都城自此從朝歌，今河南淇縣，遷於楚丘，今河南滑縣。在朝歌的東方。

三十年（西元前六五六年），齊桓公率諸侯伐楚。參加的諸侯國有魯、宋、陳、衛、鄭、許、曹，表面上的理由是責備楚國久未向周天子進貢祭祀用的菁茅，實際上是向新興的楚國展示軍威，以戒其北上侵犯中原。楚成王使大夫屈完率兵禦敵，和齊桓公有一段精采的對話：

齊侯曰：「以此眾戰，誰能禦之？以此攻城，何城不克？」對曰：「君若以德綏諸侯，誰敢不服？君若以力，楚國方城以為城，漢水以為池，雖眾，無所用也。」（《左傳．釐公四年》）

楚國同意納貢，齊桓公與屈完訂盟約而去。

三十五年（西元前六五一年）夏，會諸侯於葵丘，尋求結盟與修好。周襄王使太宰孔以祭祀文王和武王的胙肉賜齊桓公，尊稱桓公為伯舅，並體恤桓公年老且有功於國，無須跪拜，讓桓公在諸侯面前感到榮寵。秋，復會諸侯於葵丘，相約：「凡我同盟之人，既盟之後，言歸於好。」

當時天下，周室衰微，諸侯之中齊、晉、秦、楚最為強大。然而晉有內亂，公子重耳尚逃亡在外，秦國地處偏遠，未參與中原會盟，楚為南方新興勢力，尚未北上爭霸，唯有齊桓公為諸侯霸主，躊躇滿志。他自稱一生功業，「兵車之會三，乘車之會六，九合諸侯，一匡天下。」

宋襄公（西元前六五〇～六三七年在位）

春秋五霸之中，宋襄公最不具備稱霸的條件。主要因為居於北方的晉和南方的楚兩個大國之間，缺少發展的空間，國小民寡，國力不足。

宋襄公茲父是桓公之子。桓公三十年，病。茲父向桓公進言，庶兄目夷年長且仁，應由他繼承君位，桓公雖然覺得他用心良善，但未接受他的意見。三十一年春，桓公卒，茲父立，是為襄公。襄公即位後，以目夷為相，這年夏天，齊桓公會諸侯於葵丘，天子使太宰賜以胙肉，齊桓公的聲望達到頂峯。宋襄公未及安葬去世的父親，就去參加齊桓公的盟會。《春秋》對這段歷史的記載是：「夏，（釐）公會宰周公、齊侯、宋子、衛侯、鄭伯、許男、曹伯于葵丘。」經文中稱宋襄公為「宋子」，宋襄公看到齊桓公受到的寵榮，應該留下深刻的印象而心嚮往之吧！

齊桓公可能也覺得宋襄公的為人可以信任，所以後來以太子昭囑託於宋襄公。齊桓公有六個兒子。桓公四十三年（西元前六四三年）卒，他的近臣易牙、豎刁立公子無詭為君，太子昭奔宋。宋襄公九年（西元前六四二年），與曹伯、衛人、邾人伐齊，立太子昭，是為齊孝公。

齊桓公去世後，宋襄公可能覺得是一個很好的機會，可以繼齊桓公為諸侯盟主，而且作為殷商後裔，也可能有一種使命感。但他實在缺少成就自己的企圖心所需要的聲望、智慧和實力。宋襄公十二年（西元前六三九年）春，與齊人、楚人盟於宋地鹿上，希望得到楚人支持為諸侯盟主。目夷勸他說：「小國爭盟，禍也。宋其亡乎，幸而後敗（僥倖得到，以後也會敗壞）。」秋，宋公、楚子、陳侯、蔡侯、鄭伯、許男、曹伯會於盂。盂是宋邑，在今河南睢縣西北。目夷說：「禍其在此乎？君欲已甚，何以堪之（國君要做過分的事，怎麼擔當得起呢？）」

宋襄公與楚成王相約此次盟會為和平的「乘車之會」，而不是兵戎相見的「兵車之會」。目夷勸阻說，楚為蠻夷之國，強而無義，應以兵車戒備。襄公不願背約，乘車與會。楚人果然埋伏兵車，劫持襄公伐宋，襄公命目夷回去守住宋國。襄公說：「子歸宋國矣。國，子之國也。吾不從子之言，以至乎此。」目夷說：「君雖不言國，國固臣之國也。」楚人對宋人說：「子不與我國，吾將殺子君矣！」宋人回答說：「吾賴社稷之神靈，吾國已有君矣。」這年十二月，諸侯會盟於薄，楚釋宋襄公。目夷曰：「禍猶未也，未足以懲君（災難還沒結束，因為國君受到的教訓還不夠）。」薄就是亳，當時為宋邑，在商丘的北方。

宋襄公十三年（西元前六三八年），鄭文公訪問楚國，宋襄公與衛侯、許男、滕子伐鄭。當時北方的晉和西方的秦勢力強大，鄭向南方的強楚尋求支援，這也是小國自保之道。宋襄公以諸侯盟主自居，排斥蠻夷之邦的楚國向中原發展，有一點螳臂擋車，不自量力。大司馬目夷說：「所謂禍在此矣！」力加勸阻不聽。十一月，與楚軍決戰於泓水北岸。宋軍列陣完畢，楚軍尚未完全渡河。目夷建議，彼眾我寡，應趁其尚未完全渡河發起攻擊。宋公說，不可。楚軍完成渡河，尚未布陣完畢，目夷自請出擊。宋公說，不可。等到楚軍布陣完畢，兩軍接戰，宋軍大敗。宋襄公也大腿受傷，於第二年病卒。宋襄公雖然為人仁厚，然而志大才疏，愚而好自用，他的霸圖成空，自是理所當然。

晉文公（西元前六三六～六二八年在位）

晉文公重耳是晉獻公的兒子。獻公寵愛驪姬，欲立驪姬的兒子奚齊為太子。獻公二十一年（西元前六五六年），聽信驪姬的謊言，以為太子申生在給他的祭肉中下毒，將殺申生，公子重耳和公子夷吾也涉嫌在內。申生自縊而死，重耳逃至蒲，夷吾逃至屈，各自守城自保。

申生自縊前，託人向老師狐突訣別說：

> 申生有罪，不聽伯氏之言也，以致於死。申生不敢愛其死。雖然，吾君老矣，子少，國家多難。伯氏不出而圖吾君，伯氏苟出而圖吾君，申生受賜而死。（《禮記．檀弓上》）

《禮記．檀弓》這段文章，因為選入《古文觀止》，很多人中學、甚至小學時代都讀過。申生不願向獻公說明真相，恐傷老父之心，也不願背負弒君的罪名逃亡，死前尚且關心「君老，子少，國家多難」，懇託狐突出來輔佐獻公。這樣的兒子也要殺，天下有這樣的慈父和仁君嗎？

重耳和夷吾回到自己城中，繼續被追殺，雙雙逃亡國外。重耳逃到母親的族群狄，大約在晉的西方，現在陝西北部，居狄十二年。在這期間，晉獻公於二十六年病卒，將立奚齊，大夫里克殺奚齊，與繼之而立的卓子。卓子是驪姬之妹的兒子。夷吾在秦穆公和齊桓公的介入下，立為晉君，是為晉惠公。

晉惠公七年（西元前六四四年），重耳去狄赴齊，途中經過衛，衛文公不予禮遇。至齊，齊桓公以厚禮相待，把他們一行安置在齊國西境今山東茌平，以宗室之女嫁給重耳為妻。重耳在這裡生活五年，安逸忘歸。他說：「人生安樂，孰知其他？必死於此，不能去。」齊女說：「子一國公子，窮而至此，數士者以子為命。子不疾反國，報勞臣，而懷女德，妾為子羞之。且不求，何時得功？」乃與重耳的從人用酒灌醉重耳，強載離境。

南行經過曹國，曹共公不予禮遇。至宋，宋襄公方傷股，以國禮相待。過鄭，鄭文公弗禮。然後到楚國，楚成王厚遇重耳，待以諸侯之禮。成王問：「子即反國，何以報寡人？」重耳說：「即不得已，與君王以兵車會平原廣澤，請避王三舍。」一舍為三十里，避王三舍是退讓九十里的意思。楚成王厚送重耳至秦，秦穆公以宗室之女五人為重耳之妻。秦穆公夫人為晉獻公長女，秦穆公前曾幫助夷吾返晉，然而夷吾背信反覆，並趁秦饑荒伐秦，所以對他十分不滿。晉惠公十四年（西元前六三七年）卒，太子圉方立，秦穆公發兵護送重耳入主晉國，是為晉文公。晉文公逃亡在外凡十九年（西元前六五六～六三七年），這時已經六十二歲。

這時候政治上出現了一個重大的機會。這年冬天，周襄王的同母弟叔帶勾結狄人伐周，襄王逃避至鄭，告急於魯、晉、秦。晉文公二年（西元前六三五年），大夫狐偃曰：「求霸莫如入王尊周。周晉同姓，晉不先入王，後秦入之，毋以令於天下。方今尊王，晉之資也。」「入王」就是把周王護送回雒邑，入王尊周，可以成為晉國的政治資本。於是晉文公出兵護送襄王返周，誅殺叔帶。周襄王賜以河內之地。晉文公由此取得霸主的地位。

晉楚兩個大國之間有鄭、陳、蔡、宋、曹、衛。這些小國在兩大之間不得不有所選擇。晉文公三年，宋懷公背楚親晉。晉文公四年，楚伐宋，宋人告急於晉。晉文公作為諸侯霸主不能坐視，何況流亡在外時曾受宋襄公禮遇，但也不願背棄楚成王對他的熱情幫助，左右為難。當時曹、衛與楚交好，於是決定侵曹、伐衛以救宋，同時並報復當年流亡途中衛、曹對他的無禮。晉文公五年（西元前六三二年）正月，取衛地五鹿。三月，入曹，執曹共公，分衛、曹之田與宋。

楚成王令楚將子玉自宋撤軍，並告誡子玉說：

> 無從晉師，晉侯在外十九年矣，而果得晉國。險阻艱難備嘗之矣；民之情偽盡知之矣。天假之年，而除其害，天之所置，其可廢乎？軍志曰：允當則歸，又曰，知難而退，又曰，有德不可敵。此三

志者，晉之謂矣。（《左傳・釐公二十八年》）

子玉請戰，四月，與晉軍決戰於城濮。這是春秋時期歷史上重要的一役，也是奠定晉文公霸權地位的一役，這一役阻擋了楚人北上。兩軍初次接戰，晉軍退避三舍，以報答當年楚成王之禮遇。己巳，晉文公軍至城濮，晉國方面有宋公、齊將、秦將，楚國方面有陳、蔡。楚師大敗。

五月，晉文公與諸侯會盟於踐土。周天子厚賜晉文公，命為侯伯，就是諸侯之長的意思。

秦穆公（西元前六五九～六二一年在位）

秦的先人伯夷，亦稱為伯益、伯翳，是舜時候的禮官，主管朝廷的禮節與祭祀，助禹治水有功，舜賜姓嬴氏。其後世為周孝王畜馬，分土為附庸，封於秦。周幽王時，秦襄公將兵救周，並以兵護送周平王東遷雒邑，始封諸侯，賜以岐山以西土地，告之曰：「戎無道，侵奪我岐、豐之地，秦能攻逐戎，即有其地。」

秦穆公知人善任，雍容大度。他以兵納夷吾入晉，夷吾許以河西之地，但即位後背信。晉惠公四年（西元前六四七年），晉饑，乞糴於秦，秦與之粟。五年，秦饑，乞糴於晉，晉趁機伐秦。秦大敗晉軍，獲晉惠公，但在穆公夫人要求下放他回國。

秦穆公最有名的故事就是以「五羖羊皮」贖百里奚。百里奚是虞國大夫，穆公五年（西元前六五五年），晉獻公滅虞國與虢國，虜虞君及百里奚，以百里奚為穆公夫人的奴隸，陪嫁到秦國。百里奚自秦逃亡至楚。穆公聞其賢，以「五羖羊皮」就是五張黑公羊皮從楚人手中贖回，授之國政，並接受他的推薦，以厚禮迎蹇叔，以為上大夫。

秦穆公三十二年（西元前六二八年）冬，秦國派駐鄭國的大夫杞子使人告訴秦國說，鄭人讓我掌管其北門，如潛師來襲，可以奪得鄭國。穆公向蹇叔請教，蹇叔說：「勞師以襲遠，非所聞也。師勞力竭，遠主備之，無乃不可乎？師知所為，鄭必知之；勤而無所，必有悖心，且行千里，其誰不知？公辭焉。」穆公未接受他的意見，以孟明、西乞、白乙為將，在東門之外集結軍隊。三十三年（西元前六二七年）春，秦軍經過周王城北門，到達晉南境的附庸國滑，遇見鄭國商人弦高。弦高以牛十二頭犒賞秦師。孟明等以為鄭國已經有備，「攻之不克，圍之不繼。」乃滅掉滑國，回師返秦。

當時晉文公方喪未葬，太子襄公怒秦在此一時機滅其同姓附庸國滑，發動晉與姜戎之軍阻其歸路，大敗秦師於殽，擒其三將。後在晉文公夫人出面要求下釋回。秦穆公素服郊迎，說：我未聽蹇叔之言，致使各位受辱，這都是我的錯誤。殽是從晉回秦的險要之地，賈誼〈過秦論〉：「秦孝公據殽、函之固，擁雍州之地，君臣固守，以窺周室。」

秦穆公三十六年（西元前六二四年），使孟明將兵伐晉，渡河焚船，以示有進無退，大敗晉師，取晉王官及郊二邑，晉軍不敢出。

三十七年（西元前六二三年），伐戎，益國十二，開地千里，遂霸西戎。

楚莊王（西元前六一三～五九一年在位）

楚的祖先熊繹是黃帝之孫顓頊的後人，周成王時與周公旦之子伯禽、衛康叔之子牟、唐叔虞之子燮、齊太公望之子呂伋同事成王。成王封為子爵，姓芊氏，居丹陽，在今湖北宜昌市西北的秭歸。西周末年及平王東遷以後，周室衰微，諸侯互相攻伐，南方被視為蠻夷之地，未受重視。楚人順著長江和漢水向東方和北方發展，勢力進入河南南部，自稱為王。楚成王（西元前六七一～六二六年在位）初即位，向周天子進貢。天子賜以文、武之胙，等於認可其南方霸主的地位。曰：「鎮爾南方夷越之亂，無侵中國。」於是楚拓地千里。不過其向北方的發展，受到齊、晉兩個大國的抵制。

楚莊王即位後，三年滅雍，七年伐宋、陳，八年伐陸渾戎，至洛水，陳兵周郊。周天子使王孫滿勞師，楚王問鼎之大小輕重，曰：「楚國折鉤之喙，足以為九鼎。」這就是「問鼎中原」一詞的來源；鼎是天子主權的象徵。王孫滿回答說：「在德，不在鼎。德之休明，雖小必重，其姦回昏亂，雖大，輕也。成王定鼎于郟鄏，卜世三十，卜年七百，天之所命也。周德雖衰，天命未改。鼎之輕重，未可問也。」楚王乃歸。

楚莊王十三年（西元前六〇一年），楚滅舒蓼，與吳、越盟而還。舒蓼在今安徽桐城北方的舒城。十六年，以陳國夏徵舒弒其君伐陳，殺夏徵舒，滅陳置縣，納入楚國的疆土。大夫申叔說，有人牽牛踐踏別人田地，地主奪其牛，不是太過分嗎？王以陳亂伐之，而貪圖其土地，不是不應該嗎？楚乃恢復陳國，以其後人為君。

十七年（西元前五九七年）春，圍鄭，攻陷鄭國城門。鄭襄公肉袒牽羊以迎，向楚莊王請罪。莊王退兵三十里，許其和平，鄭襄公以其弟子良入楚，做為人質。其實小國何罪？只是國力不及，不得不在大國之間選邊依附。在此之前和後來，楚國屢次攻打鄭、陳、蔡等國，先是和晉爭霸中原，後來和東方的吳國爭霸。

六月，晉發動三軍渡河救鄭，楚莊王揮師北上，大敗晉軍於邲，成就楚莊王霸主的地位。邲在今鄭州市西北方黃河南岸。

五、綱紀廢弛，倫理敗壞

社會的和諧安定靠倫理，倫理是人與人之間應維持的適當關係。雖然倫理是個人發自內心的道德修養，但因有時和個人的利己之心發生衝突，仍需社會有良好制度，獎善懲惡，維持綱紀。周道衰微，綱紀廢弛，倫理敗壞，所以孔子作《春秋》，以達王事，就是說代表王權評論是非，對不當行為口誅筆伐，讓人不敢做壞事。孔子在《春秋》中，「貶天子，退諸侯，討大夫。」一為天下樹立行為準則。司馬遷說：「春秋之中，弒君三十六，亡國五十二，諸侯奔走不得保其社稷者不可勝數。察其所以，皆失其本已。」（《史記》〈太史公自序〉）

齊國

齊襄公四年（西元前六九四年）春，魯桓公會齊襄公於濼，然後與夫人來到齊國；濼在今山東省濟南市。魯桓公的夫人文姜是齊襄公的異母妹，二人在文姜嫁到魯國前即私通，這次見面舊情復熾。魯桓公發覺後責問文姜，文姜以告齊襄公。四月，齊襄公宴請魯桓公，桓公醉酒，齊襄公使公子彭生駕車送返，殺桓公於車中。然後，殺彭生向魯國謝罪。

這位齊襄公就是齊桓公之兄諸兒。文姜於陪魯桓公靈柩返魯後，根據《春秋》的記載，至少有五次在齊地或魯地和齊襄公私會，直到襄公為其堂弟無知所殺。

齊襄公並非齊國唯一荒淫無道的國君，齊莊公（西元前五三三～五四八年在位）是另外一個可恥的例子。齊莊公光原為齊靈公所立的太子，靈公後又改立光的異母弟牙。權臣崔杼趁靈公病中，幫助光即位；莊公即位後殺太子牙。

崔杼娶棠邑大夫遺孀姜氏。姜氏貌美，莊公與之私通，多次進入崔府。莊公六年五月，崔杼稱病在家。莊公到崔府探病，藉著這個機會去找姜氏。姜氏與崔杼從旁門而出，莊公拍著門前的柱子唱歌，應該是想告訴姜氏我來了吧？於是被崔杼的徒眾執兵器包圍。莊公請求放行，不許；請求談判，不許；請求到家廟中自殺，亦不許。無奈翻牆欲逃，結果被射中大腿墜地，遂被崔杼的徒眾所殺。

魯國

魯隱公（西元前七二二～七一二年在位）息姑為魯惠公繼室聲子所生。惠公後來又娶宋武公之女仲子，生子允。惠公薨，隱公當國攝政，奉允為太子，就是後來的桓公，所以《春秋》不書即位。根據《公羊》的說法，「立嫡以長不以賢，立子以貴不以長。桓何以貴？母貴也。子以母貴，母以子貴。」

不過根據司馬遷《史記．魯周公世家》的說法，魯惠公為息姑娶於宋，見宋女貌美而奪之為夫人，生子允，以為太子。惠公在位四十六年卒，允幼，由息姑當國，將傳位於允。

隱公十一年（西元前七一二年），公子羽父建議隱公繼續執政，他願為隱公殺子允，請隱公任命他為太宰。隱公對他說，我因允年少暫時攝政，現在允已長大，我正在菟裘營建宮室，準備退休，還政於允。羽父擔心他的這番話為允所知，乃譖公於允，請准其殺公。十一月，使賊殺隱公，立允，是為桓公。

魯桓公三年（西元前七〇九年）娶齊釐公之女文姜為夫人，十八年與夫人赴齊，為齊襄公謀殺，子莊公（西元前六九三～六六二年在位）立。莊公夫人為齊襄公之女哀姜，哀姜無子，其妹叔姜生子啟，而孟氏女生子般，莊公欲立般為太子。莊公有三弟：慶父、叔牙與季友。莊公三十二年（西元前六六一年）病，問叔牙應由何人繼位。叔牙認為可由慶父繼承。不過莊公心裡想的是子般；再問季友，季友主張立子般。於是傳莊公的命令，讓叔牙飲下毒酒，答應保全他的後人。八月，莊公卒，子般繼立。十月，慶父使人殺子般，季友逃至陳國。魯人在齊國支持下立子啟，是為湣公。

湣公元年（西元前六六一年）八月，與齊桓公盟於齊地落姑，召季友返魯。冬，齊仲孫湫到魯國探視，回報桓公說：「不去慶父，魯難未已。」慶父私通哀姜，欲自立，湣公二年八月，使人襲殺湣公。季友立湣公之庶兄申，是為釐公。慶父逃至莒，哀姜逃至邾。莒和邾都是周初所封的小國，莒即今山東莒縣，邾在曲阜附近。魯要求莒遣返慶父，慶父自知不免，自縊於途中。齊桓公自邾召哀姜，殺之於魯地夷。

慶父、叔牙、季友的後人孟孫氏、叔孫氏與季孫氏就是所謂魯國「三桓」，後來世代擅魯國之國政，而以季孫氏的勢力最大。

晉國

晉國初封於翼，在今山西省南部汾水東岸的翼城和曲沃一帶。穆侯四年（西元前八〇八年）娶齊女姜氏為夫人，生仇和成師。穆侯去世後，弟殤叔自立為君。殤叔三年，穆侯太子仇襲殺殤叔繼立，是為文侯。文侯十年，周室東遷，進入春秋時期；三十五年卒，子昭侯立。昭侯封叔父成師於曲沃，號為桓叔。曲沃大於晉都所在的翼，從此侄子對叔父的善意，發展為權位與利益的爭奪，顯示倫理與親情在缺乏綱紀制約下，不是很容易長久維持。

昭侯七年（西元前七三九年），晉臣潘父弒昭侯而迎桓叔，但為晉人所敗，立昭侯之子平，是為孝侯。這是第一波叔父對侄子的攻擊，以失敗結束。

孝侯八年（西元前七三一年），桓叔卒，子鱓立，是為莊伯；稱莊伯應是孝侯伯父之意。孝侯十五年（西元前七二四年），莊伯弒孝侯於翼，但再度為晉人所敗，退回曲沃。晉人立孝侯子郄，是為鄂侯。這是第二波伯父對侄子的攻擊，仍以失敗告終。

鄂侯六年（西元前七一八年）卒，莊伯趁機攻晉；這時的莊伯已是晉侯的伯祖父。周平王使虢公將兵伐莊伯，莊伯敗退曲沃。晉人立鄂侯子光，是為哀侯。這是第三波伯祖父對侄孫的攻擊，仍告失敗。

哀侯二年（西元前七一六年），莊伯卒，子稱立，是為曲沃武公。哀侯九年，曲沃武公伐晉，虜哀侯，晉立哀侯子小子為君，是為小子侯。曲沃的政權從桓叔到莊伯再到武公歷經三代，而晉從昭侯至小子侯已五代，且昭侯原較桓叔年少，所以小子侯年幼無謚。小子侯四年（西元前七〇五年），曲沃武公誘召小子侯殺之。周桓王使虢仲伐武公，武公退守曲沃。晉立哀侯弟湣為晉侯。晉侯二十八年，曲沃武公伐晉侯滅之，盡以其寶器獻於周釐王。釐王命曲沃武公為晉君，列諸侯，是為晉武公，盡併晉地而有之。自昭侯元年（西元前七四五年）封桓叔於曲沃，至晉侯二十八年（西元前六七九年）曲沃武公滅晉侯湣代立，晉歷六君，凡六十七年，終於為曲沃地方政權所滅。

晉武公之子為晉獻公（西元前六七六～六五一年在位）。獻公八年，因擔心桓叔、莊伯公子眾多亂政，使人盡殺群公子。獻公烝於其父武公之妾齊姜，生秦穆公夫人與申生。又娶二女於戎，生重耳和夷吾；伐驪戎，得驪姬、生奚齊；驪姬之妹生卓子。獻公因為欲立驪姬之子奚齊，導致申生自殺、重耳與夷吾逃亡的家庭悲劇與朝政混亂。他是一個子不子、父不父，殘忍、荒淫、自私的國君。但他為晉拓展疆土，西有河西，與秦接壤，北至狄，東至河內。為晉文公奠定了霸業的基礎。

驪戎在晉都東南方，雒邑北方。周自武王於西元前一〇四六年滅殷商而有天下，至晉獻公已經三七〇餘年，但並未有效統治王畿附近地區，以致時有戎狄勢力侵擾作亂。

楚國

楚莊王在位二十三年卒，他的兒子共王審立。共王十六年，晉因為鄭投靠楚伐鄭，共王救鄭，與晉軍戰於鄢陵，為晉軍所敗，共王也被晉軍射中眼睛；楚莊王所建立的霸業至此成空。鄢陵在今河南新鄭的東南，許昌的東北。不過楚軍雖敗但勢力已進入蔡國和陳國的北方。共王在位三十一年卒，他的兒子康王招立；康王在位十五年卒，他的兒子員立，是為郟敖。

康王有四弟：公子圍、子比、子晳，與棄疾。郟敖以公子圍為令尹，主管軍事。郟敖四年，圍出使鄭國，途中聽說楚王病，返國探視，絞殺自己的侄子，然後殺了侄子的兩個兒子，自立，是為靈王。子比逃至晉國。靈王三年六月，會諸侯於申，率諸侯兵伐吳，攻克朱方。朱方當時為吳國的北境，在今江蘇鎮江，申在今河南南陽。不過河南南陽到江蘇鎮江尚有很長一段距離，楚靈王不大可能會諸侯於南陽，然後率諸侯兵遠赴江蘇，而且渡江攻打朱方。《史記．十二諸侯年表》稱，「夏，合諸侯於宋地，盟，伐朱方」。這段時期，楚靈王的軍事活動，大致都在宋和吳之間的河南與安徽一帶，申應在江蘇，靠近吳國一帶。

楚靈王八年（西元前五三三年）滅陳，十年滅蔡。十一年伐徐，以威脅吳國，靈王駐軍乾谿作為後援。徐在吳國的北方，乾谿在今安徽亳縣東南。十二年（西元前五二九年），公子比自晉返楚，與棄疾合作，殺靈王太子祿，子比立為王，以子晳為令尹，棄疾為司馬。這時楚國都於郢，在今湖北江陵。後方發生政變，遠在東方督戰的靈王眾叛親離，自縊而死。

這時靈王的死訊尚未傳入楚都。棄疾製造謠言說，靈王就要回來了。又使人告訴子比和子晳說，靈王來了，國人已經殺了司馬棄疾，就要來殺你們了。子比和子晳乃自殺而死。棄疾自立，是為平王。

這是一段叔殺其侄、兄弟相殘的故事，康王的四位寵弟，現在只剩下一人，就是平王。

平王二年（西元前五二七年），使少傅費無忌到秦國為太子建娶妻。費無忌見秦女貌美，馳歸告訴平王，平王娶之。六年，使太子建居城父守邊。城父位於乾谿東北，就在當年靈王駐軍地方附近，是楚國與吳國爭霸的前方。太子建的太傅是伍奢，少傅是費無忌。平王七年，費無忌向平王報告太子將叛。平王召太傅伍奢責問。伍奢說，君娶太子建之妻已經過分了，為何又聽信讒言？平王怒，囚禁伍奢，使城父司馬奮揚召太子建。奮揚使人向太子建透露消息，太子建逃亡至宋國。伍奢的兒子伍員逃亡至吳。伍員就是伍子胥，後來輔佐吳王闔閭，於闔閭十年（西元前五〇六年）大敗楚師，入郢。取平王屍鞭之三百。

主要參考文獻

·韓兆琦注譯，《新譯史記》，台北市，三民書局，二〇〇八年，《本紀》、《表》、《書》、《世家》。
·《景印古本五經讀本》，台北市，台灣啟明書局，一九五二年，《禮記集說。檀弓，王制》，《春秋三傳》。
·王震南編纂，《無盡的寶藏：新編五經》，台北市，徐增壽文教基金會，二〇〇八年，中冊及下冊，《春秋及其三傳》。

第二章——孔子的家世、成長與為人

一、孔子的家世

孔子是殷商後裔。他的祖先可以上溯到宋微子之弟微仲。周武王伐紂克商後，封紂子武庚祿父於殷商故土，以和集殷商遺民，並延續對祖先的祭祀。另外封兩個弟弟叔鮮於管，叔度於蔡，為武庚的輔相，實際上是就近監視。武王去世後，子成王即位，年幼，由周公旦輔佐，主持國政。管叔和蔡叔勾結武庚祿父造反，周公承成王之命加以平定，以武庚舊地封武王同母少弟康叔，國號衛；封紂的庶兄微子為宋公，都商丘，代表商人後裔，供奉商人的祖先。商丘是舊都，商人的祖先在盤庚遷殷以前，大致都在曲阜、商丘一帶。

微子名啟，司馬遷《史記》因避漢景帝劉啟名諱改開。他是有名的仁賢之士，深受殷民愛戴。

微子啟卒，立其弟微仲。微仲卒，子宋公稽立。宋公稽卒，子丁公申立。丁公申卒，子湣公共立。湣公共卒，弟煬公熙立。煬公即位後，湣公的庶子鮒祀弒煬公以讓太子弗父何，弗父何辭不受，乃自立，是為厲公。

弗父何生宋父周，周生世父勝，勝生正考父，考父生孔父嘉。從宋湣公到正考父為五世。五世親盡，別為公族，姓孔氏。孔父嘉生木金父。孔父於宋穆公（西元前七一一～六九四年在位）時為大司馬。穆公九年（西元前七二〇年）病，囑孔父於其死後立宣公之子與夷，不要傳給自己的兒子馮。因為宣公當年傳位於他，「我不可以負宣公也。」並使馮出居於鄭。同年八月，穆公卒，兄宣公之子與夷立，是為殤公。

殤公九年（西元前七一一年），太宰華父督路見孔父嘉夫人貌美，「目逆而送之，曰：美而豔。」十年，使人宣傳：殤公在位十年，而十一次作戰，民不堪其苦。這都是孔父嘉所為，所以要殺孔父嘉讓百姓得到安寧。於是攻殺孔父而娶其妻。殤公怒，遂殺殤公。以上是《左傳》的說法。不過根據《公羊》和《穀梁》，華父督為了要弒殤公，先殺主管兵馬的孔父嘉。所以《春秋》的經文是：「宋督弒其君與夷及其大夫孔父。」

「及」字告訴我們，孔父是受到連累而死。

孔父嘉被害，子木金父逃奔魯國。木金父生睪夷，睪夷生防叔，防叔生伯夏，伯夏生叔梁紇，叔梁紇生孔子。所以孔子是宋湣公的第十二代孫，是這個家族遷魯的第六代。不過孔子不是微子啟的後代，而是微仲的後代。

孔父嘉的父親正考父輔佐戴公（西元前七九九～七六六年在位）、武公（西元前七六五～七四八年在位）、宣公（西元前七四七～七二九年在位）三世，「三命茲益恭。」其鼎上的銘文曰：「一命而僂，再命而傴，三命而俯，循牆而走，亦莫敢余侮。饘於是，粥於是，以餬余口。」周制大國之卿不過三命，下卿再命，小國之卿與大夫一命。這段文字譯成白話是：一命背彎下來，二命腰彎下來，三命身體彎下來，順著牆走路，也沒人敢侮辱我。說的是正考父從大夫累升到卿，態度愈來愈謙恭。孔子曰：「恭則不侮。」（《論語．陽貨．六》）我用這個鼎煮稠粥，煮稀飯，讓我有口飯吃。正考父用這段文字告誡子孫，做人應謙卑和節儉。

孔子的父親叔梁紇，《左傳》作郰叔紇或郰人紇。郰是地名，亦作陬或鄹，在今山東曲阜東南，是孔子的故鄉。郰叔紇就是郰這個地方的大叔名字叫紇的意思，例如周武王弟管叔鮮封於管，蔡叔度封於蔡，衛康叔封於衛，康是他的食邑，成王之弟唐叔虞封於唐，唐是晉的初封。

關於郰叔紇的事蹟，《左傳》有兩處記載，一在魯襄公十年（西元前五六三年），一在十七年（西元前五五六年）。襄公十年，《春秋》的相關經文是「春，公會晉侯、宋公、衛侯、曹伯、莒子、邾子、滕子、薛伯、杞伯、小邾子、齊世子光會吳於相。」以及「夏五月，甲午，遂滅偪陽。」這裡的公就是魯襄公。齊世子光就是齊靈公世子，後來殺掉其弟牙，繼靈公而立的齊莊公。相和偪陽在宋東方，魯南方，吳北方，在今徐州市東北。當時楚國勢力強大，已經越過安徽進入江蘇北部。相是楚地，晉景公為了聯合南方的吳國抗楚，所以率領諸侯軍會吳王壽夢於相，接著攻打偪陽。

偪陽之戰，晉師遠來，似乎以魯軍為主力，由孟獻子指揮。郰叔紇是孟獻子屬下的勇士。根據《左傳》的描述：偪陽人打開城門，諸侯軍一擁而入，懸在上面的門突然降下，郰人紇以手撅起懸門，讓進城的軍隊趕緊退出。偪陽人打開城門讓一部分敵軍入城，然後降下懸門，加以聚殲，是誘敵之計。

《春秋》：魯襄公十七年，「秋，齊侯伐我北鄙，圍桃；齊高厚帥師伐我北鄙，圍防。」根據《左傳》記載，魯襄公十六年（西元前五五七年），秋，齊靈公侵犯魯北境的郕邑，受到孟孺子速的攔截，齊軍為避其鋒芒而退。魯襄公十七年，秋，齊人再度來犯，兵分二路。一路圍攻桃；桃亦作洮，在孟孫氏封邑郕的附近。一路由齊大夫高厚率領，包圍臧孫紇於防；防在陽關的東北方，梁父山之西。魯軍自陽關出兵迎救臧紇，駐紮於旅松。郰叔紇與臧疇、臧賈率披甲執銳的戰士三百人夜襲齊軍，救出臧紇，送至旅松而歸。齊師乃退。陽關在郕東北方，旅松在防附近。臧孫紇是魯大夫，就是《論語》中的臧武仲，防是他的食邑。

郰叔紇不僅是一位驍勇善戰的勇士，而且是一位孔武有力的大力士。

從這兩段故事可以看出，孔子和孟孫氏家族有一定的淵源。

孔子的母親是顏徵在。關於郰叔紇與孔母的關係，司馬遷《史記・孔子世家》寫得含糊，只說「紇與顏氏女野合而生孔子，禱於尼丘得孔子。」這兩句話不是很通順，先說野合而生孔子，又說禱於尼丘得孔子。韓兆琦教授引崔適云：「此文疑作紇與顏氏女禱於尼丘，野合而生孔子。」郰叔紇和顏氏女並無婚姻關係，所以稱野合。另外一種說法是，叔梁紇已老而徵在尚少，不符合婚姻之禮，故稱野合。如此說為是，則上文應作「紇與顏氏女野合，禱於尼丘，得孔子。」

尼丘因避孔子名諱，今稱尼山，在民國時代曲阜縣治東南六十里，與鄒縣聯界。其山五峰連峙，中峰之麓有宣聖廟，東麓有坤靈洞，山東南相對者曰顏母山，山上有聖井及顏母廟，亦稱女陵山。山南有魯源村，為叔梁紇出生之地。防山在縣治東三十里，孔子之父啟聖王墓在山北十里處。（《魯青簡史》，頁三〇三。）

根據《史記，孔子世家》，孔子生於魯襄公二十二年（西元前五五一

孔子的故鄉：從陬到曲阜

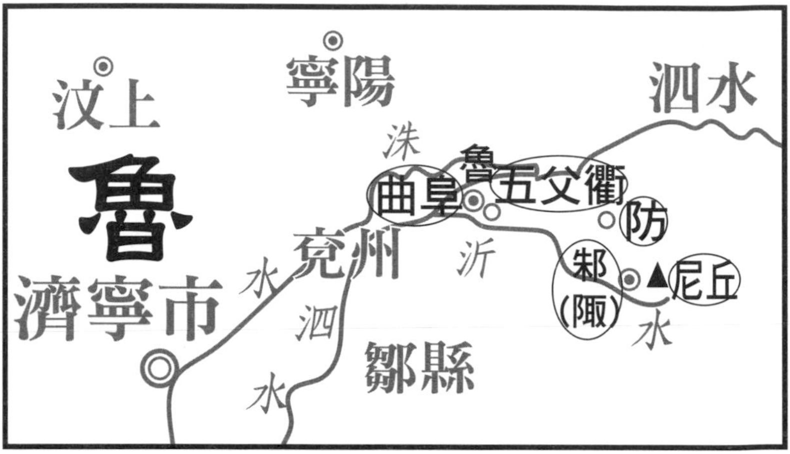

編註：地圖上之深色字為古地名；淺色字為今地名。

年）。《公羊》的記載是「十有一月庚子，孔子生。」《穀梁》的記載是「庚子，孔子生。」現在大家都接受朱熹的意見，認定孔子的生日是魯襄公二十二年庚子之歲十一月庚子。」（朱熹《四書集注．論語序說》）

孔子名丘，字仲尼。丘和尼取自孔子家鄉的尼丘，仲是他在郰叔紇家中的排行。

二、貧賤出身的博學之士

關於孔子父母的這段姻緣和他們的共同生活，可以採信的資料甚少。我們只知道叔梁紇是郰邑的首長。魯襄公十年，他在偪陽奮力撅起懸門，正值壯年，假定是四十五歲左右，因為這可能是尚具如此神力最後的年限；襄公十七年，解防之圍、夜襲齊軍是五十二歲左右；則襄公二十年或二十一年他與顏氏女成就姻緣可能是五十五歲或五十六歲左右。而顏氏女應尚不到二十歲。如叔梁紇和顏徵在禱於尼丘是六十歲以後，那麼十年前已五十餘歲的他還有神力托起千斤懸門，三年前快六十歲的他還可以披堅持銳夜襲敵營嗎？

我們對孔母徵在所知更少。她如何和這位年長的地方首長相識，並且進一步產生情感，願意和他非婚生子，有很多可以想像的空間。郰和尼丘隔著一條沂水，他們應常從郰渡過沂水，遊於尼丘，像所有戀人一樣，享受愛情的甜蜜吧！叔梁紇還有另外一個家庭，那裡有孔子的哥哥和姐姐。

孔子三歲，叔梁紇逝世。他和徵在的這段姻緣似乎從未被原家庭接受，彼此之間似乎也無來往。因為叔梁紇死後，孔子竟不知自己父親葬身之處，母親也諱莫如深，不肯告訴他。由此推知這對孤兒寡母的生活從未得到原家庭的幫助，不過我們可以確知徵在出身知書達禮、教養良好的家庭。因為她獨立撫孤，為中華民族培育出一位聖人和偉大的思想家，他為人類的幸福，設計了完美的藍圖。

母子二人艱難度日。孔子自小習禮好學，為了生活，他可能從事過各種世俗以為低賤的工作，用現在的話說就是到處打工。

大宰問於子貢曰：「夫子聖者與？何其多能也？」子貢曰：「固天縱之將聖又多能也。」子聞之，曰：「大宰知我乎？吾少也賤，故多能鄙事。君子多乎哉？不多也！」宰曰：「子云：吾不試，故藝。」」（《論語・子罕・六》）

這個大宰可能是吳太宰伯嚭。不過我們不知道具體的「鄙事」是什麼。我們只知道：

孔子嘗為委吏矣，曰：會計當而已矣；嘗為乘田矣，曰：牛羊茁壯而已矣。（《孟子・萬章下・五》）

委吏是管倉庫的小官，乘田是管牧畜的小官。孟子說，做官不是為了家貧，而是為了將自己造福人民的理想付諸實踐。委吏和乘田應不能算孟子所說的官，孔子做委吏和乘田只是為了家貧。不過雖然為了家貧而謀一份工作，仍然努力做到最好，他做委吏的時候，做到帳面和庫存一致，所以說「會計當而已矣。」做乘田的時候，做到牲畜生長繁殖良好，所以說「牛羊茁壯而已矣。」孟子說：「位卑而言高，罪也。」（《孟子・萬章下・五》）

孔子這時候應已從農村的郰邑遷居到魯國的都城曲阜。當時由於周室衰微，井田制度崩潰，土地私有，鐵器農具的使用和畜耕，使農業生產力提高。農業剩餘增加，工商業開始發達，人口城市化，也支持了一個新興的知識階層。孔子也因此找到自己「謀道而不謀食」的工作，從事教育，培育人才，傳播理想，使他成為中國歷史上第一位私人興學的教育家，成就不朽的事業。《論語》有幾段話，頗能反映當時城市工商經濟的景況：

子貢曰：「有美玉於斯，韞匵而藏諸？求善賈而沽諸？」子曰：「沽之哉！沽之哉！吾待沽者也。」（《論語．子罕．十二》）

子貢問為仁。子曰：「工欲善其事，必先利其器。居是邦也，事其大夫之賢者，友其士之仁者。」（《論語．衛靈公．九》）

子夏曰：「百工居肆以成其事；君子學以致其道。」（《論語．子張．七》）

根據《闕里誌年譜》，孔子為委吏是十九歲，為乘田是二十一歲。不過錢穆認為孔子初仕應在二十歲之後，授徒施教，應在三十歲或稍前。顏回的父親顏無繇、曾參的父親曾點、子路，都是孔子早期的弟子。合理的推斷，孔子初仕應在二十歲開始這個十年的初期，施教應在這個十年的後期。司馬遷《史記・仲尼弟子列傳》談到子路初見孔子，有一段生動的描述：

子路性鄙，好勇力，志伉直，冠雄雞，佩豭豚，陵暴孔子。孔子設禮稍誘子路，子路後儒服委質，因門人請為弟子。

子路逞強好鬥，性情耿直，頭上戴著雞冠式的帽子，腰間佩著公豬皮裝飾的武器，霸凌孔子。孔子以禮稍加誘導，他又心悅誠服，拜師為弟子。看子路的穿著打扮和行為，正是十幾不到二十歲的莽撞少年。子路少孔子九歲，孔子當年應不到三十歲。

傳道授業需要完美的品德與淵博的學識，年齡不到三十歲的孔子是如何做到的呢？其主觀的條件就是好學與慎思。

子曰：「學而不思則罔，思而不學則殆。」（《論語・為政・十

五》）

子曰：「十室之邑，必有忠信如丘者焉，不如丘之好學也。」（《論語．公治長．二十七》）

子曰：「我非生而知之者，好古，敏以求之者也。」（《論語．述而．十九》）

子曰：「吾嘗終日不食，終夜不寢，以思，無益，不如學也。」（《論語．衛靈公．三十》）

孔子好學不倦，好古敏求，是他成就高深學問的主要原因。然而他學習所賴的文獻和資料從何而來，我們則不得而知。可能是叔梁紇所遺留，可能得自孔母的家族，也可能由於叔梁紇的關係使他有機會使用孟孫氏的藏書；這也是為什麼孟釐子知道孔子的品德和學識，要他的兩個兒子從學孔子。此外，孔子擔任委吏和乘田雖是小吏，應也讓他有接近官府檔案文獻的機會吧？

我們也從未聽說孔子有老師。關於這個問題子貢提供了很好的答案：

衛公孫朝問於子貢曰：「仲尼焉學？」子貢曰：「文武之道，未墜於地，在人。賢者識其大者，不賢者識其小者，莫不有文武之道也。夫子焉不學？而亦何常師之有？」（《論語．子張．二》）

衛國的公孫朝問子貢，孔子的學識從哪裡學來的呢？子貢說：夫子到哪裡不能學到呢？然而他有什麼必要從師而學呢？

子曰：「賜也，女以予為多學而識之者乎？」對曰：「然，非與？」曰：「非也！予一以貫之。」（《論語．衛靈公．二》）

孔子對子貢說，你以為我學得多而又都記起來嗎？我只是用一個原則，把所有事情貫穿在一起而已。這就是觸類旁通，聞一而知十的道理吧！

孔子自述「吾十有五而志於學，三十而立。」（《論語．為政．四》）十有五而志於學，不是說十五歲才開始求學，而是說十五歲開始立志追求學問。三十歲在學問上已經有所成就了。他的博學多識，也隨著諸侯會盟、軍事活動與商旅往返而名聲遠播。魯昭公二十年，孔子三十歲，《史記》〈魯周公世家〉和〈齊太公世家〉都記載齊景公與齊相晏嬰狩獵於魯國邊境，順便進入魯國問禮。魯昭公二十年是齊景公二十六年。〈孔子世家〉進一步記載：

景公問孔子曰：「昔秦穆公國小地辟，其霸何也？」對曰：「秦國雖小，其志大；處雖辟，行中正。身舉五羖，爵之大夫，起纍紲之中，與語三日，授之以政。以此取之，雖王可也，其霸小矣。」

這是孔子行仁政可以王天下，與國土大小無關，一貫的道理。不過孔子時候秦國擁有的土地，正是周武王滅殷商而有天下當年的基業，也許地僻，但難謂國小。這段故事可能因為《春秋》和三傳都無記載，所以錢穆未納入他的《孔子傳》之中。

魯昭公七年（西元前五三五年）三月，訪問楚國，途經鄭國，鄭簡公出城接待，孟釐子為昭公的禮官隨行，不諳接待之禮；及至到達楚國，楚靈王郊迎，又未能依禮作答。釐子返魯後深以為恥，虛心學禮。魯昭公二十四年（西元前五一八年），孔子三十四歲，孟釐子臨終前，召見屬下的大夫，託以後事。他說，孔丘是聖人的後代。臧孫紇說：「聖人有明德者，若不當世，其後必有達人。」這個達人就是孔丘吧？我死後，一定讓我的兩個兒子師事孔丘，跟著他學禮。所以孟懿子和南宮叔敬在孟釐子去世後，師事孔子。

仲尼曰：「能補過者，君子也。詩曰：君子是則，是效。孟釐子可則效已矣。」（《左傳・魯昭公七年》）

魯昭公二十五年（西元前五一七年），孔子三十五歲，魯國發生了一件政治風暴。這年九月，魯昭公因為對魯國權臣季平子積怨已久，藉著他和魯國大夫郈昭伯、臧昭伯之間的衝突，率兵攻打季氏，不料被季孫、叔孫和孟孫三家聯合打敗，逃亡到齊國。齊景公攻占魯地鄆，以安置魯昭公。孔子也於這一年來到齊國。孔子到齊國可能因為魯國發生內亂。孔子說：「危邦不入，亂邦不居。」（《論語・泰伯・十三》）也可能只是尋找發展抱負的機會。

孔子在齊國和主管音樂的大師討論音樂，聽到〈韶〉樂，專心學習，因為太投入、而且需要一點時間，所以三個月吃不出肉的味道。他說：「不圖為樂之至於斯也？」（《論語・述而・十三》）〈韶〉是舜時候的音樂，在孔子心目中，唐堯、虞舜時代是古之治世，而堯舜是古之明君，是孔子心嚮往之的典範，也許有幾分是孔子塑造出來的榜樣，藉以垂範後世。

> 子謂〈韶〉，「盡美矣 又盡善也。」謂〈武〉，「盡美矣 未盡善也。」（《論語・八佾・二十五》）

〈武〉是周武王時代的音樂。舜以禪讓得天下，又將天下禪讓給禹，王位和平移轉，武王則以武力得天下，生靈塗炭。音樂反映人心，所以聽起來，〈韶〉樂盡美、盡善，而〈武〉樂盡美、未盡善也。

孔子這次到齊國最重要的事就是和齊景公見面，景公向他請教為政之道。如果魯昭公二十年（西元前五二二年）齊景公真的到過魯國，而且見過孔子，那麼這次就是他們第二次見面了。

> 齊景公問政於孔子。孔子對曰：「君君，臣臣，父父，子子。」公曰：「善哉！信如君不君，臣不臣，父不父，子不子，雖有粟，吾得而食諸？」（《論語．顏淵．十一》）

「君君，臣臣，父父，子子」一般性的說法，就是社會上每一分子，各自扮演好自己的社會角色。我們每個人在社會都有好幾個不同的角色。例如我們是父親的兒子，兒子的父親，政府的官員，也是社會的公民。如果每個人都能恰如其分扮演好自己的角色，社會就會和諧安定，天下就大治了。這就是孔子的正名主義。人際關係的恰如其分就是倫理。不過倫理雖然是個人做人處世的修養，但仍需社會制度的支持，才能普遍見諸實踐，這個制度在孔子時代就是禮。

《論語》中齊景公和孔子的對話有二處，司馬遷在〈孔子世家〉中將其併於一處。

齊景公待孔子，曰：「若季氏，則吾不能，以季、孟之間待之。」曰：「吾老矣！不能用也。」（《論語．微子．三》）

前面一句似乎是景公和他的大臣，也許是晏嬰商量如何安排孔子，讓他留在齊國，後面一句才是他對孔子所說的話。不過當時孔子只有三十五歲，還沒有顯赫的地位和名聲，他的學問究竟有多高深也尚待社會考驗，齊景公似乎不可能以季、孟之間的地位給他，孔子的期待也不會有那麼高。此外，齊景公的年紀也不能算老，當年是齊景公三十一年（西元前五一七年），他後來又統治齊國二十七年，直到齊景公五十八年（西元前四九〇年）孔子六十二歲才去世。所以這段話應是發生在別的時機，然而是什麼時機呢？在《論語．微子．四》中，這段話後面一章就是「齊人歸女樂，季桓子受之。三日不朝，孔子行。」難道孔子周遊列國赴衛國之前，先去了一趟齊國嗎？〈孔子世家〉中「由是為司空，已而去魯，斥於齊，逐乎宋、衛。」的「斥於齊」是什麼意思呢？

孔子在齊國未能找到發展的機會，於魯昭公二十六年（西元前五一六年）返魯，繼續他進德修業，作育英才的千秋大業。魯昭公則流亡在外七年而逝，魯國另立新君，是為魯定公。

孔子十九歲娶丌官氏為妻。丌官氏的家族和孔子的家族一樣，也是從宋國遷來魯國，二十歲生下唯一的兒子鯉，字伯魚。

至於孔母徵在哪一年去世，有兩種說法。一種說法是〈孔子世家〉：「孔子母死，乃殯五父之衢，蓋其慎也。郰人輓父之母誨孔子父墓處，然後往合葬於防焉。」五父之衢在曲阜東門外二里。司馬遷將此事記在孔子十七歲之前，因此孔母應死於孔子十七歲之前。另外一種說法是《闕里誌年譜》：「二十四歲，聖母顏氏夫人卒，合葬於防焉。」錢穆在《孔子傳》中採信前說，並說：「或云：孔子二十四歲母卒，不可信。」不過他沒說為什麼不可信，也沒說為什麼十七歲前可信？

從孔子的出生地郰到魯國的都城曲阜尚有五、六十里的路程。合理的推測，孔子年齡稍長，到都城任委吏和乘田，才和母親從鄉下遷居曲阜，孔母去世後才會殯於城東二里的五父衢。因此孔母於孔子二十四歲辭世才是比較合理的說法。果如此，則孔母親自安排了兒子的婚禮，也迎接了孫兒的出生，並且含飴弄孫，直到伯魚五歲。

不過《禮記．檀弓上》有一段話，讓我們相信，孔母去世可能更在孔子二十四歲以後。

> 孔子既祥，五日彈琴而不成聲，十日而成笙歌。有子蓋既祥而絲屨組纓。

父母去世滿一年為「小祥」，滿二年為「大祥」。孔子的母親去世已滿一年，又過了五天，孔子依然未能走出喪母的哀傷，以致彈琴不能成樂，直到過了十天，才能發出完整的樂聲。然而孔子的弟子有若，母喪剛滿一年，據傳就換上絲鞋和華麗的帽帶。孔子如果不是在接近三十歲授徒之後，有誰會記他既祥五日彈琴成不成聲呢？

母親不肯告訴孔子叔梁紇的葬處，可能她自己也不知道。孔子從「輓父之母」口中才知道葬於防山某處。輓父是拉車的車夫，可能他恰好參加叔梁紇下葬的活動，也可能同行朋友曾經參與。至於孔子什麼時候將母親合葬於父親之旁呢？《禮記．檀弓上》有以下的記載：

孔子既得合葬於防，曰：「吾聞之，古也，墓而不墳。今丘也，東西南北之人也，不可以弗識也。於是崇之四尺。孔子先反，門人後。雨甚，至。孔子問焉，曰：「爾來何遲也？」對曰：「防墓崩。」孔子不應，三。孔子泫然流涕，曰：「吾聞之，古不修墓。」

孔子先前未能將父母合葬在一起，不僅因為不知父親的墓地，可能尚有經濟上的困難，和家庭內部的矛盾。現在隨著經濟生活改善與社會地位、聲望提高，應都得到解決。因此孔子合葬父母於防，可能在他三十六歲自齊返魯以後。這也比較符合「今丘也，東西南北之人也」的說法。

孔子身高九尺六寸，大家都說他是長人。

三、孔子的性情

他是一個充滿愛心、感情豐富的人

孔子的弟子伯牛生病，孔子去看他，隔著窗戶握著伯牛的手說：「真是要命呀！這是天命吧？這樣的人怎麼會得這樣的病呢？這樣的人怎麼會得這樣的病呢？」

伯牛有疾，子問之，自牖執其手，曰：「亡之，命矣夫！斯人也

而有斯疾也！斯人也而有斯疾矣！」（《論語．雍也．八》）

伯牛姓冉名耕，字伯牛，在孔門德行科，排名僅在顏淵和閔子騫之後。孔子對他很器重，也很痛惜。據說他得的是一種致命的傳染病，因此孔子只能隔著窗戶拉他的手。

顏回去世，孔子哭得很傷心，旁邊跟隨的人說：「夫子太傷心了！」孔子說：「我有很傷心嗎？不為這樣的人傷心，還為什麼人傷心呢？」

顏淵死，孔子哭之慟。從者曰：「子慟矣！」曰：「有慟乎？非夫人之為慟而誰為？」（《論語．雍也．九》）

顏回字子淵，少孔子三十歲，是孔子最欣賞、最喜愛的學生，也是最好學、最具有仁德的學生，不幸在孔子七十一歲時去世。

孔子看到穿喪服的人、眼睛瞎的人，縱然年紀小，也一定起立；經過他們一定快步通過。孔子在有喪事的人身旁，沒有一次吃得下飯。孔子這天哭過就不再唱歌。

> 子見齊衰者、冕衣裳者、與瞽者，見之，雖少必作，過之，必趨。（《論語・子罕・九》）
>
> 子食於有喪者之側，未嘗飽也。子於是日哭，則不歌。（《論語・述而・九》）

孔子不僅對自己的弟子、對遭逢喪事和弱勢的人滿懷愛心，他對水裡的魚和天上的鳥也一樣有愛心，不願傷害牠們。所以他不用網捕魚，也不射棲息中的鳥。

> 子釣而不綱，弋不射宿。（《論語・述而・二十六》）

因為用網捕魚，魚難以逃避，而棲息的鳥，失去戒備之心。

愛心來自人與生俱來的同理心（empathy）和同情心（sympathy），讓我們能體會別人甚至動物的感覺和情緒，感同身受，因而推己及人，願意施以援手，以消除、至少減輕別人的痛苦。這就是孔子思想中的核心價值「仁」和「恕」的根源，「仁者愛人」，「己欲立而立人，己欲達而達人」；「恕」者，「己所不欲，毋施於人」。

同理心和同情心就是孟子所說的惻隱之心，人人都有，不過少數人可能比較薄弱。西哲亞當．史密斯說：「即使是窮凶極惡之輩與鐵石心腸的亡命之徒，也非全無同情之心。」（*The Theory of Moral Sentiments*，一七五九），所以必須輔之以禮樂教化，擴而充之，推而廣之。孔子對這樣比較傾向於作惡的人也是充滿悲憫之心。

季康子患盜，問於孔子。孔子對曰：「苟子之不欲，雖賞之不竊。」（《論語．顏淵．十八》）

季康子問政於孔子曰：「如殺無道，以就有道，何如？」孔子對曰：「子為政，焉用殺？子欲善，而民善矣。君子之德風，小人之德草。草上之風必偃。」（《論語．顏淵．十九》）

如果不是有需要，雖然獎賞也不會偷竊。如果上面的人做得正，自然就會感化下面的人，怎麼用到殺呢？

他是一個愛好音樂、喜歡唱歌的人

孔子不但愛好音樂，也是一位造詣深厚的音樂家。他曾經追隨魯國的樂師襄子習鼓琴，與齊國主管音樂的太師討論音樂，練習〈韶〉，「三月不知肉味。」他告訴魯國主管音樂的太師演奏音樂的一般原則：開始的時候，所有樂器齊鳴，然後樂聲和諧，節奏分明，綿延不絕，以至於完成。

子語魯太師樂曰：「樂其可知也。始作翕如也。從之純如也，皦如也，繹如也，以成。」（《論語・八佾・二十三》）

他說：「太師摯演奏開始的升歌與〈關雎〉將終的合樂，宏富美妙，連綿不絕於耳呀！」

子曰：「師摯之始，關雎之亂，洋洋乎盈耳哉！」（《論語．泰伯．十五》）

他在家閒居的時候，作客異鄉的時候，師徒談學論道的時候，往往演奏樂器，他也常常藉著音樂表達心聲，抒發感情。

孺悲欲見孔子，孔子辭以疾。將命者出戶，取瑟而歌，使之聞之。（《論語．陽貨．二十一》）

孔子既祥，五日彈琴而不成聲；十日而成笙歌。（《禮記．檀弓上》）

顏淵之喪，饋祥肉，孔子出，受之；入，彈琴而後食之。（〈檀弓上〉）

孔子周遊列國，於魯哀公十一年返魯，這時他已經六十八歲。但他花功夫更正各種音樂的音律，讓〈雅〉和〈頌〉各自恰如其分。

子曰：「吾自衛反魯，然後樂正，雅、頌各得其所。」（《論語・子罕・十四》）

〈雅〉是宮廷的音樂，〈頌〉是頌揚、讚美之歌。十九世紀英國牛津大學翻譯中國經典的名家理雅各（James Legge）將雅譯為「the Royal songs」，頌譯為「Praise songs」。

孔子喜歡唱歌，而且常常唱歌，他真是一位音樂的愛好者。

子與人歌而善，必使反之，而後和之。（《論語・述而・三十一》）

子於是日哭，則不歌。（《論語・述而・九》）

溫和、真誠而風趣

孔子性情溫和不過有點嚴肅，威嚴不過並不嚴厲，恭謹然而安詳。

子溫而厲，威而不猛，恭而安。（《論語．述而．三十七》）

他是一位「望之儼然，即之也溫」，讓人尊敬和願意接近的人。

孔子為人真誠、正直，表裡如一。他最討厭花言巧語、諂媚、逢迎、過分恭敬討好人家的人。因為這樣的人作踐自己的人格，也可能別有所圖。他也不會違背內心的真誠，和自己厭惡的人做朋友。

子曰：「巧言，令色，足恭，左丘明恥之，丘亦恥之。匿怨而友其人，左丘明恥之，丘亦恥之。」（《論語．公冶長．二十四》）

這樣的行為和態度，左丘明以之為恥，孔子也以之為恥。《論語》有兩篇記載孔子同樣的話：

子曰：「巧言、令色，鮮矣仁。」（《論語．學而．三》、《論語．陽貨．十八》）

真誠正直的人受人尊敬；「巧言亂德」，虛情假意，不僅會讓個人受到欺騙，也會讓社會失去信任，增加人與人來往的成本，使世情險惡。

孔子雖然認真和嚴肅，但是也有他風趣和幽默的一面，所以弟子們願意跟在身邊，問東問西，自由發表意見。他們在一起，不僅增加學識，砥礪品格，有時候還配著音樂，弦歌不斷，應該很快樂吧！

閔子侍側，誾誾如也；子路，行行如也；冉有、子貢，侃侃如也。子樂。「若由也，不得其死然。」（《論語．先進．十二》）

閔子騫侍立在旁，規規矩矩的樣子，子路剛強的樣子，冉有和子貢自在和樂的樣子，孔子心裡高興，不禁說起玩笑話來，他說：「像仲由這個樣子，不知怎麼個死法。」孔子雖然是開玩笑，但也是他看了子路為人態度剛強的直接反應，不料竟一語成讖。子路後來死於衛國的政變，讓夫子傷心不已。

子路是行政專家。孔子有次說：「由也，千乘之國，可使治其賦也。」（《論語・公治長・七》）所以子路也是賦稅專家和財政專家。但是他在樂器方面不是很高明，孔子有次可能真的聽不下去了，說：「仲由的瑟藝怎麼會出於我的門下呢？」

子曰：「由之瑟，奚為於丘之門？」門人不敬子路。子曰：「由也，升堂矣，未入於室也。」（《論語・先進・十四》）

弟子們不敬子路。孔子說：「仲由的造詣已經登上大堂了，只是還沒入內室而已。」

這兩段話是不是連在一起，在同一時點所講，我們不是很確定。如果是的話，老師或長官不能隨便評論學生或部下，因為別的學生或同事會據以看待，對當事人造成困擾。不過我們讀《論語》、《史記》〈孔子世家〉、〈仲尼弟子列傳〉，或《左傳》會發現，子路真是一位可敬的君子。孟子有次說：

或問乎曾西曰：「吾子與子路孰賢？」曾西蹵然曰：「吾先子之所畏也。」（《孟子．公孫丑上．一》）

曾西是曾參之子，曾參少孔子四十六歲。子路是曾參所尊敬的學長。

他重視實質勝於形式

實質需要用形式彰顯與維護，形式是手段，實質才是目的，孔子重視實質勝於形式：

子貢欲去告朔之餼羊。子曰：「賜也！爾愛其羊，我愛其禮。」（《論語．八佾．十七》）

賜呀，你愛的是那隻羊，我愛的是那個禮。在這裡，禮是實質，羊是為了表達這個禮所用的形式。朔是農曆每月初一，餼羊是活羊，告朔是周天子和諸侯每月初一殺一隻羊到太廟祭告祖先的一種儀式。這種儀式周天子和魯君已經久不舉行，可是每月初一仍殺一隻羊送到太廟。所以子貢要去告朔之餼羊。不過孔子認為，如果這個形式沒有了，則這個形式要表現的禮也就消失了。

那麼「禮」是我們追求的最後目的（ultimate end）嗎？不是。「禮」只是一個中間目的（intermediate end）。

林放問禮之本。子曰：「大哉問！禮，與其奢也，寧儉；喪，與其易也，寧戚。」（《論語．八佾．四》）

林放問「禮」的根本，或「禮」的本質。孔子說，這個問題太好了。「禮」與其奢侈，寧可節儉；喪事與其鋪張，寧可哀戚。「禮」應以適當的形式表現，不是多花錢就好；多花錢不如儉樸。喪禮的目的是為了表達懷念與不捨，無須鋪張，哀戚就好。

以孝為例來說。儒家倫理的核心是仁，仁的根本是孝。有子曰：「孝弟也者，其為仁之本與？」（《論語．學而．二》）那麼怎樣才算孝呢？

子游問孝。子曰：「今之孝者，是謂能養。至於犬馬，皆能有養；不敬，何以別乎？」（《論語．學而．七》）

能夠奉養父母就算孝嗎？狗和馬都能得到餵養，如果缺少尊敬，有什麼區別呢？

子夏問孝。子曰：「色難。有事弟子服其勞，有酒食，先生饌，曾是以為孝乎？」（《論語．學而．八》）

為長輩跑腿、效勞，有好吃好喝的酒菜先請長輩享用，這樣就算孝嗎？更重要的是要做到顏色和氣喜悅。

奉養父母、幫父母做事，屬於物質和行為的層次，尊敬、顏色和氣喜悅是態度的層次，而尊敬與和悅來自內心的孺慕和關懷，這是愛的層次。

子曰：「父母之年不可不知也；一則以喜，一則以憂。」（《論語．里仁．二十一》）

喜的是父母雖然年高，仍然健在。憂的是畢竟年歲多了，漸趨衰老，免不了會有病痛。

孟武伯問孝。子曰：「父母唯其疾之憂。」（《論語・為政・六》）

孔子的弟子宰我從物質層次的觀點問三年之喪，孔子從愛的層次答覆他。

宰我問：「三年之喪，期已久矣。君子三年不為禮，禮必壞，三年不為樂，樂必崩。舊穀既沒，新穀既升，鑽燧改火，期可已矣。」子曰：「食夫稻，衣夫錦，於女安乎？」曰：「安。」「女安則為之。夫君子之居喪，食旨不甘，聞樂不樂，居處不安，故不為也。今女安，則為之！」（《論語・陽貨・二十二》）

宰我認為三年之喪太久，一年就可以了。三年不事禮樂，則禮壞樂崩，一年之中，舊穀已經吃完了，新穀已經成熟，鑽木取火的木頭也已更換，所以一年已經夠久了。孔子說，居父母之喪，讓你吃精米，穿錦衣，你覺得安心嗎？孔子評論宰我說：

「予之不仁也！子生三年，然後免於父母之懷。……予也，有三年之愛於其父母乎？」（《論語．陽貨．二十二》）

他重視大局勝於細節

「仁」是孔子倫理中最核心的元素，仁字在《論語》中出現一〇九次。其中作為道德標準者一〇五次，（楊伯峻，《論語譯注》，頁三六二）作為具有品德之人者三次，同人者一次。「仁者愛人。」仁似乎很容易，孔子說：「仁遠乎哉？我欲仁，斯仁至矣。」（《論語．述而．二十九》）但他又不輕易以仁許人。他說：「回也，其心三月不違仁，其餘則日月至焉而已矣。」（《論語．雍也．五》）仁又似乎很困難。但是當子路和子貢質疑管仲算不算仁者，他卻給予肯定的答覆。

子路曰：「桓公殺公子糾，召忽死之，管仲不死。」曰：「未仁乎？」子曰：「桓公九合諸侯，不以兵車，管仲之力也。如其仁！如其仁！」（《論語．憲問．十七》）

子貢曰：「管仲非仁者與？桓公殺公子糾，不能死，又相之。」子曰：「管仲相桓公，霸諸侯，一匡天下，民到于今受其賜。微管仲，吾其被髮左衽矣！豈若匹夫匹婦之為諒也，自經於溝瀆，而莫之知也！」（《論語．憲問．十八》）

管仲和召忽一起輔佐公子糾。公子糾和齊桓公爭為齊君，桓公即位，要求魯國殺公子糾，召忽殉主而死，管仲卻接受桓公任命，為齊相，輔佐桓公成就霸業。這樣的人格能算仁者嗎？

孔子自己談到管仲的為人，也有不少負面的評價。在孔子心目中，管仲既不儉樸，也不知禮，並且器宇窄小。孔子可能期許他可以行王道，管仲有這個機會，但未能做到。

子曰：「管仲之器小哉！」或曰：「管仲儉乎？」曰：「管氏有三歸，官事不攝，焉得儉？」「然則管仲知禮乎？」曰：「邦君樹塞門，管氏亦樹塞門；邦君為兩君之好。有反坫，管氏亦有反坫。管氏而知禮，孰不知禮？」（《論語．八佾．二十二》）

「三歸」有多種解釋，一說是管仲有三處豪邸。「官事不攝」是說每處用人各有專職。這樣的生活能說儉樸嗎？國君進大門有照壁，管仲進大門也有照壁。兩個諸侯國的國君為和平友好之會，設有放酒尊的酒檯，管仲家也設酒檯，如此僭越，能說知禮嗎？

然而管仲輔佐齊桓公九次聚集諸侯，平定動亂，不使用武力，讓百姓可以和平過日子，百姓到現在得到他的好處。如果不是管仲，中華大地可能已成夷人的天下，我也要披著頭髮，穿左邊開襟的衣服了。仁最重要的功能就是博施濟眾，讓人民過好日子。難道要像那些無知愚民，守著小仁小義，自己死在溝渠裡，沒有人知是誰嗎？

他堅持理想，知其不可為而為之

東周到了孔子時候，已經是個君不君，臣不臣，父不父，子不子的社會。臣弒其君者有之，骨肉相殘者有之。亂自上生，上行下效，紀綱蕩然。孔子懷抱著修身、齊家、治國、平天下的理想，一腔熱血，滿腹經綸，想要付諸實踐。他在魯國做到司空、司寇，嘗試改革失敗，周遊列國尋找施展抱負的機會，沒有一個君主接受他的主張，但他鍥而不捨。

子路宿於石門。晨門曰：「奚自？」子路曰：「自孔氏。」曰：「是知其不可而為之者乎？」（《論語．憲問．四十一》）

石門是魯國國都的一個城門。子路夜行沒趕上進城，住宿在石門之外，天亮開城門的人問他哪裡來的？他說來自孔家，開門的人說，就是那個「知其不可為而為之的人嗎？」

這件事情應該發生在孔子六十八歲自衛返魯後不久。孔子流浪在外十四年，無所遇而歸，應該是大家都知道的事了。

微生畝謂孔子曰：「丘何為是栖栖者與？無乃為佞乎？」孔子曰：「非敢為佞也，疾固也。」（《論語．憲問．三十四》）

微生畝可能是孔子的前輩，所以直呼其名，問他為什麼如此匆忙奔走，不是在到處討好諂媚吧？孔子說，我不敢討好諂媚，只是社會的病已經很嚴重了。

孔子周遊列國的時候，路上遇見長沮和桀溺合用一件農具在耕田，使子路去打聽過河的渡口。

長沮曰：「夫執輿者為誰？」子路曰：「為孔丘。」曰：「是魯孔丘與？」曰：「是也。」曰：「是知津矣。」問於桀溺，桀溺曰：「子為誰？」曰：「為仲由。」曰：「是魯孔丘之徒與？」對曰：「然。」曰：「滔滔者天下皆是也，而誰與易之？且而與其從辟人之士也，豈若從辟世之士哉？」耰而不輟。子路行以告。夫子憮然曰：「鳥獸不可與同群，吾非斯人之徒與而誰與？天下有道，丘不與易也。」（《論語・微子・六》）

長沮不肯告訴子路渡口的位置，桀溺答非所問，發表一大篇議論。他說，天下像滔滔的大水，到哪裡都一樣，誰可加以改變呢？與其跟隨做大官的人，不如跟隨退隱的人。「辟人」是指以前做大官的人出門，闢除行人。孔子聽了有點感傷。他說：「鳥獸是不可以在一起的。我不和世人在一起，和什麼人在一起呢？天下有道，我就不需要加以改變了。」一千多年以後，唐玄宗有一首詩贊歎說：

夫子何為者，栖栖一代中；
地猶鄹人邑，宅為魯王宮。
嘆鳳嗟身否？傷麟怨道窮；
今看兩楹奠，當與夢時同。

孔子去世前告訴子貢說：「予疇昔之夜，夢坐奠於兩楹之間。夫明王不興，而天下其孰能宗予？予殆將死也。蓋寢疾七日而沒。」（《禮記・檀弓上》）夏人殯於東階之上，殷人殯於兩楹之間，周人殯於西階之上。孔子是殷人，所以夢見自己祭奠於兩楹之間。

四、孔子的為人

自處之道

孔子追求理想的人生。理想人生包括個人完美和全民幸福兩部分；達到理想人生的途徑就是道。造就個人完美和達成全民幸福都需要學，學有品德之學和知識之學，而品德之學更重要。

子曰：「志於道，據於德，依於仁，游於藝。」（《論語・述而・六》）

立志追求理想的人生，站穩道德的立場，常保仁愛的情懷，游息於各種才藝之間。

達成社會全體人民的幸福是個人理想人生的實現，並不是想由此得到世俗的利益。然而一個理想的社會應提供富和貴為誘因，加以鼓勵；在孔子的時代富往往依附在貴之中。

孟子曰：「有天爵者，有人爵者。仁、義、忠、信，樂善不倦，此天爵也。公、卿、大夫，此人爵也。古之人修其天爵而人爵從之。今之人修其天爵，以要人爵，既得人爵而棄其天爵，則惑之甚者也，終亦必亡而已矣。」（《孟子・告子上・十六》）

品德高潔是天賜的爵位，世俗地位是人給的爵位。在古時候理想的社會，品德高潔就會得到世俗的獎賞，在今天這個社會，追求高潔的品德是為了得到世俗的獎賞。一旦得到世俗的獎賞，就拋棄高潔的品德，最後連世俗的獎賞也會失去。

所以君子追求的是人生的理想，不是世俗的價值；學習是為了實現自己理想的人生，不是為了得到世俗的獎賞。君子是孔子理想人格的典型。

子曰：「君子謀道不謀食。耕也，餒在其中矣；學也，祿在其中矣。君子憂道不憂貧。」（《論語・衛靈公・三十一》）

子曰：「古之學者為己，今之學者為人。」（《論語・憲問・二十五》）

古之學者為了追求理想人生而學，今之學者為了追求功名利祿而學。

孔子不否認人生對富貴的渴求。不過人生還有比富貴更重要的東西，就是品德。品德是倫理價值，富是經濟價值，貴是社會價值。在孔子的價值體系中，倫理價值比經濟價值和社會價值更重要。

子曰：「富與貴是人之所欲也，不以其道，得之不處也；貧與賤是人之所惡也，不以其道，得之不去也。」（《論語．里仁．五》）

「道」就是不違背倫理原則的途徑。

子曰：「飯疏食，飲水，曲肱而枕之，樂亦在其中矣。不義而富且貴，於我如浮雲。」（《論語．述而．十五》）

「不義」就是違背倫理原則的途徑。

子曰：「學而時習之，不亦說乎？有朋自遠方來，不亦樂乎？人不知而不慍，不亦君子乎？」（《論語．學而．一》）

品德和學問本身就是人生幸福的來源。

子曰：「君子無所爭。必也，射乎！揖讓而升，下而飲，其爭也君子。」（《論語．八佾．七》）

君子不爭。即使爭也會按一定規則，表現出優雅的風度。

子曰：「不患無位，患所以立；不患莫己知，求為可知也。」（《論語・里仁・十四》）

君子不求。不怕沒有位置，就怕沒有坐在那個位置上的本事；不怕人家不知道你的學問，要做出學問來，讓人家知道。

廟堂之上

君臣之間是長官和部屬的關係，不過比起一般長官，國君更具有絕對的權威。儘管如此，君對待臣仍應有一定的禮貌，臣對待君則應表現忠心。

定公問：「君使臣，臣事君，如之何？」孔子對曰：「君使臣以禮，臣事君以忠。」（《論語・八佾・十九》）

定公就是魯定公，孔子在他任命下出仕，不次拔擢，從中都宰晉升為司空、司寇、攝相事；並且聽從孔子的主張墮三都，對孔子可說非常信任。這段對話，錢穆認為發生在孔子任司寇之時；也許發生在孔子出仕之前更為合理，因為一旦成為君臣，發言就會有很多顧忌。

孔子是一位順從但堅守原則與自尊的君子，對國君忠心而恭順。這正是他的正名主義與尊重周禮的表現。

> 子曰：「事君以禮，人以為諂也。」（《論語・八佾・十八》）

依禮事奉君主，別人以為拍馬與討好。

> 君命召，不俟駕行矣。（《論語・鄉黨・十四》）

國君召見，不等備好馬車立刻啟行。不過國君如果違背了他的原則，則堅決不能接受。

季子然問：「仲由、冉求可謂大臣乎？」子曰：「……所謂大臣者，以道事君，不可則止。今由與求也，可謂具臣矣。」曰：「然則從之者與？」子曰：「弒父與君，亦不從也。」（《論語·先進·二十三》）

季子然是季氏家族子弟。孔子自衛返魯後，有一段時期，子路和冉求都是季康子的家臣。季子然問子路和冉求可說是大臣嗎？子路和冉求是孔子弟子中的幹練之士，不過孔子對大臣有更高的標準。大臣是以正道輔佐國君，幫助國家發展，致君堯舜，國君不接受就辭職不做的人；不是站在國君身後，唯唯諾諾，不管國君說什麼做什麼都聽從的人。從這個標準看，子路和冉求只能算是一般的臣子，算不上大臣；但也不是沒有底限，讓他們做大逆不道的事，弒父與君，仍是不會聽從的。

子路問事君，子曰：「勿欺也，而犯之。」（《論語·憲問·二十三》）

子路請教事君之道，孔子說，誠實勿欺，但應犯顏直諫。

孔子在廟堂之上謹守分際。和下大夫說話，自由自在的樣子；和上大夫說話，恭恭敬敬的樣子；國君在場的時候，恭謹莊重的樣子。

朝，與下大夫言，侃侃如也；與上大夫言，誾誾如也。君在，踧踖如也，與與如也。（《論語．鄉黨．三》）

孔子在朝，舉止進退，都有一定的規矩。

入公門，鞠躬如也，如不容。立不中門，行不履閾。過位，色勃如也，足躩如也，其言似不足者。攝齊升堂，鞠躬如也，屏氣似不息者。出降一等，逞顏色，怡怡如也。沒階，趨進，翼如也。復其位，踧踖如也。（《論語．鄉黨．五》）

進入宮廷大門的時候，彎著身子好像容不下自己的樣子。站不立在門的中央，走不踩到門檻。經過人家位置前面，改變臉色，快步通過，出言好像語不成句的樣子。提起衣襬，走上大廳，躬身、屏息，好像不能呼吸的樣子。步出大廳，走下第一級台階，面容放鬆，怡然自得的樣子。下完台階，快步而行，像鳥展開翅膀的樣子。回到自己的位置，又表現出恭敬戒慎的樣子。

鄉里之間

鄉里指的是家鄉或家居的地方，現在叫社區。孔子出生於魯昌平鄉郰邑，後來居住和講學於曲阜城南門內闕里，就是現在孔廟所在的地方。郰邑其實不在曲阜而在鄒縣，鄒縣是孟子的故鄉。郰的東北方隔著沂水是尼丘，因為避孔子諱改稱尼山。尼山是曲阜和鄒縣聯界。沂水源自尼山之麓，西北流經曲阜城西南舞雩台，注入泗水。當年孔子弟子曾皙述說他的志願：

莫春者，春服既成，冠者五、六人，童子六、七人，浴乎沂，風

乎舞雩，詠而歸。」夫子喟然歎曰：「吾與點也！」（《論語・先進・二十五》）

當年叔梁紇為郰邑宰。這位年長的地方長官，不知如何認識了在地的少女顏徵在，和她渡過沂水，禱於尼丘，生下了孔子。孔子少孤。他童年與少年時期，可能都生活在家鄉郰邑，所以後來「入太廟，每事問。」旁邊的人才會說：「孰謂郰人之子知禮乎？」（《論語・八佾・十五》）他可能二十歲左右才因工作關係奉母遷居於曲阜。

子曰：「里仁為美。擇不處仁，焉得知？」（《論語・里仁・一》）

王大千先生對這段話的譯文是：先生說：「群眾聚集的村落，人們能夠和睦相處，才是最美好的住家環境；如果不選擇這種人情味濃厚的地方來定居，怎麼稱得上明智呢？」（《論語甚解》）

孔子雖然廟堂之上辯才無礙，但是回到居住的社區，則本訥若不能言。

孔子於鄉黨，恂恂如也，似不能言者。其在家廟、朝廷，便便言，唯謹爾。（《論語・鄉黨・一》）

「恂恂」是信實恭順的意思，「便便」是口才便給、能言善道的意思。在親友鄰居面前最應收斂自己的才華。鄉里之間只有情誼，沒有世俗的地位和財富。

鄉人飲酒，杖者出，斯出矣。鄉人儺，朝服而立於阼階。（《論語・鄉黨・十一》）

「杖者」是年長拄枴杖的人。「儺」是每年臘月驅逐疫鬼的一種儀式，舉行這種儀式的時候，執禮的官員率領鄉人挨家挨戶驅趕疫鬼。孔子在鄉人聚飲的時候，等年長的人離開，自己才離開；舉行儺祭的時候，穿起上朝的官服，立於東面的台階，接待來到家中的人群。東階是主人所站的位置。

孔子和他的家人

孔子二十歲的時候，伯魚生。《論語》談到伯魚的地方有三章，以下面一章提供的訊息最為豐富。

> 陳亢問於伯魚曰：「子亦有異聞乎？」對曰：「未也。嘗獨立，鯉趨而過庭。曰『學詩乎？』對曰：『未也。』『不學《詩》，無以言。』鯉退而學《詩》。他日，又獨立。鯉趨而過庭。曰：『學禮乎？』對曰：『未也。』『不學《禮》，無以立。』鯉退而學《禮》。聞斯二者。」陳亢退而喜曰：「問一得三，聞詩，聞禮，又聞君子之遠其子也。」（《論語．季氏．十三》）

陳亢是孔子弟子，字籍，一字子禽，就是《史記．仲尼弟子列傳》中的原亢籍。原氏生於陳，所以陳原同氏。陳亢在《論語》中出現三次，另外二次在〈學而〉和〈子張〉。

在這段對話中，陳亢只問了一件事，就是伯魚有從孔子那裡學到弟子們學不到的東西嗎？卻得以知道三件事。第一件是不學《詩》就無法與人交談。因為《詩》可以幫助表達，加強語言的感染力，豐富談話的內涵，也顯示當事人的知識與文化素養。第二件是不學《禮》就站不住立場，因為《禮》規範人與不同身分、地位的人相處，以及在各種社會情境下，應有的態度和表達，不知《禮》會舉止失措，產生不良甚至嚴重的後果。第三件是君子和自己的兒子保持適當距離。

除了陳亢所說的三件事之外，我們至少還可以增加二件，即第四件，從長輩面前經過應「趨而過」，就是快步通過，不要擋在長輩面前，其實不擋在人家面前也是一項一般的禮貌。第五件才是最重要的一點，就是伯魚並未從自己父親那裡得到弟子們得不到的「異聞」；孔子對所有弟子都無所隱藏。

子曰：「二三子以我為隱乎？吾無隱乎爾。吾無行而不與二三子者，是丘也。」（《論語．述而．二十三》）

夫子說：你們幾位以為我有所隱瞞嗎？我沒有隱瞞你們什麼，我沒有一件事做了不讓你們知道的。這就是我孔丘的為人。

由此可知，唐代李翱在〈復性書〉中，說孔子將他「盡性命之道」的心法傳之顏回，可惜顏回短命而死，以致未能像孔子一樣成聖，又說子思「得其祖之道，述《中庸》四十七篇，以傳于孟軻」，只是為他的「性情」之說，假託孔子為依據而已。

從《論語》中我們得知孔子有一女兒，嫁給孔子的弟子公治長。

子謂公冶長：「可妻也，雖在縲絏之中，非其罪也。」以其子妻之。（《論語．公冶長．一》）

關於公冶長的事蹟，《論語》中只有這一章。《史記．仲尼弟子列傳》

也未提供更多資料。孔子說他雖在牢獄之中，但未犯什麼過錯，可見對他的為人知之甚深，所以將自己的女兒嫁給他。

另外一位家人，孔子的姪女，孔子也安排嫁給自己的弟子。

子謂南容，「邦有道，不廢；邦無道，免於刑戮。」以其兄之子妻之。（《論語．公冶長．一》）

南容三復白圭，孔子以其兄之子妻之。（《論語．先進．五》）

前面一章說明南容是位有才幹、有智慧的人，所以才能在國家政治清明的時候，為政府所用，又能在政治昏暗的時候，明哲保身。後面一章是說南容是位戒慎君子。《詩經．大雅．抑篇》「白圭之玷，尚可磨也；斯言之玷，不可為也。」就是說白玉上的汙點尚可磨掉，言語中的汙點就沒有法子了。南容三復白圭，可見他是一位謹言慎行的人。

孔子在幼年和少年時期，叔梁紇這個家庭的另外一支，對他視同陌路，甚至未讓他知道自己父親的墓葬之地，後來也可能拒絕他將母親與父親合葬，直到孔子有了點地位和名聲，讓我們不免感到遺憾。現在孔子安排姪女的婚事，顯示這個家族終於和諧相處，彼此關懷與信賴，大家應同感欣慰吧？

如此引申，還有下面一個佐證，就是孔子的異母姊去世孔子的表現。

> 孔子與門人立，拱而尚右。二、三子亦皆尚右。孔子曰：「二、三子之嗜學也。我則有姊之喪故也。」二三子皆尚左。（《禮記．檀弓上》）

孔子和門下弟子站在一起，兩手重合，右手在上，弟子們也右手在上。孔子說各位太好學了吧！我右手在上是因為姊喪之故，於是弟子們皆改為左手在上。

主要參考文獻

· 韓兆琦注譯，《新譯史記》，台北市，三民書局，二〇〇八年，《世家》。
· 《景印古本五經讀本》，台北市，台灣啟明書局，一九五二年，《禮記集說，檀弓》，《春秋三傳》。
· 王震南編纂，《無盡的寶藏，新編五經》，台北市，徐增壽文教基金會，二〇〇八年，中冊及下冊，《春秋及其三傳》。
· 呂伯璘編纂，《魯青簡史》，高雄市，東來草堂出版社，一九八八年。
· 許同萊編，《孔子年譜》，台北市，中華文化出版事業委員會，一九九五年。
· 錢穆，《孔子傳》，台北市，東大圖書股份有限公司，二〇一九年（初版一九八七年）。

第三章——孔子的理想世界

一、倫理、社會與人生

孔子是春秋後期的思想家。當時的世界，由於缺少長期持續的技術進步，尚無以人均產值與人均所得持續增加為特質的經濟成長，任何社會或國家，其全體人民的幸福，來自社會的和諧。社會和諧安定，人民才能安居樂業。

要想社會和諧安定，需要社會上每個人扮演好自己的社會角色。我們每個人在社會中都扮演多個不同的角色，例如，我們在家庭中是父親的兒子，兒子的父親；在職場上是長官的部屬，部屬的長官；我們也都是社會的公民。每個角色各有其社會期待的責任和義務，如果每個人都能在每個角色上善盡自己的責任，履行自己的義務，社會就會達到和諧與安定。社會角色就是名；這就是孔子的正名主義。

魯昭公二十五年（西元前五一七年），孔子三十五歲，來到齊國，齊景公向他請教治理國家之道。

齊景公問政於孔子。孔子對曰：「君君，臣臣，父父，子子。」公曰：「善哉！信如君不君，臣不臣，父不父，子不子，雖有粟，吾得而食諸？」（《論語．顏淵．十一》）

孔子回答說：「君要像君的樣子，臣要像臣的樣子，父親像父親的樣子，兒子像兒子的樣子。」

當時的東周，就是一個君不君，臣不臣，父不父，子不子的天下。以齊國為例，齊景公的父親齊靈公先立公子光為太子，後又改立光的異母弟牙。手下的權臣崔杼趁靈公病危擁立光，是為齊莊公。莊公即位後殺牙，又和崔杼的妻子私通，為崔杼所殺，由莊公的另一異母弟繼立，就是景公。景公即位之初，朝政由右相崔杼和左相慶封把持。兩個權臣互相攻訐，崔杼為慶封所殺，不久慶封也為朝中其他勢力所逐，逃亡至吳。齊景公在晏嬰的輔佐下，政權才漸漸穩定下來。魯國的情形也一樣，就在孔子到齊國那一年，魯昭公為季孫氏、叔孫氏和孟孫氏三個權貴家族所逐，逃亡至齊，後又投奔晉，終生未能返魯。

齊景公聽了孔子的話一定有深刻的感受，所以說：「善哉！如果真的君不君，臣不臣，父不父，子不子，雖然有糧食，我能吃得到嗎？」君君，臣臣，父父，子子是具體的說法，一般性的說法就是每個人扮演好自己的社會角色。具體的說法較能予人以真切的感受，一般的說法則較少強烈的感染力。

孔子第二次談到正名是二十八年之後，將向衛出公提出。出公是衛靈公（西元前五三四年至四九三年在位）之孫，衛靈公的夫人南子是宋女，與宋公子朝私通。衛靈公三十九年，召宋朝與南子相會於洮。根據《左傳》記載，太子蒯聵在赴齊國途中，經過宋地，風聞此事，返衛後圖謀刺殺南子，事敗逃亡至宋，由宋至晉。不過也有學者認為蒯聵應不會謀刺自己的母親，可能母子因此失和，衛靈公聽信南子讒言，迫而出走。衛靈公四十二年，四月，卒，出公繼立。六月，晉國派人護送蒯聵渡河返衛，爭取君位，止於戚邑，為衛人所拒。直到十二年後才有機會潛返衛都，政變成功。出公奔魯，蒯聵取代自己的兒子即位，是為衛莊公。

魯哀公六年（西元前四八九年），孔子六十三歲，自陳至衛，將與衛出公見面。

子路曰：「衛君待子而為政，子將奚先？」子曰：「必也，正名乎！」子路曰：「有是哉？子之迂也。奚其正？」子曰：「野哉，由也！君子於其所不知，蓋闕如也。名不正，則言不順；言不順，則事不成；事不成，則禮樂不興；禮樂不興，則刑罰不中；刑罰不中，則民無所措手足。故君子名之必可言也，言之必可行也。君子於其言，無所苟而已矣。」（《論語．子路．三》）

這段話譯成白話如下。子路說：「衛國的國君等待向夫子討教後，決定國家的大政方針，夫子認為應從哪裡做起呢？」夫子說：「如果一定要找一件事開始，那麼就是正名吧！」子路說：「有這樣的事嗎？夫子真是太迂腐了。名有什麼好正的呢？」夫子說：「由呀，你真是太粗野了！君子對自己不知道的事就該緘默存疑。名如果不正，說話就會不合理；說話不合理，辦事就會不成功；辦事不成功，禮樂就不會興盛；禮樂不興盛，責罰就不會恰當；責罰不恰當，百姓就不知怎麼做才好。所以君子定了名，就能名正言順的說，說過就能做到。君子對自己的話負責，不隨便而已。」

有倫理才有社會

個別社會角色的權利與義務基本上決定於倫理。倫理就是人與人之間應維持的關係，以及由此引申出來人與人相處應遵守的原則。所謂人與人之間的關係，包括我們與識或不識的個人、群體、社會，甚至自然環境之間的關係。人類生存在自然環境之中，人的活動影響環境，也反過來影響人類自己。

倫理的實踐為道德，所以倫理和道德二詞常可交換使用。道德表現在行為之上為品德，具有品德之人為君子；君子是孔子心目中理想人格的典型。人與人因為有倫理，彼此的行為可以預期，才會產生信任，和平相處，形成社會，分工合作，提高生產力，增加產出，改善生活，使人類從生物人提升為社會人。生物人的意義只有個體的生存和群體的繁衍，社會人則進一步產生情意，創造文化，使人的生命煥發，多彩多姿。

倫理源自人性推己及人的關懷與推愛之心，孟子稱為「惻隱之心」，或「不忍人之心」。西哲亞當・史密斯稱為「同情心」（sympathy）。這一關愛之心就是儒家倫理核心元素仁的雛形。儒家希望通過教育的陶冶，個人的修養，以及社會制度的誘導與節制，加以擴充。

所以，「仁」有各種不同的意義，孔子的弟子問「仁」，孔子每次都給予不同的答案。他說，仁者「愛人」（《論語・顏淵・二十二》）。又說「仁遠乎哉？我欲仁斯仁至矣。」（《論語・述而・二十九》）又說，「一日克己復禮，天下歸仁焉。」（《論語・顏淵・一》）「仁」看起來似乎很容易，然而孔子心中最想達到的仁，則是從「仁心」到「仁政」，成就事功，讓天下百姓得到照顧，可以平安幸福的過日子。

子貢曰：「如有博施於民，而能濟眾，何如？可謂仁乎？」子曰：「何事於仁，必也聖乎？堯舜其猶病諸。夫仁者，己欲立而立人，己欲達而達人。能近取譬，可謂仁之方也已。」（《論語·雍也·二十八》）

如果有人廣泛給人民利益，又能幫他們度過困難，這樣的人怎麼樣，可說是仁者嗎？孔子說，何止是仁者，一定是聖人吧！恐怕堯舜也有做不到的地方。所謂仁者，自己想自立，也想幫助別人自立，自己想發達，也想幫助別人發達。能就近從自己想到別人，可說是行仁的方針了。

要想達到這樣的境界，需要很多主觀和客觀的條件，不是有愛心就能做到。

子張問仁於孔子。孔子曰：「能行五者於天下，為仁矣。」請問之。曰：「恭、寬、信、敏、惠。恭則不侮，寬則得眾，信則人任焉，敏則有功，惠則足以使人。」（《論語·陽貨·七》）

在這段對話中，孔子提出五個主觀的條件：恭、寬、信、敏、惠。「恭」是恭敬，對人恭敬，人家就不會對我們不禮貌，因此不會受到侮辱。「寬」是寬大或寬厚，對人寬大厚道，人家就會願意和我們接近，因此得到群眾支持。「信」是做人有信用，說話算數，人家才會信任我們，把事情託付給我們。「敏」是勤快，做事勤快，才會有所成就。「惠」是恩惠，也就是幫助別人，或給人家好處，人家受到恩惠，才會願意聽從我們的要求。

不過僅是主觀條件仍然不夠，另外還需要客觀條件。這在孔子時代就是取得政權，或者得到政治領袖的任用，授之以權。因此孔子心中的典型人物是堯、舜、文、武、周公。管仲的為人有很多瑕疵，孔子批評他器宇狹小，奢侈又不知禮，但是因為他輔佐齊桓公，在東周禮壞樂崩，紀綱廢弛的情形下，維持天下和平、安定，也稱許他是一位仁者。

子路曰：「桓公殺公子糾，召忽死之，管仲不死。」曰：「未仁

乎？」子曰：「桓公九合諸侯，不以兵車，管仲之力也。如其仁！如其仁！」（《論語．憲問．十七》）

子貢曰：「管仲非仁者與？桓公殺公子糾，不能死，又相之。」子曰：「管仲相桓公，霸諸侯，一匡天下，民至於今受其賜。微管仲，吾其被髮左衽矣！豈若匹夫匹婦之為諒也，自經於溝瀆，而莫之知也。」（《論語．憲問．十八》）

孔子關心的雖然是天下人的幸福，但是每個人只需要從自己的品德做起。

子曰：「弟子入則孝，出則弟，謹而信，汎愛眾，而親仁；行有餘力，則以學文。」（《論語．學而．六》）

年輕人在家應孝順父母，出外應尊敬兄長，行為要謹慎，說話要守信用，對所有的人都要有愛心，但應親近品德高尚之人；這些都做到了仍有餘力，再去學習才藝之學。

孔子這段話有兩點重要的意義。第一，倫理重於才藝，實踐倫理行有餘力，再去學習才藝。第二，倫理是有層次或者有差別的，我們對所有的人都應有愛心，也有一些基本的義務，就是我們的行為要謹慎，說了話要算數，不可造成對人的傷害。但對家人和親友則有更多的義務。這就像亞當．史密斯的三美德：審慎（prudence）是照顧自己的利益，公平（justice）是不傷害別人的利益，仁慈（benevolence）是增加別人的利益。

為什麼對家人和親友有更多的義務？

有子曰：「其為人也孝弟而好犯上者，鮮矣；不好犯上而好作亂者，未之有也。君子務本，本立而道生。孝弟也者，其為仁之本與！」（《論語．學而．二》）

有子是孔子弟子有若，這段話涉及儒家倫理的特殊部分和一般部分，特殊部分是家人，一般部分是眾人；也可說是儒家倫理的特殊主義

（particularism）和一般主義（universalism）。家人除了生物意義的自然親情外，還有社會結構、家庭組織與共同生活所產生的恩義、情義和互惠的關係。家庭是社會的基礎，而照顧家人是倫理的基本義務，全世界都一樣。在傳統社會中，家庭發揮了很多現代政府的功能，例如社會救助、失業保險、老年照顧等，這和我們對一般人的愛心和關懷是不一樣的。一個孝順父母、尊敬兄長的人，很少會忤逆長輩和長官，一個不會忤逆長輩和長官的人，怎麼會造反作亂呢？所以有若認為孝弟雖然是家人之愛，但也是一切愛心，也就是「仁」的根本。

關於倫理的特殊主義和一般主義，孟子有一段話說得好：

> 楊氏為我，是無君也。墨氏兼愛，是無父也。無父無君，是禽獸也。（《孟子．滕文公下．九》）

楊朱主張為我，是沒有國家觀念或社會觀念；墨翟主張兼愛，是沒有家庭觀念。一個沒有國家觀念或社會觀念，也沒有家庭觀念的人，就像禽獸一樣。唯有儒家倫理是兼顧家庭、社會和國家的。

不義而富且貴，於我如浮雲

孔子雖然強調倫理的重要性，但是沒說富和貴不重要。富就是所得和財富，我們需要一點物質才能生存發展，沒有這一點物質活不下去。貴是社會地位和名聲。我們在社會中需要被肯定，希望受到尊重，有一點影響力，否則覺得活著沒什麼意思。能說富與貴不重要嗎？問題是我們需要多少財富？用什麼方法取得？我們取得地位用來行善還是作惡？行善是幫助別人，作惡是傷害別人。

任何國家，增加人民的所得與財富，改善人民生活，都是政府施政的優先目標。

> 子適衛，冉有僕。子曰：「庶矣哉！」冉有曰：「既庶矣，又何加焉？」曰：「富之。」曰：「既富矣，又何加焉？」曰：「教之。」

（《論語．子路．九》）

魯定公十三年（前四九七年），孔子五十五歲，離開魯國開始他周遊列國的行程。第一站到達衛國，弟子冉有為他駕車。庶是人口眾多。孔子看到衛國人口眾多，讚歎說：「人真多呀！」冉有問：「人多了，接著該做什麼呢？」孔子說：「讓他們富有。」冉有說：「富有了以後，接著該做什麼呢？」孔子說：「給他們教育。」

由此可知，財富在孔子心目中的重要地位。政府如果不能照顧好人民的生活，政權長期中很難維持。不過財富和地位雖然好，必須以正當的方法取得，否則寧願不要。

子曰：「富與貴是人之所欲也，不以其道，得之不處也。貧與賤是人之所惡也，不以其道，得之不去也。君子去仁惡乎成名？君子無終食之間違仁，造次必於是，顛沛必於是。」（《論語．里仁．五》）

富和貴是人想得到的東西，但如果不是用正當的方法，縱然得到也不接受。貧和賤是人所嫌惡的東西，但如果不是用正當的方法，縱然得到也不排除。這個「正當」就是倫理，就是仁。君子失去仁，還稱得上什麼君子呢？君子沒有一頓飯的時間違背仁，匆忙之間如此，危難之間也如此。在儒家的價值系統中，倫理價值優先於經濟價值富和社會價值貴。如果不符合倫理原則，富和貴都不能接受。

孔子最痛恨利用權勢，聚斂財富，這樣的人損人利己，失去了做人的正當性，不值得尊敬。

季氏富於周公，而求也為之聚斂而附益之。子曰：「非吾徒也，小子鳴鼓而攻之可也！」（《論語・先進・十一》）

冉求就是孔子去魯適衛為孔子駕車的冉有。這件事應是發生在孔子自衛返魯之後。冉有是孔門弟子中幹練的人才，魯哀公三年（前四九二年）孔子六十歲，應季康子之邀返魯，協助季康子打敗齊國的軍隊，成為季氏身邊的得力助手。孔子對他不能幫助季康子走上正途頗不諒解，這次真的很生氣了！不過冉有一直對老師很恭敬，他也有他的難處。這就是孔子說他不是大臣只是具臣的主要原因吧？孔子又說：

齊景公有馬千駟，死之日，民無德而稱焉。伯夷、叔齊餓死于首陽之下，民到于今稱之。其斯之謂與？（《論語・季氏・十二》）

財富和地位不能讓人尊敬，讓人尊敬的是做人的品格及其活出來的價值。財富和地位也不能讓人幸福，幸福是一種心安理得的心境。

子曰：「飯疏食，飲水，曲肱而枕之，樂亦在其中矣。不義而富且貴，於我如浮雲。」（《論語・述而・十五》）

吃的是粗飯，喝的是白水，彎起手臂當枕頭，其中也自有樂趣。用不正當的手段取得財富和地位，對我來說就像天上的浮雲一樣，不放在心上。人在名利上淡泊，在品德上才會堅持。

二、倫理的社會支援體系——禮

倫理需要規矩的節制和儀式的彰顯，並且需要一套社會誘因制度，提供獎勵與懲罰，以引導個人行為，維持社會秩序。這些節文與制度，共同構成倫理的社會支援體系，在孔子時代叫作禮。

有子曰：「禮之用，和為貴。先王之道，斯為美，小大由之。有所不行，知和而和，不以禮節之，亦不可行也。」（《論語．學而．十二》）

有子說：「禮的功用以達到和諧最為可貴。先王留下的治國之道，這一項最美好，大大小小的事都依禮而行。不過有時做不到和諧，為了和諧而一味妥協，不以禮節制，也是不對的。」禮的作用在於反映倫理，維持秩序，以達到社會的和諧，不是為了和諧而和諧，一味妥協，「和稀泥」，不辨是非，以致綱紀敗壞。這種偽善最為亂紀敗德，所以孔子說：「鄉愿，德之賊也。」（《論語．陽貨．十四》）愿是誠厚、善良的意思。朱子對孔子這句話注釋說：「鄉愿，鄉人之愿者也。蓋其同流合汙以媚於世，故在鄉人之中，獨以愿稱。夫子以其似德非德，而反亂乎德，故以為德之賊，而深惡之。」（《四書章句集注》）

說到「禮」的規矩與儀式，魯哀公和孔子有下面一段對話：

哀公問於孔子曰：「大禮何如？君子之言禮何其尊也。」孔子曰：「丘聞之，民之所由生，禮為大。非禮無以節事天地之神明也，非禮無以辨君臣上下長幼之位也。非禮無以別男女父子兄弟之親、昏姻、疏數之交也。君子以此之為尊敬然。」（《禮記．哀公問》）

魯哀公問孔子說：「禮最重要意義是什麼？為什麼君子談到禮都充滿尊敬之意？」孔子說：「我聽人說，在人民生活的社會當中，禮是一項最重要的因素。沒有禮無法按時事奉天地之神。沒有禮無法分辨君和臣、上級和下級、年長和年幼的地位。沒有禮無法區別夫妻、父子、兄弟之親情以及姻親遠近之交往。就是因為這些功用，所以君子對禮充滿尊敬。」

孔子於魯哀公十一年（西元前四八四年），年六十八歲，自衛返魯，至哀公十六年（前四七九年）七十三歲去世。這段期間一定有不少機會見到哀公，和他討論重要問題。《論語》有記載的有三章。《禮記．哀公問》為後世偽托之作。不過上述這段對話，談到禮的社會功能，在於定名位、辨分際，讓每個人扮演好自己的社會角色，以維持社會的秩序，達成社會的和諧，則確為孔子的主張。

「禮」最重要的部分是其社會誘因制度，如果社會誘因制度敗壞，規矩無法維持，就只剩下一些繁複的儀式了。這大概就是春秋到了孔子時候社會的情形。司馬遷說：

> 人道經緯萬端，規矩無所不貫。誘進以仁義，束縛以刑罰。故德厚者位尊，祿重者寵榮，所以總一海內，而整齊萬民也。（《史記．

禮書》）

人的行為受價值引導，規範約束。價值（value）就是人生追求的最終目的（ultimate end），也就是可以直接滿足人的內心需要，產生效用（utility），讓人感到幸福的東西。價值包括以仁義為代表的倫理價值（ethical value），以財富為代表的經濟價值（economic value），和以尊貴為代表的社會價值（social value）。規範（norm）包括有強制性的法律規範（legal norm）和不具強制性的社會規範（social norm）。社會規範雖然沒有強制性，然而「十目所視，十手所指」，也足以形成壓力，產生社會監督的作用。事實上，我們在日常生活中，受到社會規範的約束，比法律規範的約束更多。

人生追求幸福。設幸福（happiness）的總價值為H，倫理價值為Et，經濟價值為Ec，社會價值為So，規範為Nm，則人生的幸福方程式如下：

$$H=F(Et, Ec, So; Nm)$$

在儒家的價值系統中，倫理優先於富、貴，而且其中沒有抵換（trade-off）的關係，不能說在義和富貴中求取平衡。孔子說：「不義而富且貴，於我如浮雲。」（《論語．述而．十五》）

人的心思複雜萬千，但有一定道理貫穿其中，就是追求內心所需的價值，以成就人生的幸福。以仁義加以誘導，以法律加以約束，所以品德高的給他尊貴的地位，俸祿多的給他恩寵和榮耀。這樣做的目的，就在於把每個人追求自己幸福的努力組織起來，達成社會全體人民的幸福。用現代的眼光看，全民幸福的來源包括社會和諧與經濟進步。但在孔子時代，由於缺乏以人均所得長期持續增加為特色的經濟成長，全民幸福的來源只有社會的和諧安定。財富與地位等社會資源的分配，以及法律與社會規範的實施，需要一定的實施機制（enforcement mechanism），而此實施機制建立在各種社會組織（organizations）之上。

以上所述就是倫理的社會支援體系，在孔子時代就是禮，可用下圖表示：

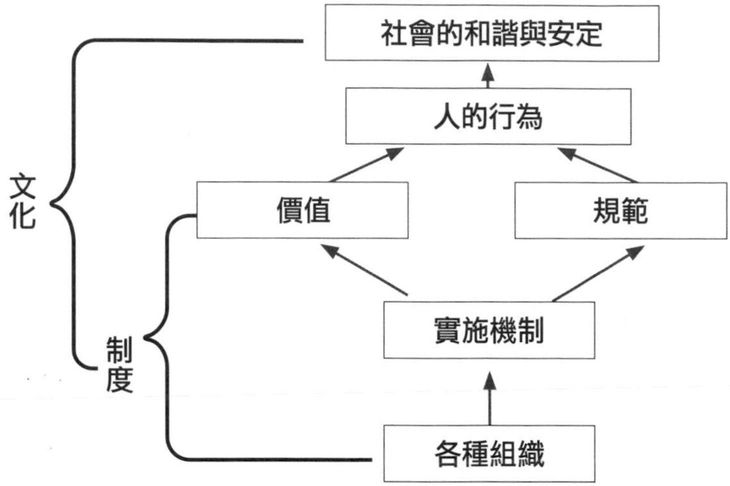

在現代工商業社會，政府與人民之間的中間組織（intermediate organizations）龐大，這些中間組織主要包括工商企業、各種專業組織如醫師、工程師、會計師、律師組織，學術、教育團體，與各種非政府、非營利組織（NGO，NPO）等；其中特別是工商企業，在今天的已開發國家，提供百分之七十以上的產值與就業，影響力尤為龐大。假定這些組織和團體都重視倫理道德，將金錢報酬和地位優先提供給品德高潔的人才，社會的風俗文化自然趨於淳厚，而全體勞動力

的生產，自然可以避免各種外部不經濟（external diseconomies），成為社會的淨產值，使社會和諧與經濟進步同時達到。

然而周代政治上為封建制度，經濟上為農業經濟、井田制度。到了孔子時代，井田制度漸漸崩壞，土地私有，工商業開始萌芽，但基本上缺少中間部門，社會結構簡單，只有政府和人民兩個階層。一切資源集中於政府之手，財富來自官位，官位由政府任命。

子張學干祿。子曰：「多聞闕疑，慎言其餘，則寡尤；多見闕殆，慎行其餘，則寡悔。言寡尤，行寡悔，祿在其中矣。」（《論語．為政．十八》）

孔子弟子子張學如何得到俸祿。孔子告訴他，多聽、多看，謹言、慎行，這樣就會少說錯話，少做錯事，就會有人給你官做，得到俸祿。在這樣的政治制度和社會結構下，「天子統三公，三公率諸侯，諸侯制卿、大夫，卿、大夫治士、庶人。」「上下相保」，就能「國家治安」。這就是周代的

「禮」。

然而周代到了東周，王室失去讓諸侯賓服的實力和作為。諸侯恣行，挑戰王權，靠著五霸維持天下安定與王室顏面。不過五霸之中，只有齊桓公做到尊王、攘夷、九合諸侯，一匡天下的功業。齊桓公三十五年（前六五一年）夏，會諸侯於葵丘，天子使宰周公孔賜胙，稱桓公為伯舅，命無下拜。桓公對曰：「天威不違顏咫尺……無下拜恐隕越於下，以遺天子羞。敢不下拜！」乃下拜受賜（《左傳．僖公九年》）。齊桓公三十八年（前六四八年），周襄王弟子帶勾結戎人攻周，事敗逃亡至齊。齊使管仲赴周，使戎與周媾和。天子欲以上卿之禮接待管仲，管仲堅辭。王曰：「舅氏，余嘉乃勳，應乃懿德，為督不忘。往踐乃職，無逆朕命。」（《左傳．僖公十二年》）周王居然稱管仲為舅氏，可能因為周王室與齊素有姻親關係的緣故。周王說，我是嘉許你的功勳，回應你的美德，要你不要忘記，回去善盡你的職責，不要違背我的命令。然而管仲謹守禮制，「受下卿之禮而還。」以上兩個故事都表示，齊桓公雖然維護周王朝的地位有功，但他和管仲仍謹守分際，不敢逾越。

齊桓公之後，宋襄公霸業未成，而兵敗身亡。晉文公逃亡在外十九年，在姐夫秦穆公的幫助下，方得入主晉國。第二年（前六三五年），趁著王弟子帶勾結狄人伐周，周襄王出奔至鄭的機會，搶在秦國之前，出兵平亂，誅殺子帶，助襄王返國。周襄王賜以河內之地；晉文公由此取得霸主地位。晉文公三年，宋背楚親晉，四年，楚伐宋。晉文公因逃亡期間於返國途中，得到宋襄公和楚成王的盛情接待，欲救宋但不願與楚國為敵。當時曹國和衛國友楚，而晉文公逃亡途中，曹、衛不予禮遇，所以決定侵曹、伐衛以救宋。晉文公五年正月，取衛地五鹿，三月，執曹共公，分衛、曹之田與宋。四月，率諸侯軍大敗楚師於城濮。五月，與諸侯會盟於踐土，獻楚俘於周襄王，王使尹氏及王子虎、內史叔興父策命晉文公為侯伯，即諸侯之長。冬會諸侯於溫，召周襄王，由於以臣召君非禮，《春秋》諱之曰：「天王狩于河陽。」孔子比較晉文公和齊桓公的行事有下面一段評論：

子曰：「晉文公譎而不正，齊桓公正而不譎。」（《論語・憲問・十六》）

譎是詭詐的意思，晉文公詭詐而不正派，齊桓公正派而不詭詐。

秦穆公很少涉入中原的糾紛，唯一的一次冒進是千里襲鄭，無功而返，歸途為晉軍所敗。他主要的霸業是以岐周舊地為基礎，向西戎拓展疆土。楚莊王則從來不是中原秩序的維護者，而是侵略者和破壞者。五霸從齊桓公經宋襄公到晉文公，主要使命之一就是阻止蠻楚入侵中原。然而到了楚莊王時代，楚國的勢力向北已經發展到黃河南岸，河南的小國鄭、陳、蔡、宋都覆蓋在他的勢力範圍之內；向東則挑戰吳、越，到達今天的安徽、江蘇一帶。

在諸侯的層次，君權也漸為屬下的卿、大夫侵蝕。以魯國為例，魯國的政權長期為三桓：季孫氏、叔孫氏、孟孫氏把持。魯昭公二十五年（西元前五一七年），竟為三桓所逐，逃亡至齊。齊景公攻取魯國鄆邑，安置昭公，並準備發兵助昭公返魯。季平子通過齊景公寵臣子猶的部將，賄賂子猶，加以勸阻。魯昭公二十八年（西元前五一四年）至晉國，居於乾侯。魯昭公三十一年（西元前五一一年），晉定公初立，欲出兵助昭公返魯。晉六卿之一范獻子素與季平子有舊，向晉君建議召見季孫，如季孫不來，即證明他不臣，然後加以討伐。私下使人告訴季平子一定要來，保其沒事。季平子來到晉國，頭戴喪冠，身披麻衣，赤足，匍伏晉見晉君，曰：「事君，臣之所不得也，敢逃刑命？君若以臣為有罪，請囚於費，以待君之察也，亦唯君。若以先臣之故，不絕季氏，而賜之死；若弗殺弗亡，君之惠也，死且不朽。若得從君而歸，則固臣之願也。敢有異心？」（《左傳．昭公三十一年》）大意是說，事奉魯君是我求之不得之事，哪敢逃避背叛國君的懲罰呢？魯君如認為我有罪，請囚禁我於費，以待明察，唯君命是從。如顧念季氏祖先，不使絕祀而賜我以死，死亦不朽。如不殺、不逐，那就是君的恩惠了。如能追隨魯君返國，固然是我的願望，哪敢有叛逆的想法呢？費是季氏封邑。於是由智伯陪同，至乾侯以迎昭公。

昭公羞於隨其返魯，昭公三十二年十二月卒於乾侯。魯立昭公弟宋為君，是為魯定公。

在卿、大夫層次，魯定公五年（西元前五〇五年），季平子卒，子桓子立。季氏的家臣陽虎囚禁季桓子，脅迫其在神前發誓，與之結盟，操縱魯國國政。定公七年，齊國歸魯所侵鄆與陽關，作為陽虎的施政之地。當時，季桓子弟季寤及季氏部屬公鉏極、公山不狃都得不到季孫氏重用，叔孫輒不受叔孫氏重視，叔仲志也得不到發展機會，五人皆依附於陽虎。陽虎欲以季寤取代季桓子，以叔孫輒取代叔孫武叔，自己取代孟懿子。定公八年，陽虎計劃於祭祀魯先公之日在蒲圃設宴殺季桓子。孟懿子得到消息，預做防備。到了宴請之日，陽虎車在前，桓子車居中，由林楚駕車，虞人以劍盾將桓子夾在中間，陽越車殿後；虞人應是蒲圃的守吏。季桓子心生警覺，對林楚說，你的先人都是季氏的良士，你將來也會繼承他們的地位。林楚說，我得到命令已經悔之晚矣，現在魯國由陽虎當權，違之必死，我死對主上無益。桓子說，怎麼會遲呢？你能載我到孟孫氏府邸嗎？

林楚說，不敢愛惜自己的生命，只怕主上受到傷害。於是林楚策馬飛馳，衝入孟孫氏府中。陽虎劫持定公與叔孫武叔以伐孟氏，為孟氏所敗。林楚是陽虎之甥，陽越是他的堂弟。這個陽虎就是《論語》多次出現的陽貨，他政變失敗後，逃亡至齊，再從齊逃亡至晉，繼續興風作浪，終不得逞。

周初設計的禮制，至此實施賞罰、維持綱紀的部分已蕩然無存，這正是孔子正名主張：「君君、臣臣、父父、子子」的歷史見證。正名不只是倫理，還需要社會制度與文化的支持。

> 孔子曰：「天下有道，則禮、樂、征伐自天子出；天下無道，則禮、樂、征伐自諸侯出。自諸侯出，蓋十世希不失矣。自大夫出，五世希不失矣。陪臣執國命，三世希不失矣。天下有道，則政不在大夫；天下有道，則庶人不議。」（《論語．季氏．十六》）

天下有道就是政治制度健全。以周禮而言，就是「天子統三公，三公率諸侯，諸侯制卿、大夫，卿、大夫治士、庶人。」（《資治通鑑．周紀》）禮、樂、征伐是國之大事。天下有道，禮、樂、征伐由天子執掌，天下無道，由諸侯執掌。如果禮、樂、征伐由諸侯執掌，則很少有十代不失去政權的。如果由大夫執掌，很少有五代不失去政權的。國家的命運如落在大臣身邊的家臣手中，則很少有三代不失去政權的。

錢穆在《孔子傳》中引用了《論語》另外一章，藉以說明孔子這段話在魯國的見證：

孔子曰：「祿之去公室，五世矣。政逮於大夫，四世矣。故夫三桓之子孫，微矣。」（《論語．季氏．三》）

魯國的權位和俸祿不由公室決定已經五代，政權落於大夫之手已經四代，所以三桓的子孫也將式微了。魯國自從魯文公十八年（前六〇九年），文公的次妃勾結襄仲殺文公的嫡子惡，立自己的兒子俀為宣公。由於宣公是庶子，而且得位不正，就是孔子所說的「名不正，則言不順。」魯國從此公室地位衰微，大權旁落，經過宣公、成公、襄公、昭公，至定公已經五代。大夫專政，從季文子、武子、平子，到桓子也已經四代。所以三桓的子孫衰微的日子也要到了。

禮後乎

禮的制度部分敗壞，綱紀廢弛，規矩無法維持，只剩下儀式，就是我們平常說到禮想到的部分。

子夏問曰：「巧笑倩兮，美目盼兮，素以為絢兮，何謂也？」子曰：「繪事後素。」曰：「禮後乎？」子曰：「起予者商也！始可與言詩已矣。」（《論語．八佾．八》）

子夏問道：「俊俏的笑靨動人心弦，明亮的眼睛波光流轉，潔淨的素顏綻放燦爛的光彩。這是什麼意思呢？」夫子說：「譬如繪畫，先有素底，後著顏色。」子夏說：「禮在後面嗎？」夫子說：「啟發我的人是商呀！現在開始可以和你談《詩》了。」

卜商，字子夏，少孔子四十四歲，是孔門弟子中以文學見稱的後起之秀。他所引的這首詩，前面兩句見《詩經．衛風．碩人》，唯無第三句。朱子認為是逸詩。《詩經．衛風．碩人》，一、二兩章，每章七句，全文如下：

碩人其頎，衣錦褧衣。齊侯之子，衛侯之妻。東宮之妹，邢侯之姨，譚公維私。

手如柔荑，膚如凝脂。領如蝤蠐，齒如瓠犀。螓首蛾眉，巧笑倩兮，美目盼兮。

〈碩人〉四章說的是齊侯的公主莊姜，嫁給衛莊公為妻。莊姜是美女，第一章描寫她身材修身，衣著高雅，身世顯赫。第二章亟言她形體美好，詩中形容美女的文字至今為人引用。這樣一位天生麗質，社會文化背景好，衣著得體的美女，不事妝扮，巧笑盼顧之間，自然明豔動人。

子夏引的第三句，素以為絢兮。絢是五彩繽紛的燦爛。「素以為絢」

就是以素為絢，就像在畫布的素底上繪出美麗的圖像。在這裡，最重要的是美女的天生麗質，猶如畫布的素底。所以孔子說「繪事後素」，繪畫的工作在素底之後。子夏立刻領悟到「禮後乎？」禮在什麼之後呢？在倫理之後，因為禮是倫理的形式，禮是倫理的支援體系。我們如果以倫理的核心元素仁代表倫理，則禮在仁之後。

《論語．八佾．八》這一章，子夏所說的禮指儀式和規矩。儀式和規矩與仁相比，仁是本質，禮是形式。本質藉形式彰顯，也在一定程度上藉形式維護，但不能逾越本質，更不能反客為主，忽略了本質，甚至代替了本質。所以：

林放問禮之本。子曰：「大哉問！禮，與其奢也，寧儉；喪，與其易也，寧戚。」（《論語．八佾．四》）

禮與其奢華，不如儉樸；喪與其鋪張，不如哀戚。

子曰：「人而不仁，如禮何？人而不仁，如樂何？」（《論語・八佾・三》）

禮節制人的行為，使其符合人與人相處應有的表現，然而人如果沒有愛心，沒有關懷之心，沒有感恩之心，沒有崇敬之心，只有一些複雜的形式，又有什麼意思呢？

禮既然為了表達倫理，表達人的情意，就應反映人情與人性而調整，不應鐵板一塊，成為束縛人性的桎梏。司馬遷說：

洋洋美德乎！宰制萬物，役使群眾，豈人力哉？余至大行禮官，觀三代之損益，乃知緣人情而制禮，依人性而作儀，其所由來，尚矣！（《史記・禮書》）

禮不能脫離人情和人性，應順應社會變遷而改變。

三、理想人格的典型——君子

孔子的思想體系中有三個重要的概念，就是仁、禮，和君子。作為道德標準的「仁」在《論語》中出現一〇五次，「禮」出現七十三次，「君子」出現一〇七次。

「仁」是愛心的推廣和落實，從我們身邊的人，到不認識的人，到所有的人；從關心他們，到創造他們的利益。最後一點幾乎是無法做到的事。所以孔子說：「堯舜其猶病諸？」（《論語・雍也・二十八》）孔子又推崇堯的功業和成就：

子曰：「大哉，堯之為君也！巍巍乎，唯天為大，唯堯則之！蕩蕩乎，民無能名焉？巍巍乎，其有成功也！煥乎，其有文章！」（《論語・泰伯・十九》）

堯照顧天下的百姓，讓他們可以生存發展，像天作育萬物一樣。堯為什麼能做到？除了他身邊有很多人才，例如舜、禹、稷、契、皋陶等，孔子在這裡特別提到「煥乎，其有文章！」文章就是指禮樂制度。所以仁的充分實現不是只靠從心裡發願就可以做到。

禮是仁的社會支援體系，也是仁的形式，和行為的標準。

顏淵問仁。子曰：「克己復禮為仁。一日克己復禮，天下歸仁焉。為仁由己，而由人乎哉？」顏淵曰：「請問其目？」子曰：「非禮勿視，非禮勿聽，非禮勿言，非禮勿動。」顏淵曰：「回雖不敏，請事斯語矣。」（《論語・顏淵・一》）

顏淵問如何做到仁。夫子說：「克制自己，依禮而行，就是仁，有一天大家都克制自己，依禮而行，仁就普及於天下了。行仁靠自己，難道要靠別人嗎？」顏淵說：「請問克制自己，依禮而行的具體項目是什麼？」夫子說：「不合於禮的事不要看，不合於禮的話不要聽，不合於禮的話不要說，不合於禮的事不要做。」顏淵說：「弟子雖愚鈍，願照這幾句話去做。」

人性有利己的成分，也有利他的成分。人因為有利己之心，所以會照顧自己的利益，讓個體得以生存，群體得以繁衍；這是人性的生物面，和所有生物都一樣。人因為有利他之心，所以才會組成社會，創造文化；這是人性的社會面，為人類所獨有。個人如能節制利己之心，一切依一定客觀標準而行，不造成對別人權益的傷害，就是仁的開端。如果社會上每個人都能節制利己之心，依禮而行，就是孔子所說的君君、臣臣、父父、子子，或者說每個人扮演好自己的社會角色，天下歸仁，就可達成社會的和諧與安定；這是全民之幸。不過孔子對仁有更高的標準，對自己的弟子也有更高的期許。

關於《論語》顏淵問仁這一章，宋儒有不同的解釋。對於「一日克己復禮，天下歸仁焉。」朱子的解釋是：一日克己復禮，天下的人就都稱讚你是仁德之人了。朱子並進一步說：「亟言其效之甚速而至大也。」對於「非禮勿視，非禮勿聽，非禮勿言，非禮勿動。」朱子引程頤的話：「顏淵事斯語，所以進於聖人。後之學聖人者，宜服膺而勿失也。」朱子並說：此章問答，乃是孔子傳授顏淵心法切要之言，只有顏子才有資格聽到。（朱子：《四書章句集注》）

宋儒的觀念去孔子思想何其遙遠！第一，克制自己的私心，規規矩矩做人，不侵犯別人的權益，只是仁的消極面。仁還有積極的一面，就是「己欲立而立人，己欲達而達人。」（《論語．雍也．六》）這才是孔子一生追求的境界。

顏淵、季路侍。子曰：「盍各言爾志？」子路曰：「願車馬、衣、輕裘與朋友共，敝之而無憾。」顏淵曰：「願無伐善，無施勞。」子路曰：「願聞子之志。」子曰：「老者安之，朋友信之，少者懷之。」（《論語．公冶長．二十五》）

顏淵和子路陪侍在孔子身邊，孔子請他們各自說一說自己的志願。子路說：「我希望我的車子、馬匹、衣服和輕軟的皮袍與朋友分享，用壞了也不心疼。」顏淵說：「我希望不誇口自己的好處，不稱道自己的功勞。」子路請問夫子的志願。孔子說：「老年人予以安頓，朋友予以信任，年輕人予以關懷。」子路在乎的是朋友之間的情義，好東西與好朋友分享。顏回在乎的是做人的修養，謙讓為懷。孔子心中所想的始終是對別人的照顧和尊重。

第二，行仁是做人的品德，仁的本身就是人生追求的終極目的和價值，不是為了讓人家稱讚。孔子稱讚泰伯說：「泰伯其可謂至德也已矣。三以天下讓，民無得而稱焉。」（《論語・泰伯・一》）泰伯「三以天下讓」都不讓人知道，「克己復禮」算什麼呢？孔子又說：「人不知而不慍，不亦君子乎！」（《論語・學而・一》）何況「一日克己復禮」，天下的人怎麼可能都知道了呢？

第三，孔子從來沒有覺得自己是聖人。孔子說：「若聖與仁，則吾豈敢。抑為之不厭，誨人不倦，則可謂云爾已矣。」（《論語・述而・三十三》）孔子又說：「聖人，吾不得而見之矣，得見君子者，斯可矣。」（《論語・述而・二十五》）孔子也沒有立志做聖人，他立志建立一個理想的社會，讓全民得到幸福。

第四，孔子施教並無只有對顏淵才傳授的「心法」。

子曰：「二三子以我為隱乎？吾無隱乎爾。吾無行而不與二三子者，是丘也。」（《論語・述而・二十三》）

「我沒有什麼事不讓你們各位知道的。」孔子如果有什麼心法，就是顏淵所說的：「夫子循循然善誘人，博我以文，約我以禮。」（《論語・子罕・十》）然而這是顏淵和其他孔門弟子共享的心法，並非顏淵獨得之祕。

君子人生的三種境界

孔子一生追求理想的人生。他的理想人生，在個人方面為養成完美的人格，包括高潔的品德、淵博的學識，和通達的智慧，在社會方面為實施賢能政治、健全社會制度，包括以禮節制人的行為，以樂調和人的性情，讓每個人扮演好自己的社會角色，負起應負的責任，善盡應盡的義務，使社會達到和諧安定，人民可以過幸福的日子。這樣崇高的理想，不容易做到，他自己栖栖皇皇一生，就未能做到，但他懸為目標，努力追求，鍥而不捨。君子就是他為了達到這個目標所塑造的理想人格的典型。

君子的人生有三種不同的境界，可以進，可以止，也可以退，構成孔子動態平衡的人生觀，不論停留在哪一境界，都無礙其為君子。

> 子路問君子。子曰：「修己以敬。」曰：「如斯而已乎？」曰：「修己以安人。」曰：「如斯而已乎？」曰：「修己以安百姓。修己以安百姓，堯舜其猶病諸。」（《論語・憲問・四十五》）

子路問怎樣才能成為君子，孔子說：「以虔誠的態度培養好自己的品德和學問。」子路說：「這樣就可以了嗎？」孔子說：「培養好自己的品德和學問，然後去幫助別人，讓他們得到照顧。」子路說：「這樣就可以了嗎？」孔子說：「培養好自己的品德和學問，然後去幫助全天下的人，讓他們得到照顧。」能讓全天下的人得到照顧就進入聖的境界。所以孔子說：「就算堯、舜也有做不到的地方。」

這段對話孔子在子路三次提問中，說出他理想人生的三種境界：追求自己的人格完美，進而幫助別人，進而幫助全天下的人。實現理想人生的道路，就是孔子一生孜孜不倦追求的道。

子曰：「志於道，據於德，依於仁，游於藝。」（《論語・述而・六》）

孔子說：「立志追求理想的人生，站穩道德的立場，常保仁慈的情懷，游息於各種才藝之間。」人生不必一定要治國、平天下，也不是人人都有這樣的意圖，在現代社會更是如此。但君子必須追求人格完美，並且有點才藝，然後才能怡然自得，視富貴如浮雲，並進一步幫助別人。

子之武城，聞弦歌之聲，夫子莞爾而笑，曰：「割雞焉用牛刀？」子游對曰：「昔者，偃也聞諸夫子曰：『君子學道則愛人，小人學道則易使也。』」子曰：「二三子！偃之言是也，前言戲之耳。」

（《論語．陽貨．四》）

孔子來到武城，聽到彈琴和唱歌的聲音。孔子露出笑容說：「殺雞哪裡用得著宰牛的刀呢？」子游回答說：「以前偃聽夫子說：君子學了道就知道關心人民，人民學了道就容易遵守政令。」孔子說：「各位，偃的話是對的，剛才是和他開個玩笑而已。」言偃字子游，是孔子晚年的弟子，武城在曲阜東南方，在今費縣境內。子游為武城宰，以禮樂教化邑民，所以城中弦歌不絕。孔子聽了高興，和他開起玩笑。這裡所說君子是指在上位的人，也就是做官的人；小人是指一般百姓，也就是邑民。道是指追求理想人生，或通往幸福人生的道路。了解通往幸福人生的道路，做官的人就會愛民，百姓就會守禮，並不是服從聽使喚的意思。

基本上，君子是品學兼優、文質彬彬的人。

子曰：「質勝文則野，文勝質則史。文質彬彬，然後君子。」（《論語・雍也・十六》）

質是本質或實質，指一個人的內涵，文是外表，指一個人的言談舉止。為人如果內涵勝過外表，就會流於粗野，如果外表勝過內涵，就會流於虛飾。內涵與外表配合得當為君子，怎樣才算配合得當呢？

子曰：「君子義以為質，禮以行之，孫以出之，信以成之。君子哉！」（《論語・衛靈公・十七》）

君子的本質就是「義」，或者說君子做人的原則就是「義」。「義」是做對的事，合於倫理的事就是對的事。不過雖然是對的事，也要以合於禮的方式付諸行動，以謙卑的態度表現出來，信守承諾加以完成。

君子是一切完美的化身。君子要用心思考的事：

孔子曰：「君子有九思：視思明，聽思聰，色思溫，貌思恭，言思忠，事思敬，疑思問，忿思難，見得思義。」（《論語・季氏・十》）

君子在九件事上需要用心思考：看的時候考慮看清楚了沒有，聽的時候考慮聽明白了沒有，自己的臉色考慮是不是溫和，容貌考慮是不是恭敬，說話考慮是不是忠實，做事考慮是不是認真，有疑問的時候考慮有沒有請教，要發脾氣的時候考慮有什麼不好的結果，看到利益的時候考慮是不是正當。

君子所厭惡的人和事：

子貢曰：「君子亦有惡乎？」子曰：「有惡。惡稱人之惡者，惡居下流而訕上者，惡勇而無禮者，惡果敢而窒者。」曰：「賜也亦有惡乎？」「惡徼以為知者，惡不孫以為勇者，惡訐以為直者。」（《論語・陽貨・二十四》）

孔子厭惡說人家壞話的人，做人家部下卻詆毀長官的人，勇敢卻沒有禮節的人，有魄力卻不明事理的人。說人家壞話顯示自己惡毒、刻薄。詆毀長官顯示自己不忠，讓人看不起。勇敢是一種美德，但應注意禮節，孔子說：「勇而無禮則亂。」（《論語．泰伯．二》）果決是一種美德，但要通達事理才不致誤事；孔子說：「愚而好自用，賤而好自專，生乎今之世，反古之道。如此者，災及其身者也。」（《中庸》）子貢厭惡自己沒弄清楚就急著表達意見自以為高明的人，態度惡劣而自以為勇敢的人，揭發人家隱私而自以為正直的人。

現在讓我們看一位孔子稱讚的君子，具備哪些值得我們學習的美德。

> 子謂子產有君子之道四焉：其行己也恭，其事上也敬，其養民也惠，其使民也義。（《論語．公冶長．十五》）

孔子說子產有四項君子的美德：他為人謙恭，對國君尊敬，對人民施惠，差遣人民正當。

子產是春秋後期鄭國的賢相，較孔子稍早，子產於魯昭公二十年去世，孔子那年三十歲。子產為政以德。鄭國在他秉政期間，周旋於晉、楚兩個大國之間，維持國家安定，百姓對他很感念。《孟子》有兩個子產的故事，很能畫龍點睛，彰顯他為人和施政的風格。

子產聽鄭國之政，以其乘輿濟人於溱、洧。孟子曰：「惠而不知為政。歲十一月徒杠成，十二月輿梁成，民未病涉也。君子平其政，行辟人可也。焉得人人而濟之？故為政者，每人而悅之，日亦不足矣。」（《孟子．離婁下．二》）

子產用自己的車子渡百姓過河。孟子批評他施小惠，不知為政之大道。為政者只要搭起橋樑，百姓就不必涉水過河了。如果想討好每個人，有那麼多時間嗎？不過，子產用自己的車子渡百姓過河是他親民的表現，焉知他不是正在搭橋或計畫搭橋呢？

昔者有人饋生魚於鄭子產。子產使校人畜之池。校人烹之，反命曰：「始舍之，圉圉焉，少則洋洋焉，攸然而逝。」子產曰：「得其所哉！得其所哉！」校人出，曰：「孰謂子產智？予既烹而食之，曰：得其所哉！得其所哉！」故君子可欺以其方，難罔以非其道。

（《孟子・萬章上・二》）

校人是管理池沼的小吏，他描述生動如詩人，行為則是十足的小人。子產則是大智若愚的君子，只可惜他對魚慈悲和對校人信任的善良之心被小人背叛了。所以孟子說「君子可欺以其方。」

說到子產四項做人的美德：恭、敬、惠、義，孔子說過，「恭則不侮」。我們對人謙恭有禮，別人自然不會對我們侮慢。孔子又說，「惠則足以使人」。我們對人有恩惠，我們有需要時人家才會幫忙。我們對長官或長輩有著尊敬的心，盡心盡力為他們做事，自然會得到他們的信任和授權。我們對部下的要求正當、公道，才會得到他們心悅誠服的服務。這些正是子產在鄭國施政成功，為人稱道的原因。不過品德雖然有其功利的效果，但是把品德只當作做人的本分，才是君子真正可貴的地方。

君子謀道不謀食

君子追求的是社會的利益，不是自己的利益；君子也不擔心生活問題，因為只要品德好、學問好，就有出仕的機會；縱然沒有，也可以安貧樂道，自己過幸福的日子。這就是孔子動態平衡的人生觀，不論進取或退守都可以得到幸福。

> 子曰：「君子謀道不謀食。耕也，餒在其中矣；學也，祿在其中矣。君子憂道不憂貧。」（《論語・衛靈公・三十一》）

君子謀求實現自己的理想，不是解決自己的生活問題。君子的理想就是養成個人完美的人格，增進社會全體的利益。我們努力耕種，有時候免不了饑荒。我們努力求學，總可以得到一個職位和一份俸祿。君子擔心理想不能實現，不擔心貧窮。

孔子處於歷史上技術與經濟停滯的時代，長期中社會只有總產值增加，沒有人均產值與人均所得增加，短期中亦不見總產值增加。社會的和諧和安定，基本上取決於政府的施政，功名利祿基本上也掌握在政府之手。德才兼備的君子是社會稀有的菁英，因此孔子希望弟子學成之後，參加政府，服務社會，也由此得到應有的社會地位與經濟報酬。

> 子曰：「文、武之政，布在方策。其人存，則其政舉，其人亡，則其政息。人道敏政，地道敏樹。夫政也者，蒲盧也。故為政在人，取人以身，修身以道，修道以仁。」（《中庸》）

周文王和武王的政績，都記載在文獻之中。有那樣的人在的時候，他們的政績就可以呈現，沒有那樣的人在的時候，他們的政績也隨之消失。賢能的人有利於政事的推動，正如好的土壤有利於樹木的生長。政治就像水邊的蒲蘆，很容易生長。所以良好的政治要靠賢能的人才，選賢能的人才要看他的品德，其中最重要的品質就是仁。

不過君子在政府工作，不能違背自己從政的初衷而「曲道求容」，也不能喪失自己的尊嚴。合則留，不合則去。

子謂顏淵曰：「用之則行，舍之則藏。唯我與爾有是夫！」（《論語．述而．十》）

孔子對顏淵說：「為政府所用時，就施展抱負，不為政府所用時，就退而隱藏。只有我和你能做到吧！」

孔子對一般人從政的態度，有比較寬容的看法，對自己則有嚴格的要求。

子曰：「寧武子邦有道則知，邦無道則愚。其知可及也，其愚不可及也。」（《論語．公冶長．二十》）

寧武子是衛國的大夫。他在國家政治清明的時候，表現出自己的智能；昏暗的時候，隱藏起自己的智能，裝出愚笨的樣子，以求自保。他的智可以學得到，他的愚則是學不到的。然而《論語》別的篇章，孔子卻有不同的說法：

子曰：「篤信好學，守死善道。危邦不入，亂邦不居。天下有道則見，無道則隱。邦有道，貧且賤焉，恥也；邦無道，富且貴焉，恥也。」（《論語・泰伯・十三》）

為人應做到確保誠信，努力堅持美好的理想。危險的國家不要去，動亂的國家不要住，天下政治清明則出仕，政治昏暗則退隱。國家政治清明的時候，自己經濟貧困、地位低賤，是恥辱，國家政治昏暗的時候，自己經濟富有，地位顯赫，也是恥辱。

憲問恥。子曰：「邦有道，穀；邦無道，穀，恥也。」（《論語・憲問・一》）

原憲字子思，是孔子看重的弟子，孔子為魯司寇時，以他為府裡的管家。原憲問什麼是恥。孔子說，國家有道的時候拿國家俸祿，國家無道的時候還拿國家的俸祿就是恥。

孔子去世後，原憲隱居在窮鄉僻壤之間，他的老同學子貢遠道來看他，司馬遷有一段生動的描述：

孔子卒，原憲遂亡在草澤中。子貢相衛，而結駟連騎，排藜藿，入窮閻，過謝原憲。憲攝敝衣冠見子貢。子貢恥之，曰：「夫子豈病乎？」原憲曰：「吾聞之，無財者謂之貧，學道而不能行者謂之病。若憲，貧也，非病也。」子貢慚，不懌而去，終身恥其言之過也。

（《史記．仲尼弟子列傳》）

四、孔子思想在二十一世紀

十八世紀後半開始的工業革命，在資本主義誘因和科技研發的支持下，使技術進步取得連續不斷的性質，帶領世界經濟從傳統停滯時代（traditional stagnation epoch）進入現代成長時代（modern growth epoch）。勞動生產力不斷提高，總產值不斷增加，跨越所謂「馬爾薩斯人口陷阱」（Malthusian population trap），使人均產值和人均所得持續增加，不斷改善人民的生活。個人追求所得增加，可以促進經濟成長，財富累積，因而取得道德上的正當性。社會追求的目的從社會和諧轉向經濟成長，人民追求所得與財富的努力受到鼓勵，反映在社會的價值觀方面，就是重視經濟價值勝於倫理價值。這是現代西方文化和我國傳統文化的根本差異，也是當前世界一切災難的開始。

在一個以自利（self-interest）為驅動力的社會中，追求自利會不會導致對他人的傷害，以致破壞社會和諧，阻礙經濟成長？十八世紀蘇格蘭哲學家也是經濟學的鼻祖亞當．史密斯認為不會。第一，從市場的觀點看，在交易的過程中，交易雙方各自爭取自己的利益，市場機制會決定公平的價格，讓買賣雙方都得到滿意的結果。第二，從倫理的觀點看，史密斯認為人性有利己的成分，也有利他的成分。利己之心讓我們追求財富、地位和名聲，因而產生審慎的美德（the virtue of prudence）。利他之心讓我們關心他人的利益，因而產生公平的美德（the virtue of justice）和仁慈的美德（the virtue of benevolence）。公平是不使他人的利益減少，仁慈是使他人的利益增加；公平接近孔子的「義」，仁慈接近孔子的「仁」。每個人在追求自己利益的過程中，如果堅守公平的美德，則自己的利益增加，不是來自他人利益的減少，而是因為創造了增加的價值（added value），使社會的總價值增加。

不過生產活動所產生的成本，並非都通過市場，有些成本超出市場，分散於社會人群之間和自然環境之中，無人支付代價，產生經濟學中的

「外部不經濟」（external diseconomies），以致市場價格不能反映產品的真實成本，導致資源的過度使用。現代巨型跨國公司，規模龐大，富可敵國，形成不公平競爭與獨占勢力，使新創事業（new startups）減少，經濟成長率降低。社會追求利潤而不創造價值與就業，使虛經濟的金融部門擴大，而實經濟生產貨物與勞務的產業部門萎縮。民主政治制度下選舉產生的政客，重視短期施政績效，罔顧長期全民利益，往往採取短期有利的政策，飲鴆止渴，致使長期問題更加嚴重。

現代成長從英國開始，經由全球化逐步普及世界各地。目前各國人均所得的高低，大致反映其進入現代成長時代的先後。現代成長為世人帶來前所未有的富裕，然而隨著科技進步、生活水準提高與人口增加，其弊端也日趨嚴重。最重要的問題是（一）、所得與財富分配不均。財產所得在總所得中所占的份額增加，勞動所得所占的份額減少，薪資所得差距擴大，低端薪資上升緩慢，而財產日益集中於少數人之手，使社會的和諧與穩定難以持續。（二）、政府負債不斷增加，貨幣供給氾濫，資產價格膨脹，使金融穩定難以持續。（三）、資源耗竭，環境汙染，物種滅絕，地球暖化，氣候異常，生態系統失序，人類面臨生存危機。

物質財富增加，物慾膨脹，個人對權利和自由的要求擴大。科技不斷進步，解除大自然給我們的限制；經濟不斷成長，解除物質給我們的限制；政治民主、社會多元、與各種法規鬆綁（deregulations），解除制度給我們的限制。我們膨脹自我，不思節制，終將造成各種自然、經濟與社會的災害，反過來傷害我們自己，使現代成長難以持續。

一九八七年世界環境與發展委員會（World Commission on Environment and Development）將「可持續之發展」（sustainable development）定義為「滿足當代生活所需的經濟成長，不減少未來世代滿足他們生活所需要的能力。」面臨當前社會的、經濟的與環境的危機，世界欲達到社會和諧與可持續的發展，只有從孔子的思想中尋求良方。

現代成長時代所需要的基本改變是改變價值觀，將倫理價值放在經濟價值的前面，「仁」放在利的前面。司馬遷說：

余讀孟子書，至梁惠王問何以利吾國，未嘗不廢書而歎也。曰：嗟乎，利誠亂之始也！夫子罕言利者，常防其原也。故曰：「放於利而行，多怨」。自天子至於庶人，好利之弊何以異哉！（《史記・孟子荀卿列傳》）

德國的哲學家康德說：當自利進入心中，我們再也無法辨別是非。只有將「仁」放在利的前面，我們追求利益的活動，才會避免造成對他人、社會、和環境的傷害，為社會創造淨增加的經濟價值。

傳統停滯時代沒有以人均產值為特質的現代經濟成長，不是因為人民不想追求經濟利益，而是因為缺少持續的技術進步。孔子說：「富與貴是人之所欲也。」如果追求財富就可以致富，讓經濟成長，世界上還會有窮人和貧窮的國家嗎？孔子說：「富而可求也，雖執鞭之士，吾亦為之。」（《論語・述而・十一》）追求利益的慾望是大自然賦予一切生物的本能，沒有此一慾望根本不可能生存。所以亞當・史密斯將追求自己的利益當作審慎的美德，怎麼會是罪惡呢？違背倫理取得利益才是罪惡。

其次，政府的首長與企業的決策人士都應是君子。因為君子的人生理想不是追求自己的利益，而是成就社會的利益，從造福人群的自我實現中感到幸福，孔子說：「君子謀道不謀食……君子憂道不憂貧。」過去技術與經濟停滯時代，想要造福人群就要進入政府為官；正直誠信，心裡想的是全民的福利，不是自己的官位和權勢。孔子說：「其身正，不令而行；其身不正，雖令不從。」（《論語・子路・六》）

現代成長時代工商業發達，企業為社會創造（經濟）價值就是造福人群。因為企業為社會創造所得與就業，讓所有參與的人有收入，養家活口，教育子女，施展抱負，在社會階梯上晉升。企業也是現代國家稅收的主要來源。君子企業家也應和君子官員一樣，心裡想的不光是股東的利潤，並且是企業的社會責任和環境責任，「民吾同胞，物吾與也。」在追求企業利潤與成長的同時，發揮企業經營的「外部經濟」（external economies），維護社會、經濟與環境的可持續發展。這是孔子思想在二十一世紀可以做出的重大貢獻。

最後，進入現代成長時代，社會誘因制度在政府組織之外，增加很多中間組織，其中最龐大、最重要的就是企業組織。在現代工商社會中，企業組織擁有最大部分的社會資源，也是所得與就業最主要的來源。如果企業和政府一起，共同以倫理價值引導全民的行為，「誘進以仁義」，然後以經濟價值和社會價值加以支持，「德厚者位尊，祿重者寵榮」，一定可以引導全民追求自己利益的努力，達到增進社會全民福利的目的，扭轉當前追求自利導致社會經濟與環境無法持續的困境。

主要參考文獻

· 孫震，《儒家思想在21世紀》，台北市，天下文化，二〇一九年。
· 孫震，《半部論語治天下》，台北市，天下文化，二〇一八年。
· 孫震，《儒家思想的現代使命：永續發展的智慧》，台北市，國立台灣大學出版中心，二〇一六年。
·《景印古本五經讀本》，台北市，台灣啟明書局，一九五二年，《春秋三傳》。

第四章——孔子的從政之路

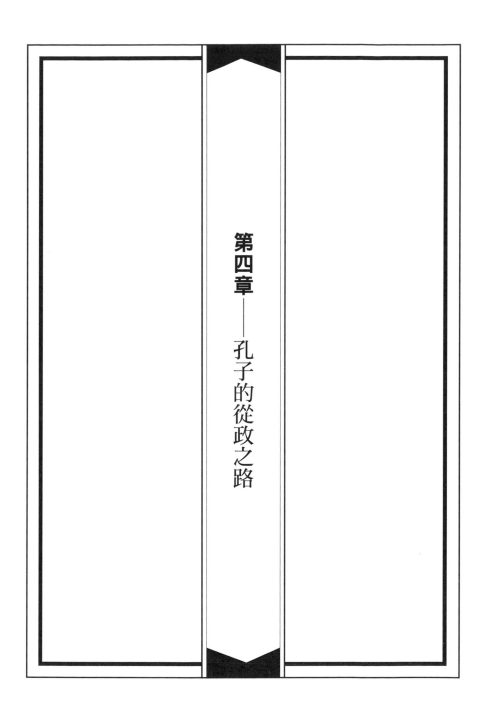

一、魯國的政治環境

孔子時代，魯國的朝政由孟孫氏、叔孫氏和季孫氏三個顯貴家族擅權，這三個家族是魯桓公的三個兒子，莊公之弟慶父、叔牙和季友的後人，史稱三桓。莊公逝世後，慶父先後殺公子般與湣公，逃亡至莒。釐公在季友和齊國支持下繼立，許莒國以財物，要求遣返慶父。慶父自知無路可逃，自縊而死。

魯釐公元年（西元前六五九年）十月，莒人要求以前許諾之財物，釐公可能認為慶父並非由莒人遣返，因而不予。莒子以其弟挐將兵來伐，為季友所敗。《春秋》經文記載如下：「公子友帥師敗莒師于酈，獲莒挐。」

關於這個故事，《穀梁》有一段精采的描述：

公子友謂莒挐曰：「吾二人不相說，士卒何罪？」屏左右而相搏。公子友處下。左右曰：「孟勞。」孟勞者，魯之寶刀也。公子友以殺之。

看來季友很有英雄氣概。他對莒挐說，我們兩個人不愉快，何必犧牲士卒的性命？於是屏退左右，兩位主帥單打獨鬥。季友處於下風，左右提醒他使用魯國的寶刀孟勞。季友用寶刀殺死莒挐。莒是小國，為了一點財物，不以禮相責，妄動刀兵，真是不自量力。

魯釐公感念季友助他即位和這次戰功，賜以汶陽之田與費。汶陽之田是汶水以北的土地，費從此成為季孫氏的大本營。莒在曲阜東方，在今山東莒縣，費在曲阜東南方，在今山東費縣，約為曲阜到莒的中間位置。

魯釐公元年（西元前六五九年）是齊桓公二十七年，他的對外政策基本上是和齊國維持友好關係，追隨齊桓公的會盟行動。魯釐公四年（西元前六五六年）正月，齊桓公率諸侯伐蔡，蔡潰，遂伐楚，責楚未向周天子進貢菁茅，釐公亦在諸侯之列。其實伐蔡是假，責備「包茅不入」也只是藉口，真正的原因是對楚展示軍威，嚇阻其向中原一帶發展。這是齊桓公、宋襄公、晉文公作為諸侯盟主的共同使命。

回程，陳國大夫轅濤塗對鄭國大夫申侯說，諸侯的軍隊經過陳、鄭之間，我們兩國必有沉重負擔，不如經過東方沿海岸而返，向東夷展現兵力為妥。申侯說很好。轅濤塗乃向齊桓公建議，獲其同意。不料申侯晉見桓公說，諸侯軍在外已久，師老兵疲，若東行途中遇敵，恐多不利，不如經過陳、鄭之間，由陳、鄭兩國供應軍需糧草。桓公聽了高興，與申侯鄭之虎牢，而拘留轅濤塗。冬十二月，公孫茲帥師會齊人、宋人、衛人、鄭人、許人、曹人伐陳，與陳達成和解，釋還轅濤塗。這位公孫茲就是向魯莊公建言由慶父繼位結果被迫服毒自盡的叔牙之子。

魯釐公十五年（西元前六四五年），楚伐徐，徐在今江蘇洪澤湖西岸，泗水與淮水之間。三月，公會齊侯、宋公、陳侯、衛侯、鄭伯、許男、曹伯盟於牡丘，在今山東聊城境內，諸侯軍出發駐紮於匡。公孫敖帥師及諸侯之大夫救徐。公孫敖亦稱孟穆伯，為慶父之子，此時為魯大夫。

從以上二段故事可知，叔牙與慶父雖死，但他們的兒子繼續在魯國政壇扮演重要的角色。李廉在對《春秋》釐公三十三年（西元前六二七年）「乙巳公薨于小寢」的評論中，稱許釐公十七年以前的成就，及其自十六年季友卒後的失敗，並稱「況乎季友受費而季孫氏始，公孫茲帥師而叔孫氏始，公孫敖帥師而孟孫氏始。三桓之基皆肇於釐公之偏，則釐公亦魯功之首，罪之魁也歟！」

魯釐公十六年（西元前六四四年），季友卒，十七年（西元前六四三年）齊桓公卒，臧文仲竊位，公子遂專權，魯國的對外政策偏離宋襄、晉文，向楚國傾斜。說到臧文仲，孔子有下面一段評論：

> 子曰：「臧文仲居蔡，山節藻梲，何如其知也？」（《論語・公冶長・十七》）

臧孫氏是魯孝公的後代，臧文仲名辰，是魯大夫，以智見稱於世。蔡是一種大龜，這種大龜只有國君才能收藏，作為占卜吉凶之用。節是房屋立柱頂端的斗拱，棁是樑上的短柱。山節藻棁是將立柱的斗拱雕刻成山形，將樑上的短柱繪上水草，這是天子宗廟才有的裝飾。臧文仲家中收藏著國君才用的大龜，存放大龜的房子使用天子宗廟才有的裝飾，愚而僭越禮制，他的智在哪裡呢？

公室卑三桓彊

公子遂即襄仲，是莊公之子，釐公時為卿。魯釐公三十三年卒，子典立，是為文公。文公怠忽職守，很多重大國際活動都由卿、大夫參加，致使公子遂和三桓勢力坐大。文公夫人姜氏生子惡及視，次妃敬嬴生子倭。敬嬴受到文公寵愛，私下結交襄仲，囑託倭於襄仲。文公十八年卒。襄仲欲立倭，叔仲表示不可；叔仲是叔牙之孫。襄仲於取得齊惠公支持後，殺惡及視，立倭，是為宣公；並以君命召見叔仲，殺而埋葬於馬糞之中。司馬遷在《史記．魯周公世家》中評論說：「魯由此公室卑，三桓彊。」

自宣公以來，魯國由季氏專政，經季文子、武子、平子已三世，魯君實際上失去政權歷宣公、成公、襄公、昭公四世。魯國早已是一個孔子所說的，名實不符，君不君、臣不臣的國家。不過禮的實施機制雖然失能，表面上的各種形式猶存，國君仍然可以維持形式上的尊嚴。三桓囂張到什麼程度呢？

孔子謂季氏，八佾舞於庭。「是可忍也，孰不可忍也？」（《論語．八佾．一》）

「八佾」是天子之樂，由八人排成一排，共八排，六十四人。諸侯之樂，由六人排成一排，共六排，三十六人。卿、大夫之樂，由四人排成一排，共四排，十六人。士之樂只能有二排各二人，共四人。季氏只是卿，卻僭用天子之樂，在其庭院之中表演。所以孔子說，這樣僭越的行為可以忍受，還有什麼事不能忍受呢？

三家者以雍徹。子曰：「相維辟公，天子穆穆。奚取於三家之

堂？」（《論語・八佾・二》）

天子在宗廟祭祀祖先的時候，由諸侯陪祭，歌《詩・周頌・雍篇》，其中兩句是「相維辟公，天子穆穆。」意思是諸侯助祭，天子形象莊嚴。歌畢，撤下祭肉。季氏設有桓廟，祭祀祖先的時候三家一起參加，僭用天子的儀式。所以孔子說，「相維辟公，天子穆穆」這種莊嚴形象，怎麼會出現於三家的宗廟之中呢？

我們可以想像，魯昭公想要取回失去的政權，昭公二十五年（西元前五一七年），有幾件事情促成了昭公的決心。（一）、郈氏和季氏兩家鬥雞。季氏為雞裹上皮甲，郈氏為雞腳加上金距。季氏在鬥雞上落居下風，平子怒，擴建他的宮室到郈氏的土地之上，並加以指責。郈昭伯因此惱怒平子。（二）、臧昭伯的堂弟會在臧家搬弄是非，然後逃到季家，被臧家人捉到。平子怒，拘留臧氏的管家，臧昭伯因此亦怒平子。（三）、昭公籌備祭祀襄公的大典，參加的舞者只有二人，其他舞者都參加季府的活動，大夫們於是對平子不滿，昭公心中肯定是忿怒的。（四）、平子的庶叔季公若前因屬下為平子所殺，求情被拒於門外，心怒平子，獻弓於昭公公子公為，和他商量除去平子。公為向昭公進言。昭公謀諸臧昭伯和郈昭伯，臧昭伯表示困難，郈昭伯卻認為可行。再徵求子家懿伯意見。子家子說，一些搬弄是非之人，希望藉國君的行動，賭一下運氣，事情如不成功，惡名由君承擔，這樣的事情是不能做的。魯捨棄自己的人民已經好幾世了，現在希望成功，沒有一定的把握。而且政權在季氏手中，難以圖謀。昭公不聽子家的意見。

九月戊戌，公伐季氏，殺平子弟公之，進入季府。平子登臺請求說，君不等察明臣的罪狀，就使權責機關以武力討伐。臣請求待罪於沂水之上，俟君察明臣罪，昭公不許。請求自囚於費邑，公亦不許。請求以五輛車出亡，亦不許。子家子勸告昭公說，還是允許他吧！魯國的國政出於季氏已經很久了，很多人靠季氏吃飯，追隨他的人很多。到了晚上，隱藏的變亂會不會發生難以預知。眾怒不可任其蓄積，蓄積不加處理，就會醞釀擴大，以致民生異心。人民一旦產生異心，聚集在一起，那時候一定會後悔。子家子這段話很有智慧，從事公共事務的人，不可不用心記取。

《左傳》原文如下：

子家子曰：「君其許之，政自之出久矣，隱民多取食焉，為之徒者眾矣。日入慝作，弗可知也。眾怒不可蓄也。蓄而不治將薀，薀蓄民將生心，生心同求將合，君必悔之。」（《左傳．昭公二十五年》）

昭公不聽子家子之言，而郈昭伯在旁進言：「必殺之。」

這時叔孫昭子在外邑，昭公使郈昭伯往迎孟懿子。叔孫氏的司馬問其部屬說，季氏有無和我們有什麼關係？部屬都說，沒有季氏就沒有叔孫氏。於是率眾往救，攻陷西北角，進入季府。昭公的徒眾卸下盔甲，手執箭筒而坐，不做積極抵抗，為叔孫氏的部屬驅散。孟孫氏亦響應叔孫氏的行動，殺郈昭伯，進攻昭公徒眾。昭公這次政變至此完全失敗。

子家子向昭公建議，由追隨昭公討伐季平子的諸臣偽裝劫持昭公，事敗畏罪出逃，讓昭公留在國內。經此事變，季孫意如事奉國君的態度，不敢不有所改變。昭公說，這樣的事情我不忍心做呀。於是與子家子、臧昭伯等人出亡至齊。齊景公攻取鄆邑以安置昭公，表示昭公仍居於自己的國土之內。鄆在曲阜西方，接近齊國在兩方的邊界。

當時晉為諸侯盟主。魯昭公二十七年（西元前五一五年）秋，晉范士鞅、宋樂祁犂、衛北宮喜、曹人、邾人會與扈，令各國出兵防衛周，並共商助昭公返魯。范士鞅就是范獻子，晉國上卿；扈在今鄭州市北方，黃河南岸。宋國和衛國都力主以武力護送昭公返魯。然而，范士鞅收受了季平子賄賂，為之辯護說，季孫不知犯有什麼過錯，而昭公加以討伐。請求囚禁，出亡，皆不允許。昭公未能攻克而自己出亡。天下豈能有人不作準備而趕走其國君嗎？季氏之能在討伐之下復起，是因為天在救他。天讓昭公之徒眾息怒，而啟動叔孫氏之心。若非如此，昭公率領之徒眾怎可能卸甲執箭筒不認真作戰，而叔孫氏恐無辜禍入而同情於季氏呢？這一切都是順應天道。現今魯君守在齊國，三年一事無成。季氏在魯甚得民心，淮夷與之友好，有十年之儲備，有齊、楚之支援，有天之讚許，民之協助，有堅守之決心，有國君一樣的權力但不宣示，事奉國君之心一如國君在國。所以士鞅以為以武力送昭公返國甚難。二位圖謀國政大事，欲納魯君返國，也是士鞅的心願。我願追隨二位，包圍魯城，如事不成，以死相殉。范士鞅這番話真是言偽而辯。樂祁犂、北宮喜聽了不敢堅持，於是以事難回覆昭公。

魯昭公二十九年（西元前五一三年），赴晉，居於乾侯。三十年六月晉頃公卒。三十一年（西元前五一一年）春晉定公新立，將出兵納昭公返魯。范獻子士鞅建議，召季孫來晉，如季孫不來，就證明他確實有不臣之心，到時候再加以討伐。季平子來到晉國，於晉見晉定公後，赴乾侯迎接昭公。昭公知道在這樣條件下隨季孫返魯，處境將更為艱難，拒絕接見平子。

魯昭公三十二年（西元前五一〇年）十二月，公薨於乾侯。謚法威儀共明曰昭，可憐他自昭公二十五年出亡，威儀盡失。晉上卿趙簡子問史官墨說，季氏趕走國君，而人民聽從，諸侯同意，國君死在國外，竟無人怪罪季氏，這是什麼道理？史墨回答說：

> 物生有兩，有三，有五，有陪貳（副手），……王有公，諸侯有卿，皆有貳也。天生季氏，以貳魯侯，為日久矣，民之服焉，不亦宜乎？魯君世從其失，季氏世修其勤，民忘君矣；雖死於外，其誰矜之？社稷無常奉，君臣無常位，自古以然。故詩曰：「高岸為谷，深谷為陵。」三后（帝）之姓，於今為庶（民），主所知也。在易卦，雷（☳）乘乾（☰）曰大壯（䷡），天之道也。昔成季友，桓（公）之季（幼子）也，文姜之愛子也，始震（孕）而卜，卜人謁之曰：「生有嘉聞，其名曰友，為公室輔。」及生，如卜人之言，有文（紋）在其手，曰友，遂以名之。既而有大功於魯，受費以為上卿。至於文子、武子。世增其業，不廢舊績。魯文公薨，而東門遂（公子遂）殺適（嫡子）立庶（庶子）。魯君於是乎失國，政在季氏，於此君（昭

公）也，四公矣，民不知君，何以得國？是以為君慎器（禮器）與名（名位），不可以假人。（《左傳．昭公三十二年》）

二、陽虎之亂與孔子出仕

魯昭公去世後，季平子議立昭公弟宋為君，是為定公。魯定公元年（西元前五〇九年）孔子四十三歲。昭公二十四年孟釐子去世前，遺命他的兩個兒子孟懿子和南宮敬叔從孔子學禮。孟懿子和南宮敬叔生於昭公十二年（西元前五三一年）（《左傳．昭公十一年》），這時二十二歲應已師從孔子，唯《史記．仲尼弟子列傳》未見列入，可能並非孔子正式弟子。《史記．孔子世家》記載，南宮敬叔向魯君要求「請與孔子適周」問禮，魯君給他「一乘車、二馬、一豎子」同行。他們在雒邑見到了老子。

司馬遷使用的文字是「蓋見老子云。」意思是據說見到了老子；究竟有沒有見到老子，不是很有信心。司馬遷〈孔子世家〉這段文字的時序在孔子十七歲到三十歲之間。不過孔子長南宮二十一歲，孔子三十歲時南宮只有九歲，不可能隨孔子赴周。昭公於二十五年出亡，南宮只有十三歲，因此他最早可能向魯君提出請求的時間是魯定公元年。許同萊根據《孔子家語》，認為應為魯定公四年（西元前五〇六年），孔子四十六歲。（孔子年譜）錢穆則未予採信。（孔子傳）

司馬遷在〈孔子世家〉和〈老子韓非列傳〉兩處，都記載了孔子在雒邑見到老子和老子對他的贈言。根據〈世家〉，老子說：

吾聞富貴者送人以財，仁人者送人以言。吾不能富貴，竊仁人之號，送子以言。曰：「聰明深察而近於死者，好議人者也。博辯廣大危其身者，發人之惡者也。為人子者毋以有己，為人臣者毋以有己。」

有錢有地位的人送人錢財，有仁慈之心的人送人言語。我未能有錢，也無地位，僥倖得到仁人的稱號，就讓我送先生幾句話吧：「頭腦聰明、觀察深刻而容易惹禍身亡的人，是因為喜歡議論人家的是非。學識淵博、能言善辯以致陷入險境的人，是因為揭發人家的醜惡。為人子的人不能有私心，為人臣的人不能有私心。」

根據《史記．老子韓非列傳》，老子說：

> 子所言者，其人與骨皆已朽矣，獨其言在耳。且君子得其時則駕，不得其時則蓬累而行。吾聞之，良賈深藏若虛，君子盛德，容貌若愚。去子之驕氣與多欲，態色與淫志，是皆無益於子之身。吾所以告子，若是而已。

先生所說的那些人，他們的人和骨頭都已經腐朽了，只有他們的話還在流傳。君子時運好就駕車為官，時運不濟就四處飄泊。我聽說，有錢的商人藏好自己的財物，好像什麼都沒有一樣；品德高貴的君子，容貌笨笨的樣子。我勸先生去掉您的驕氣和貪念，自大的姿態和過多的意圖，這些都對先生沒有好處。我要告訴先生的只有這些而已。

老子可能比孔子年長，但兩人都是當時一派之宗師。以老子大智若愚，深藏若虛，不議論人是非的智慧，見了遠道而來的孔子，不可能說出以上兩段教訓人的話。況且孔子的為人溫、良、恭、儉、讓，從未予人以「驕氣與多欲，態色與淫志」的印象。從以上兩段話我們可以斷言，孔子並未見過老子。至於有沒有適周，什麼時候適周，則是歷史上另一懸案。

季平子自魯昭公七年（西元前五三五年）繼武子實際執掌魯國國政，至定公即位已二十五年，昭公出亡在外七年更代行國君的職務，隨著他的權力膨脹，他的家臣陽虎的勢力也日益壯大。陽虎就是《論語》中的陽貨。定公五年（西元前五〇五年）六月，季平子卒，他的兒子季桓子繼立。陽虎欲以國君始得佩戴的美玉璵璠入殮平子，然而平子久已不再代理國君，所以桓子的寵臣仲梁懷拒不拿出璵璠。九月，陽虎囚桓子和他的叔父公父文伯，也就是公父歜，逐仲梁懷。十月，殺季氏家族公何藐，脅迫桓子立下重誓，與其結盟，並驅逐公父歜及秦遄。這年六月和七月，季平子季孫意如和叔孫成子叔孫不敢相繼逝世，季桓子季孫斯與叔孫武叔州仇初立，聲望未孚，權力基礎猶待建立。孟懿子雖已於昭公二十四年（西元前五一八年）繼孟釐子代立，但是他當年只有十三歲，定公五年也只有二十六歲。陽虎因此容易乘虛而入，通過季孫控制三桓和魯國的政局。

魯定公六年（西元前五〇四年），由於鄭攻占周東境鄰近鄭國的胥靡，二月，定公出兵伐鄭，占領鄭北方的匡，匡靠近衛都。魯軍西來的時候，未假道於衛；回程，陽虎使季桓子和孟懿子從衛南門進城、東門而出。這顯示季氏和孟氏已完全聽命於陽虎。當時晉為諸侯盟主，齊和楚是晉的兩個強大競爭對手，魯則與晉友好。夏，季桓子赴晉獻伐鄭的戰俘，陽虎又使孟懿子至晉，答謝晉定公夫人前訪魯致贈禮物。晉設宴接待，孟懿子在宴會廳門外和晉上卿范獻子說，陽虎他日若不能留在魯國而投奔晉國暫歇，若不以他擔任中軍司令，就會像先君昭公一樣。孟懿子說出這樣的話，自討沒趣，令人費解。范獻子說，鄙國國君有自己的官員可以任用，我怎麼會知道呢？范獻子後來和趙簡子說，陽虎為患魯人，孟孫可能預知日後定會來晉，所以先為之請求，以便為晉接納。

這年六月，陽虎又與定公及三桓盟於周神社，與國人盟於亳社，在五父之衢發下重誓。亳社是商湯立國所設的神社，可能在今商丘的北方；今天的商丘和曲阜都曾經是商的舊都。

魯定公七年（西元前五〇三年）春，齊人歸還魯國鄆及陽關，使陽虎居之，作為他的施政中心。鄆在曲阜西方，陽關在曲阜東北方，中間隔著孟孫氏的大本營郕；三邑都是魯國對齊國的前線。這時候的魯國已經進入孔子所謂「陪臣執國命」的情況，陽虎有一點躊躇滿志。這年孔子四十九歲，智慧圓融通達，早逾不惑之年，即將進入「五十而知天命」的境界。陽虎想要結交孔子以提高自己的政治聲望，也許想延攬孔子進入他的團隊，以加強他執政的實力。

陽貨欲見孔子，孔子不見，歸孔子豚。孔子時其亡也而拜之，遇諸塗。謂孔子曰：「來，予與爾言。」曰：「懷其寶而迷其邦，可謂仁乎？」曰：「不可。」「好從事而亟失時，可謂知乎？」曰：「不可。」「日月逝矣，歲不我與。」孔子曰：「諾，吾將仕矣。」（《論語・陽貨・一》）

陽貨就是陽虎，他想去看孔子，孔子不肯見他，於是送孔子一隻蒸乳豬。孔子找到陽貨不在家的時候去看他，不料在路上相遇。陽貨對孔子說：「來，我和你說：一身道德學問，看著自己的國家昏亂迷失，可以算仁嗎？」孔子說：「不可以。」「想做事而屢次失去時機，可以算智嗎？」孔子說：「不可以。」「時光消失，年歲不饒人。」孔子說：「好啦，我就要出來做官了。」《論語》這一章有兩個版本。另外一個版本是將兩個「不可」，都當作陽貨見孔子不講話，自問自答。只有最後一句才是孔子的回答。雖然意思一樣，但顯示孔子不接話，以防被他套住，落入他的話術之中。

魯定公五年（西元前五〇五年），定公看到季桓子被陽虎囚禁、要脅，與之結盟；六年，他和三桓又被挾持，與陽虎盟於周都神社；六年冬，在魯築城中城，以加強戒備，保護自己的安全。他也想見孔子，請教治國安邦的智慧。《論語》定公和孔子的對話共有二章。

定公問：「君使臣，臣事君，如之何？」孔子對曰：「君使臣以禮，臣事君以忠。」（《論語・八佾・十九》）

定公問孔子，君要臣做事，臣為君服務，應怎麼樣呢？孔子回答說，君要臣做事應有禮貌，臣雖然是部屬，有服從的義務，但仍應加以尊重。臣為君服務應盡忠心，全心全意，做到最好的程度。

定公問：「一言而可以興邦，有諸？」孔子對曰：「言不可以若是其幾也。人之言曰：『為君難，為臣不易。』如知為君之難也，不幾乎一言而興邦乎？」曰：「一言而喪邦，有諸？」孔子對曰：「言不可以若是其幾也。人之言曰：『予無樂乎為君，唯其言而莫予違也。』如其善而莫之違也，不亦善乎？如不善而莫之違也，不幾乎一言而喪邦乎？」（《論語・子路・十五》）

定公問孔子，一句話可以讓國家興盛，有這樣的事嗎？孔子回答說：一句話不可以期待有這樣的效果。不過，有人說，為君難，為臣也不容易。我們如果知道為君難，不是接近一言可以興邦了嗎？定公又問，一句話可以讓國家敗亡，有這樣的事嗎？孔子回答說，一句話不可以期待有這樣的效果。不過，有人說，為君沒有什麼樂趣，只不過說話沒有人違背。如果說的話好沒有人違背，不是很好嗎？如果說的話不好，而沒有人違背，不是接近一句話可以喪邦嗎？

其實孔子的主張很簡單，就是每個人各守自己的本分，不要逾越分際，只要依禮而行，照規矩做就可以了。這就是孔子對顏淵所說的：「克己復禮為仁。一日克己復禮，天下歸仁焉。」（《論語・顏淵・一》）不過真要做到「天下歸仁」也不是一蹴可幾的事。因為社會要通過禮樂教化，讓每個人知道做人的道理，去掉私心，和諧相處。所以孔子說：「如有王者，必世而後仁。」（《論語．子路．十二》）如果有聖王出來，一定要一個世代，一個generation，才能天下歸仁。

陽虎脅迫定公及三桓立下盟約，發下重誓，仍然不能安心。他知道自己名不正，言不順，而三桓正在蓄積能量，等待反撲的機會。魯定公八年冬十月，他計畫利用魯國依序祭祀先公的機會，在蒲圃宴請季桓子，殺之，用自己的親信取代季桓子和叔孫武叔，自己取代孟懿子。圃是古代君主設置林池，栽植花木，蓄養鳥獸，以供游息的園子。蒲圃在曲阜城東南郊。陽虎因為叮嚀兵車到達的日期，讓孟孫氏郕邑的首長公斂處父察覺事不尋常，在孟府預備人手，做好準備。時至，季桓子被陽虎車隊劫持，行經孟孫氏府邸，季桓子說服御者，飛車衝入孟孫府中。陽虎劫持定公與叔孫武叔以攻孟氏，公斂處父帥郕邑之兵從上東門入，戰於南門之內，不勝，又戰於棘下，陽虎兵敗，據讙及陽關以叛。

魯定公九年（西元前五〇一年）六月，魯師伐陽關，陽虎敗逃至齊。他向齊國建議出兵伐魯，並認為「三加必取之。」三次增兵一定會拿下魯國。齊為大國，地廣人眾，大規模作戰一定取勝。不過魯國是晉的盟友，晉和齊又是宿敵，必然不會坐視，到時候齊國可能是禍非福。陽虎只是為了自己的利益，搬弄是非。齊景公有意採納陽虎的意見，鮑文子勸阻說：

臣嘗為隸於施氏矣，魯未可取也。上下猶和，眾庶猶睦，能事大國而無天菑，若之何取之？陽虎欲勤齊師也，齊師罷，大臣必多死亡，已於是乎奮其詐謀。夫陽虎有寵於季氏而將殺季孫，以不利魯國而求容焉。親富不親仁，君焉用之？君富於季氏而大於魯國，茲陽虎所欲傾覆也，魯免其疾，而君又收之，無乃害乎？（《左傳・魯定公九年》）

鮑文子鮑國是鮑叔牙的曾孫，曾經在魯國施孝叔屬下工作，所以對魯國很了解。以他的觀察，齊伐魯不會取勝，因為魯國君臣相處猶和諧，人民彼此仍友善，能結交大國而又沒有天災。陽虎的目的只是想勞動齊國的軍隊，齊國的軍隊疲勞，大臣多死，他的奸計就可以得逞。陽虎受季氏寵信而要殺季孫，在魯國不利而逃到齊國求容。他的為人貪圖富貴而缺少品德，怎麼可以相信他呢？君上比季氏富，又比魯國大，正是陽虎想要推翻的對象，魯國免受其災，而君上收下來，不是禍害嗎？鮑國當年已經九十餘歲，他這一番話真是言辭懇切，見解深刻，發人猛醒！

齊景公憬悟，扣押陽虎，準備把他拘禁於齊之東境。陽虎假作願往，藏身於靈車之中逃出齊國，先到宋國，然後到晉國。後來衛靈公去世，他的孫子出公繼立，陽虎協助靈公的兒子蒯聵自晉入衛，覬覦自己兒子的國君之位。

同年，魯任命孔子為中都宰，這年孔子五十一歲。中都位於曲阜西北方，在今山東汶上縣，關於孔子為中都宰的政績，我們所知不多。《史記·孔子世家》只有一句，「一年，四方皆則之。」不過四方效法什麼呢？《孔子家語》有以下的記載：

孔子初仕為中都宰。制為養生送死之節。強弱異任，男女別塗，路無拾遺，器不彫偽，為四寸之棺，五寸之椁，因丘陵為墳，不封不樹。行之一年，而四方則焉。

錢穆認為《家語》乃王肅偽書。(《孔子傳》)不過文中關於棺、椁部分和墳墓部分，見諸《禮記．檀弓上》。

有子曰：「夫子制於中都，四寸之棺，五寸之椁，以斯知不欲速朽也。」

椁是外棺。

孔子既得合葬於防，曰：「吾聞之，古也，墓而不墳。今丘也東西南北人也，不可以弗識也。」於是封之崇四尺。

平面為墓，封土高出地面為墳。古也墓而不墳。孔子將母親與父親合葬於防，因為自己常有遠遊，恐怕他日難以辨識，所以「封之崇四尺。」原則上他是遵守古禮，墓而不墳的。所以才「因丘陵為墳，不封不樹。」就是藉丘陵的形勢為墳。《家語》所述其他部分，也多符合孔子一向的主張。

三、夾谷之會與墮三都

魯定公十年（西元前五〇〇年），孔子五十二歲。這年三月，魯國和齊國達成和平協議；夏，魯定公會齊景公於夾谷，簽訂盟約，孔子相。在這裡，相不是一種職位，而是一種功能性的任務，於國君參加國際活動時，輔助國君處理重大事務，特別是禮儀方面的問題。許同萊認為，這時孔子的本職仍是中都宰。因為孔子出任中都宰，在定公九年六月陽虎兵敗奔齊以後，到定公十年夏夾谷之會甫滿一年，由於嫻於禮樂，臨時使其列

會。（孔子年譜）

不過輔佐國君參與國際活動任務重要，不但需要禮儀嫻熟，而且應有一定的地位與聲望，所以通常由卿擔任。例如魯昭公七年訪問楚國，由孟釐子相。孟釐子因為在鄭國和楚國禮儀失當，引以為恥，返魯之後重視習禮；並且在昭公二十四年（西元前五一八年）去世前留下遺命，讓他的兩個兒子孟懿子和南宮敬叔從孔子學禮。定公夾谷之會不由朝中大臣輔佐，而徵調中都宰為相，似乎是不太可能之事。

錢穆認為孔子這時已為司寇。他在《孔子傳，孔子年表》魯定公十年孔子年五十二歲項下寫道：「由中都宰為司空，又為大司寇。相定公與齊會夾谷。」錢先生在本書中引用了《史記．孔子世家》的一段文字：

> 定公九年，陽虎奔於齊。其後，定公用孔子為中都宰。一年，由中都宰為司空，由司空為大司寇。（《孔子傳》，頁三十七）

然而司馬遷的原文是：

其後定公以孔子為中都宰，一年，四方皆則之。由中都宰為司空，由司空為大司寇。

司馬遷說的是，孔子做中都宰，一年，四方都學他的樣子。並沒說什麼時候由中都宰為司空，什麼時候由司空為司寇。錢先生省掉「四方皆則之」五個字，變成「一年，由中都宰為司空，由司空為大司寇。」

合理的推測，孔子在定公八年（西元前五〇二年）陽虎政變失敗退守陽關之後，可能是定公八年末或九年初，即受命出任中都宰，沒有理由認為一定等到六月陽虎奔齊以後。這時到夾谷之會已經有一年半時間，他可能已從中都宰升任司空。不過另有一種可能，就是定公十年三月魯國與齊國達成和解，準備參加夾谷之會，知道孔子是禮儀方面的專家，特別把他從地方調入中央，給他一個司空的頭銜，讓他有適當的地位在這次會盟中為相。這種可能性可能更大，因為司空是負責建設之官，我們未見孔子在交通、水利、土木建設方面有什麼貢獻就又轉為司寇，在司寇位置上，展現他的理想與施政的能力。

夾谷就是祝其。魯定公十年（西元前五〇〇年）「夏，公會齊侯於祝其，實夾谷。」（《左傳．定公十年》）周初封黃帝之後於祝其，屬魯萊柞邑，位於曲阜的東北，齊都臨淄的西南，在今山東省萊蕪市。萊蕪境內多山，漢置縣時尚多荒蕪，所以稱萊蕪。汶水源出萊蕪，西南流，接受自泰山南來的水源，南經陽關折向西方，穿越叔孫氏的封邑郈和孟孫氏的封邑郕之間，經過中都的北方南流，注入大野澤。大野澤之西為鄆，中都在今山東省汶上縣。魯釐公元年（西元前六五九年），賜季友汶陽之田及費，汶陽之田就是汶水以北的土地。魯昭公二十五年（西元前五一七年）奔齊，這年十二月齊景公取鄆以居昭公；魯定公七年（西元前五〇三年）二月，又歸還鄆及陽關，陽虎居以為政。定公八年冬，陽虎劫持季桓子兵變失敗，據讙及陽關以叛；讙在汶水以北，陽關在汶水之東。昭公和定公時期，魯國一切重要歷史事件和魯齊之間的爭戰，主要發生在汶水的兩岸。

魯國和齊國為近鄰，魯國的北境和西境與齊國接壤，所以齊國不是

夾谷之會與汶水兩岸重鎮

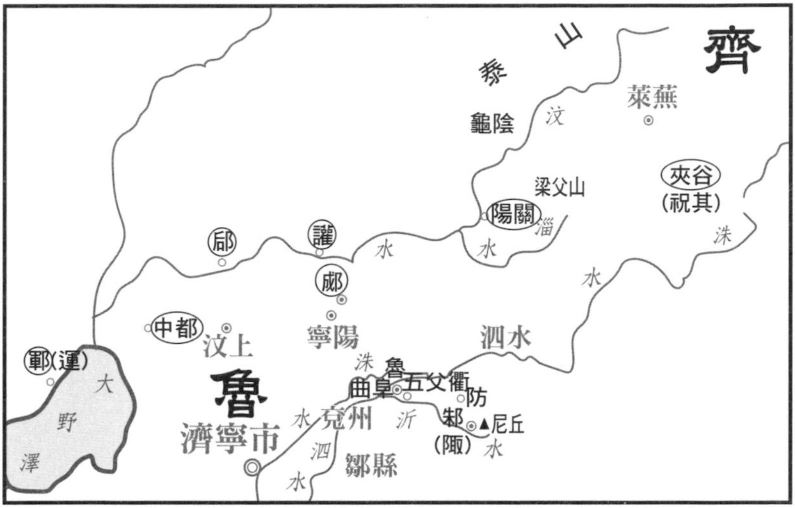

編註：地圖上之深色字為古地名；淺色字為今地名。

從北方就是從西方侵略魯國。在對外關係方面，魯國是晉國的盟友，齊國則是晉國的競爭者和敵對者，朋友的敵人就是敵人，因此魯國和齊國之間常常兵戎相見。魯定公六年（西元前五〇四年），魯為晉國伐鄭、侵衛。七年，齊國夏帥師伐魯，無功而返。八年（西元前五〇二年）正月，定公侵齊陽州；二月，再侵齊廩丘。這年夏，齊國夏、高張伐魯，晉國出動范鞅、趙鞅與荀寅來救。九年（西元前五〇一年）六月，魯伐陽虎於陽關，陽虎出逃至齊，齊因此得到陽虎所踞汶水之陽的魯國土地。十年（西元前五〇〇年）三月，兩國終於達成和平協議，於是而有那年夏天的夾谷之會。這年是齊景公四十八年（西元前五〇〇年）。

夾谷之會在歷史文獻中有好幾個版本，寫得最熱鬧也是最通俗的版本是司馬遷的《史記．孔子世家》。以下根據〈孔子世家〉的這一部分，用白話文加以闡述。齊景公聽從大夫犂鉏的意見，設計在會中以萊夷之人表演娛樂節目，乘機劫持定公。魯定公則接受孔子的意見，「有文事者必有武備，有武事者必有文備。」配置一定數量的兵力隨行。盟會的壇位，有土階三層，魯定公與齊景公揖讓而登。獻酬之禮完畢，齊令萊人為樂。「於是旍旄羽祓，矛戈劍撥，鼓噪而至。」就是說，萊人手裡舞著五顏六色的旍旗和舞具，拿著各種長短武器和盾牌，鼓噪而上，意欲劫持定公。這時候，孔子不慌不忙，歷階而登，止於第二層舉起長袖說，齊魯二君舉行友好之會，為什麼出現夷狄之樂？請負責官員作適當處置。負責官員命萊人退下，但萊人可能是接受更高層的命令，拒不退下。孔子向左向右看著齊相晏嬰和景公，景公心生漸愧，揮手讓萊人退下。過了一會，齊方又命「優倡侏儒為戲而前」。孔子再次登上土壇第二層，指責匹夫而戲耍諸侯，其罪當誅。於是負責的官員執法，身首異處。齊景公回國後，對臣子們說，魯國以君子之道輔佐其國君，而各位以夷狄之道指教我，讓我在魯君面前失禮。乃歸還以前所侵魯國鄆、汶陽和龜陰三地之田。（孫震：《人生的探索與選擇》，〈再訪聊城〉）

司馬遷這段描述很有戲劇性，主要根據《穀梁》。其中有關萊人和優倡的部分，可能是渲染之詞。齊景公也不可能因為覺得失禮，就歸還所侵魯三地，向魯國表示歉意。《左傳》的報導比較平實，原文如下：

> 夏，公會齊侯于祝其，實夾谷，孔丘相。犁彌言於齊侯曰：「孔丘知禮而無勇，若使萊人以兵劫魯侯，必得志焉。」齊侯從之。孔丘以公退，曰：「士兵之！兩君合好，而裔夷之俘以兵亂之，非齊君所

以命諸侯也。裔不謀夏，夷不亂華，俘不干盟，兵不偪好。於神為不祥，於德為愆義，於人為失禮，君必不然。」齊侯聞之，遽辟之。將盟，齊人加於載書曰：「齊師出竟，而不以甲車三百乘從我者，有如此盟。」孔丘使茲無還揖對曰：「而不反我汶陽之田，吾以共命者，亦如之。」……齊人來歸鄆讙龜陰之田。（《左傳》，十年，夏，公會齊侯於夾谷，公至自夾谷）

《左傳》的這段文字有三個要點：第一，定公有備而來，所謂「有文事者必有武備」。所以當定公來到會場，齊方安排的萊人蜂擁而上時，孔子立刻陪定公後退，命魯方的士兵加以戒備。第二，孔子接著對齊景公以禮相責。齊魯兩國的國君友好會面，被俘擄的夷人，帶著武器，擾亂會場，不是景公作為諸侯領袖應有的做法。裔是夷狄之人的別稱，裔人就是夷人。周武王初封諸侯時，山東半島尚是夷人的天下。夷人在山東稱萊夷，在江蘇稱淮夷。齊國安排的這批萊人，可能是齊國向東方開拓疆土時所獲的戰俘。兩君作友好之會，神前發誓，訂定和平盟約，不能容許夷狄之人出來擾亂，更不能讓俘擄之人干擾會場，以武力威脅和平。這樣對神是不祥，對事是背義，對人是失禮。這樣合情合理的指責，景公當然會感到不好意思，立刻命萊人退下。第三，齊人臨時要求在盟約上加上一條：齊國出兵到國外時，魯國應以兵車三百乘隨行。周制，兵車一乘有甲士三人，步卒七十二人，合為七十五人。孔子要求加上齊國歸還侵占魯國汶水之陽的土地，包括鄆、讙和龜陰，作為對等的條款。所以齊國會後歸還魯國汶陽之田，不是因為齊景公良心發現，而是夾谷之會的對等條款。

單以兩國的實力而言，齊國地廣人眾，有魚鹽、工商之利，民性強悍，魯國相對文弱，難以與齊國為敵。但是齊國要和晉、楚爭霸，當然希望有一個友好的鄰國以安定後方。魯國雖然有晉國之援，但是遠水救不了近渴，不如有一個和平的強鄰。所以在夾谷之會各取所需。

墮三都，功敗垂成

夾谷之會後，魯國和齊國成為盟友，過去和晉國的友好關係很難繼續維持。不久，叔孫氏封邑郈的馬正侯犯據郈叛魯，叔孫武叔（州仇）與孟懿子（仲孫何忌）帥師圍郈，無法攻克。這年秋天，武叔和懿子聯合齊國的軍隊再度圍郈，侯犯棄城逃亡至齊，齊將郈歸還魯國。郈位於孟孫氏封邑郕的西北方，在汶水北岸，與齊國接壤。

定公十年（西元前五〇〇年）冬，叔孫武叔訪問齊國。齊景公設宴款待，很親切的對武叔說：如果郈在魯國的其他地方，我怎麼會得到消息呢？因為恰好在齊國邊界，所以才有機會為你分憂。武叔的回答也很客氣：此事原來不在敝國國君期待之中，然而魯以國土社稷追隨君上，因此才敢勞煩貴方。叛國之臣，為天下所惡。君上就是因此賜助敝國國君吧！

定公十一年（西元前四九九年）冬，魯國與鄭國達成友好盟約。魯自釐公與晉友好，至此背晉與齊、鄭結為友邦。（《左傳・定公十一年》）

這年，孔子由司空轉任司寇，任務猶如今天的司法部部長，但地位屬於當時的卿或上大夫階層。他任中都宰的政績，和在夾谷之會的表現，使他的形象從民間的教育家、思想家和學術界宗師，轉變為兼具實務能力的政治家，因此贏得定公和三桓的信任。季桓子並任命子路為季氏宰，接替過去陽虎的位置。

當時魯君和三桓都逾越名分，而季孫氏尤甚。魯昭公二十五年（西元前五一七年），欲弒季平子，問子家懿伯說：「季氏為無道，僭於公室久矣，吾欲弒之何如？」子家子說：「諸侯僭於天子，大夫僭於諸侯久矣！」昭公說：「吾何僭矣哉？」子家曰：「設兩觀，乘大路，朱干玉戚，以舞〈大夏〉，八佾以舞〈大武〉，此皆天子之禮也。」昭公不知自己僭越天子之禮，子家告訴他，府中設兩座觀台，出門乘大車，用朱色的盾牌和玉製的大斧以舞〈大夏〉，用八佾以舞〈大武〉，都是天子之禮。

而三桓侵蝕君權擅魯國之政，從季文子、武子、平子至桓子已有四世。魯國舊制有上、下二軍，皆屬於公室。國家有軍事行動時，由三卿輪流帥師征伐。行動結束後，將歸於朝，兵還於民，兵車、裝備藏之於公家府庫。襄公十一年（西元前五六二年），季武子作中軍，三桓各有一軍，三分公室之民。昭公五年（西元前五三七年），季平子廢中軍，四分公室之民，季氏取其二，叔孫氏、孟孫氏各有其一。自定公五年陽虎囚季桓子，專季氏之政，正如季氏專魯國之政。三桓尾大不掉，其中一個原因，是因為他們的封邑強固，各自擁有自己的武力。陽虎由於據費，得以劫持季氏，季桓子應有強烈的感受。定公十一年（西元前四九九年）侯犯據郈叛魯，叔孫武叔的感受應該一樣。現實的教訓，為孔子墮三都的主張提供了合理的支持，魯定公當然更樂於接受。

魯定公十二年（西元前四九八年），孔子五十四歲，向定公建議：「家不藏甲，邑無百雉之城。」請墮三都。周制，大夫之家不應私藏軍械武器，地方不應有超過百雉的城牆。城高一丈，長三丈為一雉。百雉就是城牆每面長三百丈，大約為現在的六九三公尺。墮是毀的意思。季孫氏的封邑費，位於曲阜的東南方，在今山東省費縣；孟孫氏的封邑郕，位於曲阜的北方，在今山東寧陽縣；叔孫氏的封邑郈，位於郕的西北方，在今山東東平縣。

這年夏天，叔孫州仇率先帥師墮郈。繼而季孫斯（桓子）與仲孫何忌（孟懿子）帥師墮費。費宰公山不狃與叔孫輒，他們當年都是陽虎的黨羽，與陽虎一起圖謀推翻三桓，取而代之，如今作困獸之鬥，率費軍攻入曲阜。魯定公與季桓子、叔孫武叔、孟懿子進入季氏府中。孔子使申句須、樂頎迎戰，大敗公山不狃與叔孫輒之師於姑蔑，公山不狃與叔孫輒逃到齊國，於是墮費。姑蔑在曲阜東方。

下一個目標是郕，郕宰公斂處父對孟懿子說：郕是魯國北方防禦重鎮，如果沒有郕，齊國的軍隊就直接打到魯國北門了。而且郕是孟孫氏的保障，沒有郕就沒有孟孫家族，我不接受墮郕，請您裝作不知。十二月，定公圍攻不克，乃止。墮三都至此功敗垂成。

公斂處父是孟孫氏屬下的能臣。他在魯昭公二十五年（西元前四九八年）伐季平子時，定公八年陽虎兵變欲殺季桓子時，以及這次墮三都，都扮演關鍵性的角色。他反對墮郈，主要雖然出於自保的考慮，但也不是沒有國家安全的理由。不過根本問題是軍權屬於魯公，不應旁落到大夫、陪臣之手。

制度有時代的背景。春秋時期，隨著技術進步，生產力提高，工商業萌芽，社會結構改變，人口與財富向城市集中，城市的功能從行政中心、軍事中心向經濟與文化中心的方向移動，理想城市的規模擴大。戰國時期趙奢曰：「西周到春秋時，城雖大，無過三百丈者，人雖眾，無過三千家者。今千丈之城，萬家之邑相望也。」（《戰國策．楚策》）讓我們看一個戰國時期齊都臨淄的例子。蘇秦說齊宣王曰：

> 臨淄之中七萬戶，臣竊度之，不下戶三男子。三七二十一萬，不待發於遠縣，而臨淄之卒，固已二十一萬矣。臨淄甚富且實，其民無不吹竽、鼓瑟、彈琴、擊筑，鬥雞、走狗、六博，蹋鞠者。臨淄之途，車轂擊，人肩摩，連衽成帷，舉袂成幕，揮汗成雨。家殷人足，

志高氣揚。(《史記・蘇秦列傳》)

當時臨淄的面積約有二十公里，人口約有三十五萬人。公山不狃兵敗奔齊，費的城牆拆毀。季桓子欲使閔子騫為費宰，閔子騫辭謝。

季氏使閔子騫為費宰。閔子騫曰：「善為我辭焉。如有復我者，則吾必在汶上矣。」(《論語・雍也・七》)

季桓子可能請子路和閔子騫商量，閔子騫少孔子十五歲，以孝聞名於世，在孔門德行科排名在顏回之後。

子路使子羔為費宰。子曰：「賊夫人之子！」子路曰：「有民人焉，有社稷焉，何必讀書，然後為學？」子曰：「是故惡夫佞者。」(《論語・先進・二十四》)

子羔是高柴之字，少孔子三十歲，當時只有二十四歲，孔子曾經說：「柴也愚。」可能認為他尚應多讀書，不宜出仕。子路有不同的看法，和老師爭論。所以孔子生氣說，這就是為什麼我們討厭巧言好辯的人。多年之後，子路和子羔同在衛國為官，遭逢蒯聵之亂，子羔避難出城，子路進城赴難，竟死於衛亂之中。

孔子為魯司寇大致從定公十一年（西元前四九九年）到十三年（西元前四九七年）初，他使原憲為宰。

> 原思為之宰，與之粟九百。辭，不受。子曰：「毋，以與爾鄰里鄉黨乎？」（《論語．雍也．三》）

原憲字子思，少孔子二十六歲。

> 子曰：「聽訟，吾猶人也，必也，使無訟乎？」（《論語．顏淵．十三》）

他做司法最高首長的理想是「刑期無刑」。

　　子曰：「道之以政，齊之以刑，民免而無恥；道之以德，齊之以禮，有恥且格。」（《論語．為政．三》）

他希望通過禮樂教化，提高每個人的道德水準，那時候就可以無訟了。他也希望社會上有地位的人端正自己的品德，以身作則，為百姓作表率。他說：

　　政者正也。子帥以正，孰敢不正？（《論語．顏淵．十七》）

又說：

　　君子之德風，小人之德草，草上之風必偃。（《論語．顏淵．十九》）

在這裡，君子是指在上位的人，小人是指一般百姓。

四、孔子去魯

根據〈孔子世家〉，孔子於魯定公十二年（西元前四九八年）十二月墮三都政策以失敗告終後，職務上更上一層樓，「由大司寇行攝相事。」時間應為定公十二年，司馬遷誤為十四年（西元前四九六年）。

於是誅魯大夫亂政者少正卯。與聞國政三月，粥羔豚者不飾賈，男女行者別於塗；塗不拾遺，四方之客至乎邑者，不求有司，皆予之以歸。

齊人聞而懼，曰：「孔子為政必霸，霸則吾地近焉，我之為先并矣。盍致地焉？」黎鉏曰：「請先嘗沮之，沮之而不可則致地，庸遲乎？」於是選齊國中女子好者八十人，皆衣文衣而舞康樂，文馬三十駟，遺魯君。陳女樂文馬於魯城南高門外。季桓子微服往觀再三，將受，為語魯君為周道游，往觀終日怠於政事。

〈世家〉這段記載有很多可以討論之處。第一，「孔子以大司寇行攝相事。」「攝相事」就是代理首相或首輔的職務。墮三都是孔子的重大政策主張，政策失敗而職位上升，於情於理都不大可能。孔子究竟有沒有代理過魯相之職，由於《春秋》三傳都無記載，自古以來為學者所懷疑。如果孔子確曾代理魯相，可能的時間應為定公十二年。因為墮三都並非司寇的職權，孔子不可能越俎代庖去做自己本分以外的事。

子曰：「不在其位，不謀其政。」（《論語・泰伯・十四》）

孔子說，不在那個位置上，不去謀畫那個位置上的工作。

子曰：「不在其位，不謀其政。」曾子曰：「君子思不出其位。」（《論語・憲問・二十七、二十八》）

《論語》中孔子再次說到：「不在其位，不謀其政。」曾子引用《易經》艮卦的象辭加以說明，君子只宜謀畫自己職務範圍以內的工作。

孔子只有代理了相職，才會去謀畫魯國全面的政務。此外還有兩個旁證：一個是公山不狃和叔孫輒率領費人進攻季府時，孔子「命申句須和樂頎下伐之。」當時定公、季桓子、叔孫武叔和孟懿子都在場，孔子如無特別的身分，怎麼會由他發號施令呢？另外一個是：

> 子華使於齊，冉子為其母請粟，子曰：「與之釜。」請益。曰：「與之庾。」冉子與之粟五秉。子曰：「赤之適齊也，乘肥馬，衣輕裘。吾聞之也，君子周急不繼富。」（《論語・雍也・三》）

子華就是孔子弟子公西赤，少孔子三十二歲。定公十二年（西元前四九八年），孔子五十四歲，子華應為二十二歲，奉派出使齊國。他「乘肥馬，衣輕裘。」顯示他出使的時間在冬天，最可能的時間是定公十二年（西元前四九八年）冬；又顯示他出身富裕的家庭。孔子如果不是代理相職，以他司寇的身分，怎麼會管到外交人員出使外國的事呢？

第二，孔子誅少正卯。少正是由官職轉為複姓的姓氏，少正卯為魯大夫，不過當時魯國有沒有一位少正卯大夫我們不是很清楚。司馬遷孔子誅少正卯之說採自《荀子》。

孔子為魯攝相，朝七日而誅少正卯。門人進問曰：「夫少正卯魯之聞人也，夫子為政而始誅之，得無失乎？」孔子曰：「居，吾語女其故。人有惡者五，而盜竊不與焉：一曰，心達而險；二曰，行辟而堅；三曰，言偽而辯；四曰，記醜而博；五曰，順非而澤。此五者有一於人，則不得免於君子之誅，而少正卯兼有之。故居處足以聚徒成群，言談足飾邪營眾，強足以反是獨立，此小人之桀雄也，不可不誅也。」（《荀子．宥坐》）

荀子所列少正卯的五項罪名，翻譯成白話可能會稍有失真。心達而險是說，心智通達而居心險惡；心裡藏著陰險的壞主意，偏偏又腦筋很好。行辟而堅是說，行為偏邪，不走正道，而又頑固堅持，不知悔改。言偽而辯是說，明明說的是假話，然而巧言善辯，黑的說成白的。記醜而博是說，好記別人的醜事，看不到好的一面，而又博聞強記。順非而澤是說，縱容邪惡，不辨是非，不分賢愚，人格圓滑，沒有原則。這五種罪惡有其中之一就該殺，而少正卯兼而有之。

這五種偏差的性格的確可怕，值得我們警惕，但是並不構成罪行，談不到以法律制裁。魯國縱然真有一個少正卯，孔子也不可能把他處以死刑。孔子主張行仁政。季康子問政，孔子說：「政者正也。子帥以正，孰敢不正？」又說：「子為政焉用殺？子欲善而民善矣！」（《論語・顏淵・十九》）何況孔子當時縱然是司寇兼攝相事，也無權處死朝中大夫。

孔子是司馬遷所崇拜的典型，他筆下的孔子多多少少寄托了他自己的一些理想，他在〈孔子世家〉的結語中引《詩》「高山仰止，景行行止。」又說：

天下君王至於賢人眾矣，當時則榮，沒則已焉。孔子布衣，傳十餘世，學者宗之。自天子王侯，中國言六藝者折中於夫子，可謂至聖矣！

不過在誅少正卯一事上，他把孔子寫錯了。

第三，「齊人聞而懼。」齊為春秋時期東方的大國，為了和西方的晉國對抗，免除後顧之憂，所以有夾谷之會，歸還以前侵占魯國汶水以北的土地；但沒有理由懼怕魯國。如果魯國真的因為重用孔子至於強大，以孔子的政治理念，不可能去侵略任何國家。如果魯國是一個侵略者，則不可能因為送還它土地就停止侵略。此外，齊國送魯君女樂和文馬，應該先由兩國的涉外人員安排妥當，直接呈送到魯君面前。怎麼可能陳列於魯城門外幾天，由季桓子安排魯定公偷偷去看呢？

不過魯國真的收到了齊國的女樂。

齊人歸女樂，季桓子受之，三日不朝，孔子行。（《論語・微

子·四》）

〈世家〉的這一段應就是根據《論語》的這一章想像出來的故事。並且想到專走「旁門左道」，在夾谷之會為齊君出主意，讓齊景公在魯定公面前失禮的犂鉏，由他來完成這個故事。〈世家〉的犂鉏就是《左傳》的犂彌。

看到這種情形，孔子在魯國已經不可能有施展抱負、實現理想的機會，於是子路勸行。

> 子路曰：「夫子可以行矣。」孔子曰：「魯今且郊，如致膰乎大夫，則吾猶可以止。」桓子卒受齊女樂，三日不聽政；郊又不致膰俎於大夫，孔子遂行。

這正是孔子「以道事君，不可則止。」（《論語·先進·二十三》）應該做出的決定。

孔子離開魯國後，第一個想去的國家應該是哪一個呢？衛國雖然是殷商舊地，而孔子是殷人之後，但他和衛國並無淵源。齊國則是他的舊遊之地，而且齊景公和他是舊識，並且對他有很好的印象。《論語．微子篇》「齊人歸女樂」上面一章，給我們很大想像的空間：

> 齊景公待孔子曰：「若季氏則吾不能，以季、孟之間待之。」曰：「吾老矣，不能用也。」（《論語．微子．三》）

前面一句是齊景公和身邊的大臣商量如何對待孔子：如果給他像季氏在魯國的待遇，我做不到，我可以給他季氏和孟孫之間的待遇。後面一句是景公對孔子說的話，抱歉，我老了，不能用你了。

司馬遷在〈孔子世家〉將〈微子〉中的這一章，和〈顏淵〉「齊景公問政於孔子」一章連在一起，安排在魯昭公二十五年（西元前五一七年）孔子適齊，和景公見面的場景。不過孔子這年只有三十五歲，尚不到不惑之年，齊景公不可能以季孟之間的地位和俸祿對待他。而這年是齊景公三十一年，景公少年即位，當時正值盛年，可能尚不到五十歲，意氣風發，正與晉國爭霸，也不能自稱為老。我們如果將時間延後二十年，到魯定公十三年（西元前四九七年），則孔子五十五歲，方做完魯國的司寇兼攝相事，完全夠資格接受齊國給他季孟之間的地位；而這年是齊景公五十一年，將近七十歲，也到達自稱吾老矣的年齡。如果孔子於魯定公十三年（西元前四九七年）春離開魯國，先去了齊國，這一切就完全相符了。

此外，〈世家〉較前面的部分說到，「孔子由是為司空，已而去魯，斥乎齊，逐乎宋、衛，困於陳、蔡之閒，於是反魯。」去魯之後第一個際遇就是「斥乎齊」，但如何斥於齊，下文無一字提及。如果孔子去魯後第一站到了齊國，齊景公對他說：「吾老矣，不能用也。」太史公的文章就可以完整無瑕了。可惜這一切都史無記載。

主要參考文獻

・韓兆琦注譯，《新譯史記》，台北市，三民書局，二〇〇八年，《世家》。
・《景印古本五經讀本》，台北市，台灣啟明書局，一九五二年，《春秋三傳》。
・許同萊編，《孔子年譜》，台北市，中華文化出版事業委員會，一九九五年。
・錢穆，《孔子傳》，台北市，東大圖書股份有限公司，二〇一九年（初版一九八七年）。

第五章——周遊列國的際遇

一、孔子適衛

孔子辭司寇後，他可以留在魯國，繼續過去作育英才的教育事業。不過孔子一生追求的目標是培養完美的人格，然後以自己的道德和學問，促進社會全體人民的幸福。成就個人完美的人格，增進社會全民的幸福，就是孔子一生念茲在茲，鍥而不捨所追求的道。

魯定公十三年（西元前四九七年），孔子五十五歲，他選擇離開魯國，周遊列國，尋找實現理想的機會。如果我們根據司馬遷〈孔子世家〉，排除孔子訪齊的可能性，則他第一個訪問的國家就是衛國。周武王克商而有天下，封紂王之子武庚祿父於紂王舊都朝歌，以續殷祀。朝歌位於淇水與黃河之間，在今河南省淇縣。黃河古道從現在鄭州市的北方折向北流，在朝歌以東分為兩個支流，一個支流經過山東省高唐和德州，從河北省滄州入渤海，另外一個支流經過河北從天津入渤海。成王即位時年幼，武庚祿父乘機勾結管叔、蔡叔造反。周公奉成王之命加以平定，封武王同母弟康叔為衛君，都河、淇間故商墟，就是朝歌，亦稱沬。不過到了衛靈公（西元前五三四～四九三年在位）時代，衛都已經三遷，先從河西的朝歌遷至河東的曹，再從曹遷至楚丘，然後遷至帝丘。帝丘在今河南省濮陽，和曲阜在同一緯度。

孔子周遊列國有不少弟子隨行，我們確知的有子路、冉有、顏回和子貢。他們都是孔子最親近的弟子。《論語》全書出現的歷史人物共一四〇人，孔子弟子出現共二十七人，子路在《論語》中出現四十七次，冉有和顏回各出現十七次，子貢出現四十四次。可能因為子貢是衛人，錢穆以為他在孔子到衛國後始師從孔子。錢穆並引《論語．子罕．十二》：

> 子貢曰：「有美玉於斯，韞匵而藏諸？求善賈而沽諸？」子曰：「沽之哉！沽之哉！我待賈者也。」

藉以證明孔子初到衛國時無意於仕途。

衛都三遷從朝歌到帝丘

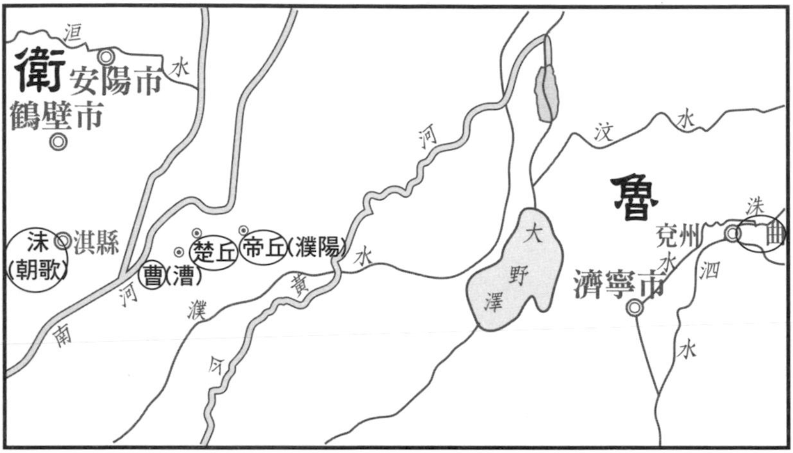

編註：1.地圖上之深色字為古地名；淺色字為今地名。
　　2.黃河自今潼關以下由西向東流的一段為南河。

子貢少孔子三十一歲。事實上他在孔子居魯時，就是孔子身邊活躍的弟子，每天跟在老師身邊問東問西，所以他和子路在《論語》中出現的次數最多。上引〈子罕〉的這一章，應是孔子出任中都宰之前，師徒之間的對話。我們如稍加臆測，孔子任司空相定公參加夾谷之會，與任司寇攝相事，子貢應都隨侍在側，跟著老師學習，為老師服務，所以才會發生以下的情節：

子貢欲去告朔之餼羊。子曰：「賜也！爾愛其羊，我愛其禮。」

（《論語・八佾・十七》）

此外，孔子不留在魯國教書而遠道來到衛國，就是為了尋找從政的機會，以實踐自己「修己以安百姓」的理想，怎麼會無意於仕途呢？

子貢應是二十歲以前即師從孔子。他年紀雖輕，但在魯國已累積了一定的聲譽。魯哀公三年（西元前四九二年），孔子六十歲，季桓子卒，子康子代立，邀請冉有返魯。子貢則在孔子周遊列國期間，多次返魯觀禮或參加魯國的涉外活動，其他時間大致都陪在孔子身邊。子路、顏回和子貢是對孔子最忠心，也是孔子最心愛的弟子。

孔子是商後裔。商的始祖契為舜時代的司徒，受封於商。這個商不是後來微子受封於宋所居的今河南商丘，而是在商丘北方今山東曹縣境內。商人的活動大致在山東西南部。到了夏太康失政，為東夷的領袖后羿所逐，羿又為自己的部下寒浞所殺，天下動蕩，秩序混亂，商人乘機擴張，越過泗水，到達泰山一帶，擁有後來魯國的土地。所以周武王克商而有天下，派出身邊最得力的文武兩位大臣，封太公望於營丘，以蕩平東夷，封周公旦於奄，就是曲阜，以安撫商民。所以齊文化以武功為勝，而有孫武和孫臏，魯文化以文治為勝，而有孔子和孟子。

商至盤庚自曲阜遷都於殷，在今河南北部安陽，故稱殷商。殷商最後的都城在朝歌，就是衛康叔初封之地。康叔封和周公旦都是武王的一母同胞。所以衛和魯是真正的兄弟之邦。魯定公六年（西元前五〇四年），魯軍伐鄭，回程自衛南門而入，東門而出。衛靈公怒，使彌子瑕追擊。公叔文子勸阻說：「太姒之子，唯周公、康叔為相睦也，而效小人以棄之，不亦誣乎？」太姒是周文王之妃，太姒的兒子，只有周公和康叔兩個人感情最好。現在為了氣忿，而學小人，不念舊誼，不是太冤枉了嗎？衛靈公乃止。

孔子來到衛國都城帝丘，他的第一個感覺就是人口眾多。

子適衛，冉有僕。子曰：「庶矣哉！」冉有曰：「既庶矣，又何加焉？」曰：「富之。」曰：「既富矣，又何加焉？」曰：「教之。」（《論語・子路・九》）

冉有少孔子二十九歲，他行事幹練，在孔門政事科排名第一，尚在他的學長子路之前。《論語》的記載中孔子曾兩次稱許他的才藝（〈雍也〉、〈憲問〉）。冉有僕是說冉有為孔子駕車。庶是人口眾多。城市人口多，反映鄉村農業生產力高，有較多的農業剩餘，可以支持非農業人口從事工商業和文化活動，提升社會的經濟水準和文化水準。所以冉有問人口多了以後應該如何？孔子說「富之」，用現代的話說就是發展經濟，增加人民的所得與財富。冉有再問，所得與財富增加、人民富有了以後應該如何？孔子說「教之」，就是發展教育，提升人民的道德水準和知識水準。

儒家對財富的態度應分不同對象而言，對一般人民而言，財富當然很重要。司馬遷《史記・貨殖列傳》開頭就說：

> 夫神農以前，吾不知已。至若詩書所述，虞夏以來，耳目欲極聲色之好，口欲窮芻豢之味，身安逸樂，而心誇矜勢能之榮，使俗之漸民久矣，雖戶說以眇論，終不能化。故善者因之，其次利道之，其次教誨之，其次整齊之，最下者與之爭。

人的天性追求聲色之樂，口腹之欲，好逸惡勞，誇矜權勢與榮耀。司馬遷將其說成長久以來的習俗，無論用什麼巧妙的理論勸說，都不能改變。西哲亞當．史密斯將人對財富和地位的追求視為一種美德，他稱之為「審慎的美德」（the virtue of prudence）。因為人需要一點物質財富才能生存發展，人在社會上需要受肯定、被看重才覺得有意義，如果自己不追求而等人提供能算美德嗎？從社會的觀點看，人民如果缺少生存所需的所得與財富，社會的秩序和安定就不容易維持。孟子說：「無恆產而有恆心者，惟士為能。若民則無恆產，因無恆心，苟無恆心，放辟邪侈，無不為已。」（《孟子．梁惠王上．七》）因此，「富民」在任何時代都是政府施政的優先項目。

對於獻身世用，「修己以安百姓」的士、君子而言，他們追求的是社會全體的利益，而不是自己的利益。

子曰：「君子謀道不謀食。耕也，餒在其中矣；學也，祿在其中矣。君子憂道不憂貧。」（《論語・衛靈公・三十一》）

君子謀求理想的實現，不謀求解決自己的生活問題；君子擔心的是理想不能實現，不擔心自己貧窮。在孔子的信念中，人只要有一定的學養，正道而行，以正當的人生態度，追求正當的社會目的，社會就會給予適當的地位和報酬，所以不需要「謀食」，也不需要「憂貧」。不過孔子所想的是一個具有健全誘因制度的理想社會，孔子一生的努力就是重建社會的誘因制度，這個制度在他的時代就是禮。

對政府或當政者而言，政府的任務是增進人民的財富，不是聚斂自己的財富；聚斂自己的財富以致剝奪人民的財富，必然引起人民反感，最後導致政權傾覆。《大學》說：

> 長國家而務財用者，必自小人矣；彼為善之。小人之使為國家，菑害並至，雖有善者，亦無如之何矣。此謂國不以利為利，以義為利也。

小人最會為主子搜刮聚斂。小人當權，災害就來了，這時候縱然有能幹的人出來，也無法挽救。所以國家的政策不可以政府的利益為利，要以人民的利益為利，做對人民有利的事就是「義」。

至於教育的目的，是使人民知禮，各自扮演好自己的社會角色，達成社會的和諧與安定，其中沒有工具性的意義。

> 子曰：「古之學者為己，今之學者為人。」（《論語．憲問．二十五》）

古時候的人為自己而學習，現在的人為別人而學習。為自己學習是增進自己的品德，提升人之所以為人的素質。美德本身就是人生的終極目的或固有價值，人生由此得到幸福，所以是為己。把美德當作手段，博取別人的好感，以取得功名利祿，功名利祿才是真正追求的目的，就是為人。

孔子師徒大約在魯定公十三年三月到達衛都。這年是西元前四九七年，衛靈公三十八年。根據〈孔子世家〉：

衛靈公問孔子：「居魯得祿幾何？」對曰：「奉粟六萬。」衛人亦致祿六萬。居頃之，或譖之於衛靈公。靈公使公孫余假一出一入。孔子恐獲罪焉，居十月，去衛。

粟是糧食的統稱，我們不清楚六萬是多少，不過衛國比照孔子在魯國的待遇致贈俸祿。住了沒有多久，有人在衛靈公面前，說孔子的壞話。靈公就派公孫余假到孔子居住的地方擾亂。孔子擔心招惹是非，住了十個月就離開衛國。

不過錢穆在《孔子傳》中，認為孔子這次並未見到衛靈公。他引用子貢，認為孔子此時無意於仕途。他的證據雖然可疑，不過孔子這次居衛十月未見到衛靈公則可能是事實。因為這年春天，衛靈公和齊景公興師伐晉，兩國大夫都認為不可，唯有齊國的邴意茲認為可行。他的理由是：

銳師伐河內，傳必數日而後及絳。絳不三月不能出河，則我既濟水矣。

當時衛國西方黃河以西的土地，包括衛國的舊都朝歌在內都稱河內。齊、衛兩國的精銳部隊攻伐河內的消息，一定需要好幾天才能到達晉都絳，而晉國的軍隊沒有三個月時間不可能渡過黃河，到那個時候，我們已經渡河回來了。於是乃伐河內。

其次，衛靈公如果真的聽信譖言，只需學齊景公，說一句「吾老矣，不能用也。」就好了，何須使出下流手段，派人騷擾孔子呢？

再者，孔子過匡被匡人拘留，過宋被司馬桓魋追殺，都坦然面對，怎麼可能因為公孫余假騷擾就懼罪去衛呢？何況他的身邊尚有子路、冉有和子貢，他們都非等閒之輩，可以容忍閒雜人等在孔宅撒野嗎？

孔子這次雖然未能見到衛靈公，但卻有機會和衛國的一些元老級賢臣接觸，最重要的是公叔文子和蘧伯玉。公叔文子在《論語》中出現兩次。

子問公叔文子於公明賈曰：「信乎，夫子不言、不笑、不取乎？」公明賈對曰：「以告者過也。夫子時然後言，人不厭其言；樂然後笑，人不厭其笑；義然後取，人不厭其取。」子曰：「其然？豈其然乎？」（《論語．憲問．十四》）

公明賈是衛國的大夫。孔子向公明賈問起公叔文子，他老先生真的不言、不笑、不取嗎？公明賈說，告訴你這話的人說過頭了。老先生在該說話的時候說話，所以人不嫌他說話；快樂的時候笑，所以人不嫌他笑；正當的情況下取，所以人不嫌他取。孔子聽了說，是這樣的嗎？真是這樣的嗎？

公叔文子之臣大夫僎，與文子同升諸公。子聞之，曰：「可以為

文矣。」（《論語·憲問·十九》）

公叔文子的家臣僎，在公叔推薦下，和公叔同朝為大夫。孔子聽了說，光是這一點就可以稱「文」了。

公叔文子名拔，《左傳》作發。魯定公六年（西元前五〇四年）曾勸阻衛靈公不要追擊穿城而過的魯軍。他有次上朝邀請衛靈公到家中赴宴，退朝看到史鰌，就將要宴請靈公的事告訴史鰌。鰌說，你的禍事來了。你家富有而國君貪財，難道罪要降到你身上嗎？文子說對呀，這怪我沒有先告訴你。現在國君已經答應我了，我該怎麼辦呢？鰌說，無妨，你對君上尊敬，盡臣下之禮，可以免禍。富而謙恭，必能免於災難。對在上的人和在下的人都一樣。你的兒子戌驕，難道他要敗了嗎？富而不驕的人很少，我只有在你身上看到，驕而不敗的人從來沒有，戌必在其中了。（《左傳·定公十三年》）公叔文子去世後，靈公果然因其富有開始厭惡公叔戌。加以公叔戌企圖剪除夫人南子的黨羽，南子向靈公告狀，說公叔戌將要造反。定公十四年（西元前四九六年）春，公叔戌和他的同黨被逐出衛。

公叔文子逝世，他的兒子戌請衛君賜謚號，說日子不多，就要下葬了，請給他一個名諱。衛君說，從前衛國有饑荒，先生施粥給國中沒有飯吃的人，這不就是惠嗎？從前衛國有難，先生以生命保衛我的安全，不就是貞嗎？先生主持國政的時候，研究國際之間親疏利害遠近的關係，與鄰國交往，維持國家的尊嚴，不就是文嗎？所以先生可稱「惠貞文子」。（《禮記．檀弓下》）

蘧伯玉名瑗，和公叔文子是同一時代的賢大夫。他是自我檢討與反省的楷模，嘗說「年五十而知四十九非。」

蘧伯玉使人於孔子，孔子與之坐而問焉，曰：「夫子何為？」對曰：「夫子欲寡其過而未能也。」使者出，子曰：「使乎，使乎！」（《論語．憲問．二十六》）

蘧伯玉派人探望孔子，孔子陪坐，問他說，先生最近忙些什麼呢？來人說，先生想減少自己的過失還沒能做到。使者離開後，孔子讚歎說，真是好樣的使者呀！

孔子在衛，閑居擊磬自娛。磬是一種石材做成的樂器，掛在木架上，敲擊出聲。

子擊磬於衛。有荷蕢而過孔氏之門者，曰：「有心哉，擊磬乎！」既而曰：「鄙哉，硜硜乎，莫己知也，斯已而已矣！深則厲，淺則揭。」子曰：「果哉！末之難矣。」（《論語．憲問．四十二》）

孔子在衛擊磬，一位背著草簍子的人路過門前，聽到磬聲說，是有心人在擊磬嗎？聽了一會又說，沒見識，磬聲固執，不知道自己有多大本事。今天的社會已經完了，完了就是完了。為人應識時務，水深的地方就該穿著衣服過去，水淺的地方可以撩起衣服過去。孔子聽了說，果然如此，不過不關心也難呀！

子畏於匡

孔子在衛住了十個月，沒有機會施展抱負，決定到陳國另謀發展。魯定公十四年（西元前四九六年）春，孔子師徒離開衛都南下，路過匡邑。顏刻為孔子駕車，他以馬鞭指著一處說：「我以前就是從這個缺口入匡。」匡人聽了，以為孔子是陽虎。魯定公六年（西元前五〇四年）二月，定公侵鄭，取匡，陽虎曾經肆虐匡人。匡人於是拘留孔子師徒，孔子派人到衛都向寧武子救助，方才放行。寧武子是孔子素所敬重的衛國大夫。

> 子曰：「寧武子邦有道則知，邦無道則愚。其知可及也，其愚不可及也。」（《論語・公冶長・二十》）

寧武子在國家政治清明的時候就聰明，國家政治昏暗的時候就糊塗，他的聰明可以趕得上，他的糊塗則是趕不上的。

以上是〈孔子世家〉的說法，不過這時候寧武子已經去世多年。最可能的情況是孔子向蘧伯玉求助，蘧伯玉告訴衛靈公，靈公邀請孔子返衛。所以孔子才會中止他的陳國之行，自匡經蒲返回衛都。否則他為什麼不繼續南行呢？匡在帝丘的西南方，蒲在匡的東北方。

這時正值衛靈公將公叔文子的兒子公叔戍及其同黨逐出衛國。根據〈世家〉，孔子

過蒲，會公叔氏以蒲畔，蒲人止孔子。弟子有公良孺者，以私車五乘從孔子。其為人長賢，有勇力，謂曰：「吾昔從夫子遇難於匡，今又遇難於此，命也已。吾與夫子再罹難，寧鬥而死。」鬥甚疾。蒲人懼，謂孔子曰：「苟毋適衛，吾出子。」與之盟，出孔子東門。孔子遂適衛。子貢曰：「盟可負耶？」孔子曰：「要盟也，神不聽。」

孔子路過蒲，剛好逢到公叔家族以蒲為根據地叛變，阻止孔子師徒赴衛。孔子的弟子公良孺以自家的車子五輛隨行，奮力抵抗。蒲人懼怕，和孔子

談條件說，如果你們不到衛都我們就放行。孔子答應，和他們發誓，不過離開蒲後，逕赴衛都。子貢問道，盟約可以違背嗎？孔子說，在要脅之下達成的盟約，神不聽。

這段故事司馬遷寫得熱鬧，繪聲繪影，好像他恰在一旁。不過，第一，這段歷史發生在魯定公十四年（西元前四九六年），司馬遷寫在魯哀公二年（西元前四九三年），孔子居陳三年之後。第二，公叔戌為衛靈公所逐是事實，不過史書並無公叔氏以蒲叛的記載。《春秋》的經文寫著：「春，衛公叔戌來奔，趙陽出奔宋。」「夏，衛北宮結來奔。」「來奔」是逃奔至魯國。趙陽和北宮結是公叔戌的同黨。第三，蒲人有能力阻止孔子赴衛，為什麼公良孺一拚命又怕起來，找藉口放行呢？這樣單薄的兵力能「以蒲畔」嗎？第四，這樣驚險緊張的局面怎麼沒看到好勇逞強的子路出面？還有冉有和子貢，他們都在袖手旁觀嗎？《論語》有「子畏於匡」，但沒有關於蒲的記載。錢穆認為孔子過匡、過蒲「只是一事兩傳。」（《孔子傳》）

孔子這次返衛，住在蘧伯玉家，受到衛靈公禮遇，致粟六萬也應該是這一次的事。孔子這次不但見到衛靈公，而且靈公夫人南子邀請見面，〈孔子世家〉有如同身臨其境的描述：

夫人在絺帷中，孔子入門，北面稽首。夫人自帷中再拜，環珮玉聲璆然。

絺是一種細葛。南子夫人在薄薄的紗帳之中，孔子進門朝著北方磕頭，夫人在帳中回禮，她回禮的動作引起身上佩戴的各種玉飾叮叮噹噹發出清脆的聲音。由於南子私通宋朝，名聲不佳，孔子居然去見她，引起子路不滿。

子見南子，子路不悅。夫子矢之曰：「予所否者，天厭之！天厭之！」（《論語・雍也・二十六》）

夫子發誓說，我如有不當之處，讓老天爺懲罰我，讓老天爺懲罰我。

宋朝是宋國公子，仕於衛為大夫，是當時有名的美男子。他不但和衛靈公夫人南子私通，（《左傳．定公十四年》）並且私通靈公庶母襄公夫人宣姜。（《左傳．昭公二十年》）

子曰：「不有祝鮀之佞，而有宋朝之美，難乎免於今之世矣！」（《論語．雍也．十四》）

這是孔子感歎傷時的話。沒有祝鮀的口才和宋朝的美貌，在今天這個社會真是不容易呀！

衛靈公的太子蒯聵聽到風聲深以為恥，想除去南子，和戲陽速商量說，你跟我去見夫人，看到我回頭就刺殺她，戲陽速說好。於是朝見南子，蒯聵三次回頭，戲陽速都沒有動作。南子見他神色有異，哭著去見靈公說，蒯聵要殺我。蒯聵見事情敗露，逃到宋國，然後逃到晉國。（《左傳．定公十四年》）

有一次靈公與夫人同車，由宦者雍渠陪侍，讓孔子坐在第二輛車子上，招搖過市。孔子覺得尊嚴受到冒犯，於魯定公十五年（西元前四九五年），和弟子們離開衛國。沒有證據告訴我們，他們什麼時候啟程，估計當在春末夏初，如此則孔子居衛前後雖然跨越三個年頭，實際上只有兩年多。

這年春天，邾隱公到曲阜朝見魯定公，子貢返魯觀禮，有下面一段觀察：

邾子執玉高，其容仰；公受玉卑，其容俯。子貢曰：「以禮觀之，二君者皆有死亡焉。夫禮，生死存亡之體也。將左右周旋，進退俯仰，於是乎取之；朝、祀、喪、戎，於是乎觀之。今正月相朝而皆不度，心已亡矣。嘉事不體，何以能久？高仰，驕也；卑俯，替也。驕近亂，替近疾，君為主，其先亡乎？」（《左傳．定公十五年》）

周室東遷以後，諸侯皆稱公，楚則稱王，《春秋》據實稱他們實際的爵位，邾是子國，位於曲阜東南方，沂水之上。邾子拿玉的手舉高，他的面容上仰，定公接玉的手放低，面容下俯。從禮的觀點來看，兩位國君都有敗亡的徵兆。禮是生死存亡的表現。我們左右周旋，進退俯仰，以禮為標準，朝聘、祭祀、喪葬、征戰，以禮為觀察。如今正月的朝覲，都與禮不合，顯示他們的心已經失去。朝聘的美事不合於禮，怎麼能久遠呢？高仰表示驕，卑俯表示衰。驕近於亂，衰近於病。魯君為主人，難道會先去世嗎？

這年五月，魯定公逝世。孔子說：「賜不幸言而中，是使賜多言也。」子貢姓端木，名賜。

二、陳國去來

武王滅商後，尋求帝舜之後嬀滿，封於陳。陳是侯爵國，在今河南省淮陽，位於衛都帝丘的正南方。孔子去衛赴陳，從帝丘出發，沿著上次經過匡的路線南行即可。可是他這次選擇經過曹和宋。曹在帝丘的東南方，在今山東定陶；宋在曹的南方，在今河南商丘。也許因為曹是商的初封之地，而宋是孔氏遷魯以前的故土，他有一些故國之思吧？也許因為他想帶弟子遊歷中原列國。

曹是伯爵國，武王封弟叔振鐸於曹。孔子過曹至宋，與弟子習禮大樹下。宋司馬桓魋欲殺孔子，〈孔子世家〉和〈宋微子世家〉都有記載。〈宋微子世家〉的記載是宋景公二十五年、魯哀公三年（西元前四九二年），比〈世家〉晚了三年。不過孔子於魯定公十五年（西元前四九五年）去衛至陳，魯哀公二年（西元前四九三年）去陳至衛，復至陳；哀公三年（西元前四九二年）在陳，看不出這年有到宋國的可能性。

根據〈世家〉，弟子勸孔子速行。孔子說：「天生德於予，桓魋其如予何？」這句話出自《論語・述而・二十二》，老天爺賜給我這樣的品德與智慧，桓魋能把我怎麼樣？（辜鴻銘英譯）司馬是主管全國軍事之官；

桓魋即向魋，因為是宋桓公之後，所以也叫桓魋。孔子弟子司馬牛是向魋之弟。

司馬牛問君子。子曰：「君子不憂不懼。」曰：「不憂不懼，斯謂之君子乎？」子曰：「內省不疚，夫何憂何懼？」（《論語．顏淵．四》）

司馬牛問怎麼樣才是君子。孔子說，君子不憂不懼。再問，不憂不懼就是君子嗎？孔子說，自己反省一下，沒有愧疚之處，有什麼可以擔憂恐懼的呢？

司馬牛憂曰：「人皆有兄弟，我獨亡。」子夏曰：「商聞之矣，死生有命，富貴在天。君子敬而無失，與人恭而有禮。四海之內，皆兄弟也。君子何患乎無兄弟也！」（《論語．顏淵．五》）

司馬牛憂愁的說，別人都有兄弟，只有我沒有。子夏告訴他，我以前聽人說過，「死生皆由命定，富貴看天的意思。」君子做事慎重而無過失，對人恭敬而有禮貌，那麼天下之人都是兄弟。君子怎麼會擔心沒有兄弟呢？

其實司馬牛不是沒有兄弟，他的次兄向魋、長兄向巢、弟子頎、子車皆非善類（吳宏一：《論語新譯》）。用白話說「都不是好東西」，所以感到憂懼、不安和孤單。

孔子周遊列國，到處受到大臣排斥。司馬遷說：「孔子為魯司寇，諸侯害之，大夫壅之。」（《史記．太史公自序》）我們可以理解，各國大臣都不願看到道德、學問、本事都在自己之上的人空降到自己國家，何況孔子身邊還有一群賢能的弟子。不過桓魋和孔子並無恩怨，怎麼會想殺孔子呢？如果拿定主意要殺孔子，他手上掌握宋國兵馬大權，怎麼會讓孔子一行逃離宋國呢？又誰走露風聲，使孔子師徒得及早走避呢？唯一的可能就是司馬牛吧？

無論如何，孔子師徒在宋失散，在鄭重聚，終於到達陳國。鄭在宋的西方，陳在宋的西南方，從宋到陳比到鄭略近。歷史沒有留下足夠的資料，讓我們知道孔子為什麼捨近求遠，繞道而行。

根據〈孔子世家〉：

> 孔子居陳三年，會晉、楚爭彊，更伐陳，及吳侵陳，陳常被寇。……於是孔子去陳。

就是說，孔子在陳住了三年，剛好遇到晉、楚兩個大國爭霸，輪流征伐陳國，又逢吳國侵犯，陳國常受外敵攻打……，孔子於是離開陳國。

晉、楚兩國長年爭霸，陳國在兩個大國之間，左右為難，後來吳、楚互相攻伐，陳國也是夾在中間的受害國，這些都是事實。不過自魯定公十三年（西元前四九七年）孔子適衛以來，晉國內有叛亂，外有齊、衛侵擾，晉、楚之間相安無事。魯哀公元年春，陳湣公隨楚昭王圍蔡，陷城，迫使蔡都東遷。秋八月，吳侵陳，兵臨陳國，與楚軍對峙，戰亂發生，孔子去陳赴衛。所以孔子在陳國只住了一年多，可能於魯哀公元年冬又回到衛國。

衛靈公聽說孔子來了很高興，向孔子請教打仗布陣之事。可能因為他近年多次隨齊景公伐晉，感覺自己軍事方面的能力不足。孔子說，祭祀的事聽說過，帶兵打仗的事沒有學過。兩個人話不投機。因為衛靈公想知道的是如何加強軍事力量，可以打勝仗；孔子心裡想的則是治國安邦的長久根本之計。第二天，兩個人見面談話，靈公看到天上飛雁，抬頭觀望，心不在焉。孔子決定離開衛國。

離開之前，他想西行到晉國見趙簡子，尋求發展的機會。走到黃河邊上，聽說竇鳴犢、舜華被殺的消息。竇鳴犢和舜華是晉國的大夫。趙簡子在他們幫助下，得掌晉國政權，得到政權以後加以殺害。這樣的人不可相處，乃打消到晉國的念頭。

魯哀公二年（西元前四九三年）四月，衛靈公逝世。靈公逝世前，有一次遊於郊外，庶子子南為他駕車，靈公說，我沒有兒子，將來立你為君。子南不應。有一天，靈公又說，子南叫著自己的名字說，郢沒有那樣的能力可以承擔國家大任，還是請君上另想別人吧。衛有君夫人在堂上，卿、大夫在堂下，君命我繼立，恐怕只有受辱而已。靈公卒後，南子夫人說，靈公遺命由公子郢為太子。子南說，君上死在我的手上，君若有這樣的遺命，我一定會聽到，況且出亡之人的兒子就在我們身邊。於是蒯聵之子輒立，是為出公。

衛靈公去世的消息傳到晉國。六月，趙簡子派人護送衛太子蒯聵進入衛國戚邑；戚在帝丘北方，黃河東岸。蒯聵夜晚迷路，陽虎告訴他，向右方渡過黃河，沿河向南走，就會到達。陽虎讓蒯聵和隨從八人都穿上喪服，假稱迎接太子返國奔喪，進入戚邑。

孔子原想離衛返陳，現在有新的情況出現，他會留下來幫助出公嗎？

冉有曰：「夫子為衛君乎？」子貢曰：「諾，吾將問之。」入，曰：「伯夷、叔齊何人也？」曰：「古之賢人也。」曰：「怨乎？」曰：「求仁得仁，又何怨？」出，曰：「夫子不為也。」（《論語．述而．十四》）

冉有說，老師會留下來幫助衛君嗎？子貢說，好，我去問問看。子貢見孔子說，伯夷、叔齊是什麼人？孔子說，是古時候的賢人。子貢說，他們心中有怨嗎？孔子說，他們求的是仁，已經得到了仁，有什麼可怨呢？子貢出來說，老師不會留下來幫衛君的。

伯夷、叔齊是孤竹君的長子和第三個兒子。孤竹君想立叔齊為君。孤竹君死後，叔齊讓伯夷，伯夷不肯接受，兩個人一起逃走，國人遂立第二個兒子。兩人聽說西伯姬昌善於安養老人，遠從渤海之濱，靠近今天遼寧的孤竹，到今天陝西西南部西安市附近的豐京，投奔西伯。他們到達的時候，西伯已經去世，兒子武王姬發興兵伐紂。伯夷、叔齊攔住馬頭說，「父親死了不安葬就動刀兵，可以說孝嗎？臣誅君可以說仁嗎？」武王第一次興兵伐紂，會諸侯於孟津，距西伯去世已九年，第二次伐紂滅商更在兩年以後。

武王滅商後，伯夷、叔齊以作周民為恥，不食周粟，隱居首陽山，靠吃野菜維生，餓死於首陽山。死前做歌曰：

登彼西山兮，採其薇矣。以暴易暴兮，不知其非矣。神農、虞、夏忽焉沒兮，我安適歸矣？于嗟徂兮，命之衰矣！

神農、虞舜、夏禹的盛世一下子都過去了，我有什麼地方可去呢？嗚呼！我就要死了，是我的命運不濟！（《史說．伯夷列傳》）

孔子說：「不降其志，不辱其身，伯夷、叔齊與？」（《論語．微子．八》）道德、節操是人生追求的終極目的，絕對價值。人做對的事不是為了得到功名利祿的回報，所以求仁得仁，心中不應有怨。然而從社會的觀點看，好人做好事得不到好報，壞人做壞事得不到應受的懲罰，社會沒有公道，能向好的方向發展嗎？曾國藩說：

竊嘗以為，無兵不足深憂，無餉不足痛哭。獨舉目斯世，求一攘利不先，赴義恐後、忠憤耿耿者，不可亟得。或僅得之，而又屈居卑下，往往抑鬱不伸，以挫以去以死，而貪饕退縮者，果驤首而上騰，而富貴而名譽，而老健不死，此其可為浩嘆者也！（〈復彭麗生〉）

所以孔子的理想社會是一方面鼓勵好的品德，讓每個人扮演好自己的社會角色，一方面建立制度，獎善懲惡。這個社會獎懲制度，在孔子時代就是禮。縱然由於社會獎懲制度殘缺，或者說禮壞樂崩，以致世局發生變亂，如果經過多年善良文化的薰陶，世多君子，則終有撥亂反正的一天。所以孔子重視人品猶多於制度。社會如果失去良知，就真的失去希望了！

伯夷、叔齊互相推讓國君之位，寧願餓死在首陽山也不支持不孝、不仁的征伐之事。孔子稱讚他們是「古之賢人也。」又說他們「求仁得仁。」他怎麼會留在衛國，陷入出公和他父親蒯聵之間的君位之爭呢？何況出公當年應還是一個孩子，他的背後有一定的政治勢力和既得利益，而蒯聵背後則是晉國的政治野心。孔子可能於魯哀公二年之秋回到陳國。

冉求返魯

魯哀公三年（西元前四九二年），孔子六十歲，住在陳國。這年秋天，季桓子病。根據〈孔子世家〉：

> 秋，季桓子病，輦而見魯城，喟然嘆曰：「昔此國幾興矣，以吾獲罪於孔子，故不興也。」顧謂其嗣康子曰：「我即死，若必相魯；相魯，必召仲尼。」後數日，桓子卒，康子代立。已葬，欲召仲尼。公之魚曰：「昔吾先君用之不終，終為諸侯笑。今又用之，不能終，是再為諸侯笑。」康子曰：「則誰召而可？」曰：「必召冉求。」於是使使召冉求。

人之將死其言也善。季孫斯悔不當初，死前告訴他的庶子季孫肥一定召孔子回來。季氏的家臣公之魚勸阻說，以前桓子用孔子未能有始有終，結果為諸侯所笑，現在再用孔子，如果又不能堅持始終，不是再為諸侯所笑嗎？結果決定召冉有回魯。

《左傳》未載季桓子要康子召孔子回魯，而且康子繼立還有一段曲折的故事：

> 秋，季孫有疾，命正常曰：「無死。南孺子之子，男也，則以告

而立之；女也，則肥也可。」季孫卒，康子即位。既葬，康子在朝。南氏生男，正常載以入朝，告曰：「夫子有遺言，命其圉臣曰，南氏生男，則以告於君與大夫而立之。今生矣，男也，敢告。」遂奔衛。康子請退。公使共劉視之，則或殺之矣，乃討之。召正常，正常不反。

季孫斯生病，吩咐他的寵臣正常說，我死後，不要跟著我死。妾南孺子生的孩子，如果是男的，就報告國君讓他繼立；如果是女的，庶子肥也可以。季孫斯死，季孫肥即位，就是季康子。下葬後，康子在朝，結果南孺子生了一個男孩。正常帶著他上朝，報告說，桓子先生有遺言，吩咐他身邊的人說，南氏如果生的是男孩，就向國君及大夫們報告，由他繼立。現在南氏已經生了，是個男孩，所以敢來報告。然後投奔衛國。康子請求退讓。哀公命大夫共劉探視，可能有人已經殺了孩子。哀公召見正常，正常不返。（《左傳．哀公三年》）

接著，魯召冉求返國，時間可能在魯哀公三年冬天。

子在陳，曰：「歸與！歸與！吾黨之小子狂簡，斐然成章，不知所以裁之。」（《論語・公冶長・二十一》）

當時孔子在陳國。孔子說，回去吧！回去吧！我門下的年輕人，志向遠大，不拘泥於細枝末節，學識已經燦然大備，我不知還要如何加以裁剪。冉求和子路是孔門弟子中，最具行政才幹的人。子路正直、進取，堅持原則。冉求務實、圓通，有時候不免犧牲原則，所以孔子有時對他嚴辭責備，不過仍然稱讚他「求也藝」（《論語・雍也・六》）。

子路問成人。子曰：「若臧武仲之知，公綽之不欲，卞莊子之勇，冉求之藝，文之以禮樂，亦可以為成人矣。」曰：「今之成人者，何必然？見利思義，見危授命，久要不忘平生之言，亦可以為成人矣。」（《論語・憲問・十三》）

成人是指人格完備之人。臧武仲是魯大夫臧孫紇，多智。公綽是孟公綽，不貪圖名利。卞莊子，魯大夫，是有名的勇士。子路問如何才能成為人格完備之人，孔子說如果有臧武仲之智，孟公綽之寡欲、不貪，卞莊子之勇，和冉求之多才多藝，然後節之以禮，和之以樂，也可以成為一個人格健全完備之人了。接著又說，當今社會的成人何必如此呢？只要能夠看到利益想到是否正當，看到危險不顧自己的性命，雖然年代久遠但不忘生平所講的話，也可以算成人了。後面這一段說的簡直就是子路。

冉求此去回到魯國施展才能，孔子雖然高興，心中不免悵然吧？子貢知道孔子思歸，在送行的時候提醒冉求說：「即用，以孔子為招。」（〈世家〉）你就要被重用了，要想辦法請先生回去。

三、在陳絕糧

根據〈孔子世家〉魯哀公四年（西元前四九一年），孔子六十一歲，「自陳遷於蔡。」蔡在陳南方，蔡的南方是強大的楚國。陳國和蔡國屢次受到楚國征伐。楚莊王時代一度滅陳置縣，納入楚國疆土，後又予以復國。後來吳國強大，成為楚國東方的勁敵。陳國選擇和楚國友好，乃成為吳國之敵。蔡國選擇和吳國友好，所以成為楚國之敵。

蔡國的國都原來在上蔡，即今河南省上蔡縣，位於陳的西南方。後來遷至新蔡，今河南新蔡縣，在陳的南方。魯哀公元年，春，「楚子、陳侯、隨侯、許男圍蔡」，遷其人民於江、汝之間。魯哀公二年（西元前四九三年）十一月，國破家亡的蔡遷於州來，稱為下蔡，位於陳的東南方，在今安徽省淮南市，向吳國的勢力範圍接近，以便情況緊急時，可以得到吳國的救助，和陳國的距離則相當遙遠。根據〈孔子世家〉的說法，「孔子遷於蔡三年」，即魯哀公六年（西元前四八九年），孔子六十三歲，「吳伐陳，楚救陳。」陳、蔡大夫懼孔子為楚所用，不利於兩國當權的大夫，發動徒役，圍孔子於野，孔子因而絕糧。不過就陳、蔡兩國當時的距離而言，這個令人為孔子緊張的故事，幾乎是不可能之事。其實《論語》記載孔子「在陳絕糧」（《論語・衛靈公・一》），並未說孔子在陳、蔡之間絕糧。

魯哀公四年（西元前四九一年），楚昭王使左司馬眅、申公壽餘、葉公諸梁招納未隨蔡東遷之民於負函，方城以外之民於繒關，作為前進中原的基地。根據錢穆的研究，楚為蔡遺民在負函建立新邑，由葉公兼治。負函在今河南信陽附近，當時為楚地。錢穆認為這年孔子自陳遷於蔡，就是到此地見葉公，不過孔子並未久居於蔡。他認為〈世家〉「孔子遷於蔡三歲」，可能是蔡遷於州來三歲之誤。錢穆說：「蔡昭侯遷州來在魯哀公二年，吳伐陳在魯哀公六年，中間適越三年。」（《孔子傳》）照〈世家〉的說法，孔子於魯哀公四年自陳遷蔡，一直到哀公六年（西元前四八九

蔡都東遷：上蔡、新蔡、下蔡

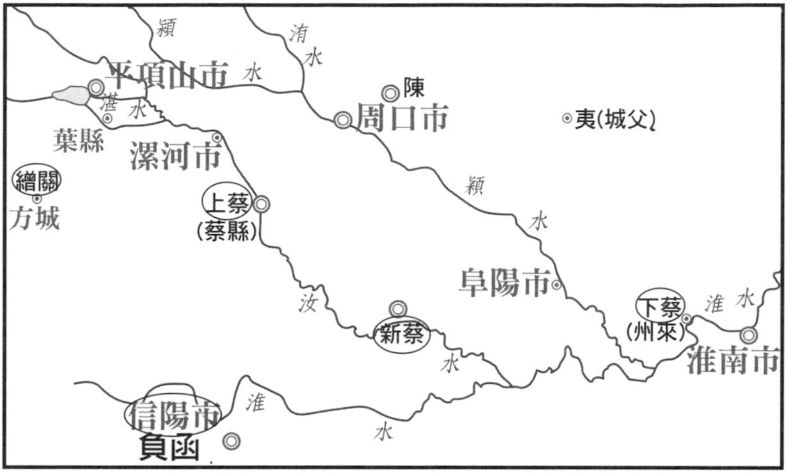

編註：地圖上之深色字為古地名；淺色字為今地名。

年），在蔡居住三個年頭，當中只有短暫時間訪葉。照錢穆的說法，則孔子於魯哀公二年自衛返陳，一直住在陳國，當中只有短暫時間到負函訪問葉公，直到哀公六年，吳伐陳，在陳絕糧。

葉公沈諸梁是楚國大夫，曾為楚令尹，也就是楚相，封於葉，公是尊稱，不是爵位的意思。葉位於上蔡的西北方，在今河南葉縣。《論語》有關葉公的記載有三章。

葉公問孔子於子路，子路不對。子曰：「女奚不曰：其為人也，發憤忘食，樂以忘憂，不知老之將至云爾。」（《論語．述而．十八》）

孔子說你為什麼不告訴他，我的為人，用功起來忘記吃飯，快樂起來忘記憂愁，不知老年就要到了。

葉公問政。子曰：「近者悅，遠者來。」（《論語．子路．十六》）

葉公向孔子請教施政之道，孔子說，讓近處的人高興，遠處的人過來。這也是孔子後來所說的，「遠人不服，則修文德以來之，既來之，則安之。」（《論語．季氏．一》）孔子的回答正是針對葉公安撫蔡遺民以來遠人的任務。

葉公語孔子曰：「吾黨有直躬者，其父攘羊而子證之。」孔子曰：「吾黨之直者異於是。父為子隱，子為父隱，直在其中矣。」

（《論語・子路・十八》）

葉公告訴孔子說，我家鄉有個正直的人，父親偷人家的羊，兒子到官府告發。孔子說，我家鄉的正直者和你們不同，父親給兒子隱瞞，兒子給父親隱瞞，正直就在其中了。

這個故事有另外一個版本：

楚有直躬，其父竊羊而謁之吏。令尹曰：「殺之。」以為直於君而曲於父，報而罪之。以是觀之，夫君之直臣，父之暴子也。（《韓非子・五蠹》）

楚國有個正直的人，父親偷人家的羊，告到官府。令尹說，殺了他。理由是這個人對國君正直，但對父親扭曲，所以報到上級治他的罪。這樣看起來，對國君是正直的臣子，對父親是殘暴的兒子。

這個故事還有一個更複雜的版本：

楚有直躬者，其父竊羊而謁之上，上執而將誅之，直躬者請代之。將誅矣，告吏曰：「父竊羊而謁之，不亦信乎？父誅而代之，不亦孝乎？信且孝而誅之，國將有不誅者乎？」荊王聞之，乃不誅也。孔子聞之曰：「異哉！直躬之為信也，一父而再取名焉。」故直躬之信，不若無信。（《呂氏春秋紀十一．當務》）

楚國有個正直的人，父親偷人家的羊他向上級報告。上級加以逮捕，即將處死。這個正直的人要求由自己代替父親。就要處死了，他和官吏說，父親偷羊予以舉發，不是信嗎？父親處死自己代替，不是孝嗎？一個信且孝的人要被處死，國家還有不被處死的人嗎？楚王聽說這件事，就不處死了。孔子聽了說，這個正直人的誠信奇怪了，一個父親兩次博取名聲。所以這個正直人的誠信，不如沒有誠信。

這個故事的原始版本，涉及三個倫理原則。第一，偷羊是「不義」的行為。第二，告發不義的行為是「正直」。第三，告發自己的父親是「不孝」。葉公似乎認為正直優先於孝行。孔子似乎認為孝行優先於正直。英國著名的漢學家理雅格（James Legge）在他的英譯《論語》中注釋「直在其中」說：「此語並非認為『父為子隱，子為父隱』就是正直，而是認為和『而子證之』比起來，是更好的原則。」不過理雅格接著說，「除了中國人以外，任何人都會說葉公的說法和孔子的說法都非正確。」其實孔子並未說父親偷人家的羊不是不義，他只是表示做兒子的用不著告發，此外還有更好的處理方法，讓公義（正直）和私情（孝行）可以兩全。

魯哀公四年（西元前四九一年），也可能是五年（西元前四九〇年），孔子在前往訪問葉公途中需要渡河，正在找尋渡口，看到兩個人在耕田。這條河也許是從陳南行到負函必須經過的汝水。

長沮、桀溺耦而耕，孔子過之，使子路問津焉。長沮曰：「夫執輿者為誰？」子路曰：「為孔丘。」曰：「是魯孔丘與？」曰：「是也。」曰：「是知津矣。」問於桀溺，桀溺曰：「子為誰？」曰：

「為仲由。」曰：「是魯孔丘之徒與？」對曰：「然。」曰：「滔滔者，天下皆是也，而誰以易之？且而與其從辟人之士也，豈若從辟世之人哉？」耰而不輟。子路行以告。夫子憮然曰：「鳥獸不可與同群，吾非斯人之徒與而誰與？天下有道，丘不與易也。」（《論語・微子・六》）

長沮、桀溺是那兩個人的稱謂，按沈知方主稿，蔣伯潛注釋的《四書讀本》引金履祥的考證，子路向兩個陌生人問路，不可能問人家的姓名，只能照自己看到的形象向夫子述說。長沮是一個高個子一身泥水的人，桀溺是一個壯碩踩在水裡的人。長沮說，車上拿轠繩的人是誰。子路說，是孔丘。長沮說，是魯國的孔丘嗎？子路說，正是。長沮說，那麼他該知道渡口在哪裡了。子路問桀溺。桀溺說，你是誰？子路說，我是仲由。是魯國孔丘的徒弟嗎？子路回答說，是。桀溺說，天下像滔滔的洪水，到處都一樣，誰能加以改變呢？與其跟隨做大官的人，不如跟隨隱居的人。辟人是指做大官的人出門，闢除行人。辟世是說隱居的人，與世隔離。兩個人繼續耕種，不再說話。子路只好回去告訴孔子。孔子聽了有點不悅。他說，人不可與鳥獸在一起，我不和世人在一起，和什麼人在一起呢？天下有道，我就不需要加以改變了。

魯哀公六年（西元前四八九年）春，吳伐陳，以報復哀公三年（西元前四九二年），陳湣公隨楚昭王圍蔡，與吳國為敵。楚昭王帥師救陳，駐於城父，城父在陳的東方。孔子師徒在陳絕糧。根據〈世家〉的說法，楚昭王聽說孔子在陳、蔡之間，使人聘孔子。陳國和蔡國的大夫怕孔子為楚所用，對陳、蔡兩國的大夫不利，所以發動他們的徒役包圍孔子於野，因此絕糧。不過這時蔡國已經遷至州來，與陳距離遙遠，兩國的大夫不可能聚在一起商量如何對付孔子。而且陳是楚的友國，蔡是吳的友國，楚和吳是敵國，敵人的朋友是敵人，陳、蔡大夫在吳國伐陳的戰爭狀況之下，怎麼可能聯合起來包圍孔子呢？如果他們真的包圍了孔子，以孔子師徒不過十數人，怎麼可能不被攻陷而弦歌不輟呢？因此合理的解釋就是陳國被吳軍包圍，糧食供應斷絕，孔子師徒隨之陷入困境。

在陳絕糧，從者病，莫能興。子路慍見，曰：「君子亦有窮乎？」子曰：「君子固窮，小人窮斯濫矣。」（《論語．衛靈公．一》）

孔子在陳國糧食供應斷絕，跟隨他的弟子們病倒，沒有力氣站立起來。子路滿面怒容去見孔子說，君子也有窮困的時候嗎？孔子說，君子也有窮困的時候，但能堅守原則，小人到了窮困的時候，就不顧原則，什麼事都做得出來了。

司馬遷將這段歷史，演義成一篇內容豐富、情節生動的故事：

孔子知弟子有慍心，乃召子路而問曰：「詩云：匪兕匪虎，率彼曠野。吾道非邪？吾何為於此？」子路曰：「意者吾未仁邪？人之不我信也。意者吾未知邪，人之不我行也。」孔子曰：「有是乎，由，譬使仁者而必信，安有伯夷、叔齊？使知者而必行，安有王子比干？」

孔子知弟子們心裡不高興，就叫子路進來問他說，《詩》中說，既不是野牛，也不是老虎，卻在曠野上跑來跑去。難道我的理想不對嗎？我怎麼會落到如此地步？子路說，也許我們還沒做到仁，所以人家不相信我們。也許我們的智慧還不夠，所以人家不照我們的意思做。孔子說，有這回事嗎，由？假若仁者一定會讓人相信，怎麼會有伯夷、叔齊餓死在首陽山呢？假若智者一定讓人奉行，怎麼會有比干，被人剖腹挖心呢？

子路出，子貢入見。孔子曰：「賜，詩云：匪兕匪虎，率彼曠野。吾道非邪？吾何為於此？」子貢曰：「夫子之道至大也，故天下莫能容夫子。夫子蓋少貶焉？」孔子曰：「賜，良農能稼而不能為穡，良工能巧而不能為順。君子能脩其道，綱而紀之，統而理之，而不能為容。今爾不修爾道，而求為容。賜，而志不遠矣。」

子路出去，子貢進來。孔子說：賜，《詩》中說，既不是野牛，也不是老虎，在曠野上跑來跑去。難道我的理想不對嗎？我怎麼會落到如此地步？子貢說，老師的理想太大了，所以天下容不下老師。老師何不把標準稍微降低一點？孔子說，賜，好的農夫可以耕種，但不一定有收穫，好的工匠可以很巧妙，但做出來的東西不一定順人家的心。君子能努力使自己的理想完美，讓它條理分明，內容完整，但不能讓人家接受。現在你不想精進你的理想，只想讓人家接受。賜，你的志向不遠呀！

子貢出，顏回入見。孔子曰：「回，《詩》云：匪兕匪虎，率彼曠野。吾道非邪？吾何為於此？」顏回曰：「夫子之道至大，故天下莫能容。雖然，夫子推而行之，不容何病？不容然後見君子。夫道之不修也，是吾醜也。夫道已大修而不用，是有國者之醜也。不容何病？不容然後見君子。」孔子欣然而笑曰：「有是哉，顏氏之子？使爾多財，吾為爾宰。」

子貢出去，顏回進來。孔子問他同樣的話，顏回說，老師的理想太大了，所以天下容不下。雖然如此，老師努力加以推行，容不下有什麼關係？容不下才看出來誰是君子。理想如果不夠好，是我們的羞恥，理想已經夠好了而不能用，是有國之人的羞恥。天下容不下有什麼關係？天下容不下才看出來誰是君子。孔子聽了高興得笑了。孔子說，有這回事嗎？顏家的小子。假使你有錢，我來做你的管家。

以上三段文字是〈孔子世家〉的記載，《左傳》和《論語》中都沒有。這樣繪聲繪影，如見其人，如聞其聲，就像作者坐在一旁逐字記錄下來，當然是司馬遷「想當然耳。」我們不知道當時孔子心裡怎麼想，以及有沒有這三段對話，不過司馬遷寫子路、子貢、顏回，反映他們各自的境界和可能的意見，確是恰如其分。

根據〈世家〉，孔子使子貢至楚，楚昭王於是興師迎孔子。不過朱子認為並無此事。其實就是楚昭王興師救陳，使孔子免於絕糧的困境。所以孔子離開陳國，東行到城父見楚昭王，然後自城父返衛。

孔子在赴城父途中，遇到楚國的隱士接輿，唱著歌經過孔子說：

鳳兮！鳳兮！何德之衰？往者不可諫兮，來者猶可追也。已而，已而！今之從政者殆而。

鳳呀！鳳呀！接輿以鳳鳥比喻孔子，是尊敬孔子的品德的意思。不過，你的遭遇為什麼這麼衰呀？過去的已經來不及改變了，將來的還來得及趕上。算了吧！算了吧！現在從政的人都很危險了。孔子下車想要和他說話，接輿快步而去，沒能說上話。接輿應和長沮、桀溺一樣，並非這位隱士的名字，只因他接近孔子的車子，所以叫他接輿。

這年七月，楚昭王病死於城父軍中。

四、等待返魯的日子

魯哀公六年（西元前四八九年），衛出公四年，可能是夏天，孔子回到衛國。這年孔子六十三歲，離開魯國已經八年，進入第九個年頭。

子路曰：「衛君待子而為政，子將奚先？」子曰：「必也，正名乎！」子路曰：「有是哉？子之迂也。奚其正？」子曰：「野哉！由也。君子於其所不知，蓋闕如也。名不正，則言不順；言不順，則事不成；事不成，則禮樂不興；禮樂不興，則刑罰不中；刑罰不中，則民無所措手足。故君子名之必可言也，言之必可行也。君子於其言，無所苟而已矣。」（《論語．子路．三》）

正名是孔子思想中最核心的部分。名就是我們在社會扮演的各個角色，正名就是恰如其分，扮演好自己的社會角色。具體的說，就是孔子三十五歲見齊景公所說的：「君君、臣臣、父父、子子。」君要像君的樣子，臣要像臣的樣子，父親像父親的樣子，兒子像兒子的樣子。各個角色之間的適當關係就是倫理，倫理的核心就是仁。自己的社會角色扮演不好，譬如不仁、不義、不忠、不孝，說出話來就不近情理；說話不近情理，事情就辦不成功；事情不成功，禮樂教化就無法興盛；禮樂教化失敗，刑罰就難以恰當；刑罰失當，人民就不知如何是好。

我們如果把孔子的中心思想簡單的分為三個層次。第一個層次是倫理；告訴我們要扮演好自己的社會角色。第二個層次是禮；禮是行為的準則，一切依禮而行就會符合倫理的期待，如不能依禮而行，就會受到社會的懲罰，所以禮又是行為的規範，也是社會的獎懲制度。第三個層次是君子；君子是孔子理想人格的典範，舉止行為自然合於倫理。君子本身就是禮的示範，不需要禮的約束。國家的施政如果能做到這三部分，社會就會在和諧安定中，提高生產力，達到全民幸福。

春秋列國的形勢，東方的齊國和西方的晉國先後稱霸，阻擋南方的楚國向中原發展，中原一帶的小國，在大國攻伐的夾縫中艱難求生。春秋後期東南一隅的吳國開始壯大，打敗西方的楚國和南方的越國，北上與齊晉爭霸。魯哀公七年（西元前四八八年）夏，哀公會吳王夫差於鄫；吳向魯索取百牢。鄫為魯邑，位於曲阜的東南方，在今山東嶧縣。牛、羊、豕各一為一牢。周禮，王合諸侯享禮十二牢，上公九牢，侯伯七牢，子男五牢；吳提出百牢的要求，極其囂張無禮。魯國屈服於吳的武力，只好答應。吳大宰伯嚭又欲召見季康子，康子使子貢往見，以禮加以拒絕。

這年秋天，魯伐邾，執邾隱公子益，囚於負瑕；負瑕在曲阜之西。邾人遷於繹；繹在曲阜的南方，嶧山之陽，在今山東鄒縣的南境。邾大夫茅夷鴻向吳國求助。魯哀公八年（西元前四八七年），吳興師伐魯，軍次泗上，魯被迫訂城下之盟。

在魯國北方，齊景公夫人燕姬生子未及成年而死，庶子中以鬻姒之子安孺子荼最受寵愛。齊景公嘗為安孺子扮牛而折斷牙齒。這應是魯迅「俯首甘為孺子牛」詩句的來源。魯哀公五年（西元前四九〇年），景公病，使齊卿國惠子國夏、高昭子高張立荼。九月景公卒，國夏與高張立荼為君。公子嘉、公子駒、公子黔投奔衛國，公子鉏、公子陽生投奔魯國。魯哀公六年，陳乞、鮑牧串通諸大夫，自魯迎立公子陽生，是為齊悼公。悼公使朱毛殺安孺子荼於野。《春秋》經文書：「齊陳乞弒其君荼。」

齊悼公在魯時，季康子許以其妹為悼公之妻。悼公返國後派人迎娶。不過康子妹與季魴侯私通，以實情相告，康子因此不敢送妹至齊。齊悼公怒，於魯哀公八年（西元前四八七年）夏五月，使鮑牧帥師伐魯，取讙及闡二邑。秋九月，魯與齊議和，齊迎娶季康子妹季姬歸齊。冬十二月，由於季姬受到寵愛，齊歸還讙及闡二邑。

魯哀公十年（西元前四八五年）三月，公會吳王夫差、邾子、郯子伐齊南境，陳師於鄎，齊弒悼公。吳將徐承帥舟師自海入齊，為齊軍所敗，吳師乃還（《左傳．哀公十年》）。不過《春秋》經文書，「三月戊戌齊侯陽生卒。」悼公可能因病而卒。

魯哀公十一年（西元前四八四年）春，齊國書、高無丕帥師伐魯。魯以冉有帥左師，孟懿子之子孟孺子帥右師，在曲阜城西南雩門之外集結，與齊師戰於曲阜之北郊。齊師自稷曲出，魯師在黨氏溝之南不前。樊遲為冉有兵車右衛，對冉有說：

> 非不能也，不信子也。請三刻而踰之。（《左傳・哀公十一年》）

齊師伐魯為冉有所敗

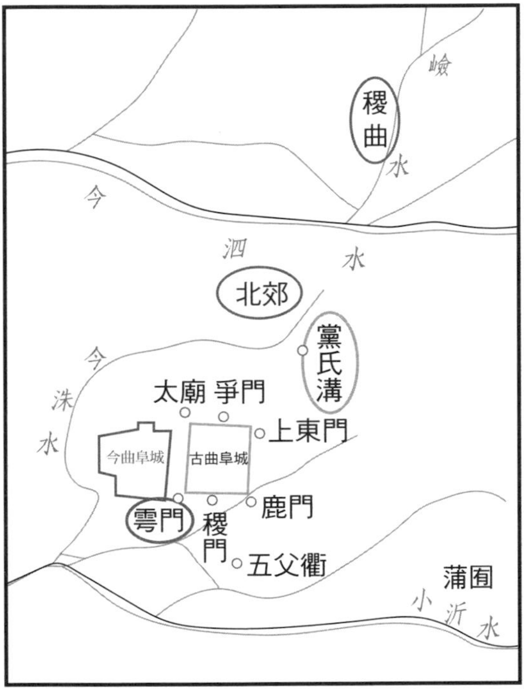

他們不是不能越過黨氏溝，而是對你沒有信心。請下令三刻內越過。冉有於是下令，左師奮勇攻入齊營，齊軍敗走。此役，孟孺子所帥右師敗北。

樊遲是孔子弟子，《史記．仲尼弟子列傳》說他少孔子三十六歲，不過《孔子家語》說他少孔子四十六歲，第六章另有討論。

季康子問冉有說：

> 子之於軍旅，學之乎？性之乎？

先生對軍旅之事是學來的呢？還是天性如此？冉有說：「學之於孔子。」季康子說：「孔子何如人哉？」冉有回答說：

> 用之有名，播之百姓、質諸鬼神而無憾。求之至於斯道，雖累千社，夫子不利也。（《史記．孔子世家》）

孔子如果用兵，一定名正言順，師出有名，不論向百姓傳播，或者向鬼神求證，都沒有遺憾。如果是不義之戰，縱然取得幾萬戶人家，他老人家也不會覺得有利。千社為兩萬五千戶人家。

吳魯聯軍大敗齊師於艾陵

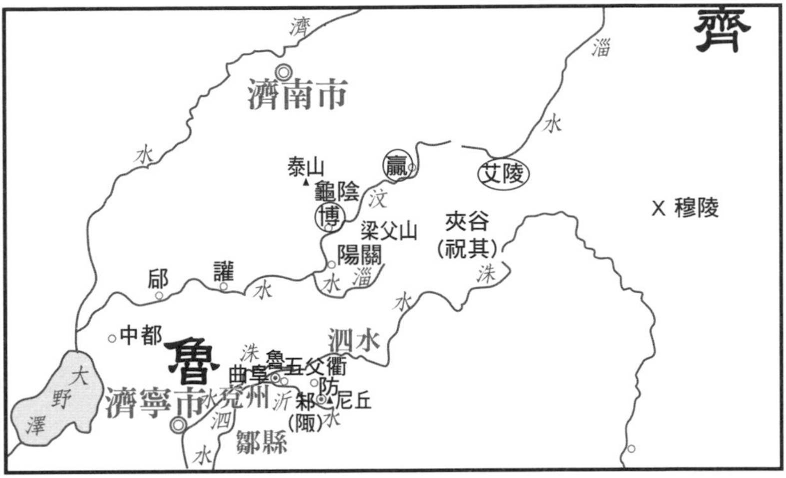

編註：地圖上之深色字為古地名；淺色字為今地名。

這年五月，魯哀公會吳王夫差伐齊，克博，至嬴。夫差親帥中軍，大敗齊師於艾陵，擄獲齊國書及革車八百乘，戰士首級三千，獻於哀公。

這年是西元前四八四年，孔子六十八歲。季康子派出公華、公賓、公林，備齊禮物，至衛迎孔子返魯。孔子自魯定公十三年（西元前四九七年）去魯適衛，至魯哀公十一年（西元前四八四年）自衛返魯，前後共十四個年頭。

主要參考文獻

- 韓兆琦注譯，《新譯史記》，台北市，三民書局，二〇〇八年，《世家》。
- 《景印古本五經讀本》，台北市，台灣啟明書局，一九五二年，《春秋三傳》。
- 王震南編纂，《無盡的寶藏：新編五經》，台北市，徐增壽文教基金會，二〇〇八年，《春秋及其三傳》。
- 呂伯璘編纂，《魯青簡史》，高雄市，東來草堂出版社，一九八八年。
- 錢穆，《孔子傳》，台北市，東大圖書股份有限公司，二〇一九年（初版一九八七年）。
- 孫震，《半部論語治天下》，台北市，天下文化，二〇一八年。

第六章——孔子的教育事業

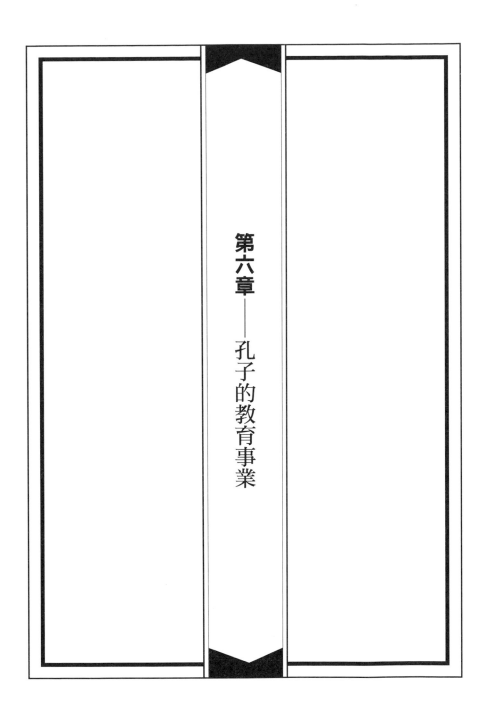

一、學習與成長

司馬遷在《史記・孔子世家》總結全篇說，「詩有云：『高山仰止，景行行止。』雖不能至，然心嚮往之。」這首詩見於《詩經・小雅・車舝》，全篇五章，每章六句，說的是思慕一位少女，駕車迎娶的過程。這裡所引的是最後一章：

高山仰止，景行行止。四牡騑騑，六轡如琴。覯爾新昏，以慰我心。

四匹雄馬不停的趕路，六條繮繩調和如琴，終於迎得美女，讓我心得到安慰。這首詩的做法是「興」：先說「高山仰止，景行行止。」兩句，以引起詩人所說之事，司馬遷借用以表達他對孔子道德學問的景仰之心。

司馬遷又說：

天下君王至於賢人眾矣。當時則榮，沒則已焉。孔子布衣，傳十餘世，學者宗之。自天子王侯，中國言六藝者折衷於夫子，可謂至聖矣。

賢人是說才德兼備之人。天下從君王到賢人很多，在世的時候地位寵榮，名聲顯赫，死後一切歸於烏有。孔子一介平民，名聲傳世十餘代，學者奉為宗師。自天子王侯至於一般百姓，中國談論詩、書、易、禮、樂、春秋六藝，以孔子為準則，可以說是至聖了！後世稱孔子為「至聖先師」，應是從司馬遷「至聖」二字而來。

孔子的道德學問究竟到達何種境界，可視為「至聖」呢？

顏淵喟然歎曰：「仰之彌高，鑽之彌堅，瞻之在前，忽焉在後。夫子循循然善誘人，博我以文，約我以禮；欲罷不能。既竭吾才，如有所立，卓爾，雖欲從之，末由也已。」（《論語・子罕・十》）

顏回字子淵，是孔子最欣賞的弟子。唐代儒學中興的先驅李翱認為顏回是唯一得傳孔子性命之學的弟子。李翱並認為，顏回的成就差一點就到達孔子的境界。他說：「顏回未到於聖人者一息耳，非力不能也，短命而死故也。」（〈復性書〉）宋儒繼承李翱的思想，也認為顏回去孔子只有一息，所以稱其為復聖，要學顏回之所學，以求成聖。

顏回到北宋大致確定為孔子之下儒家第一人的地位，到南宋陪享文廟，排名在曾參、子思、孟子之前。宋代大儒周敦頤、程頤、程顥、張載、朱熹也於南宋列入從祀，這應都是朱熹思想的影響。然而顏回卻說夫子的思想博大精深，愈是仰望，愈覺得高不可及，愈是鑽研，愈覺得堅不可入；看起來在前面，忽然又在後面。夫子循序漸進善於誘導弟子，他以知識開拓我的心智，以禮節約束我的行為，我想不追求卻停不下來。等到我才力用盡，似乎有所成就，然而前方又出現一座高聳的標竿，我雖想追隨，但已力不從心。

孔子另外一位經商和從政都有成就的愛徒子貢，對孔子也是推崇備至：

叔孫武叔語大夫於朝曰：「子貢賢於仲尼。」子服景伯以告子貢。子貢曰：「譬之宮牆，賜之牆及肩，窺見室家之好；夫子之牆數仞，不得其門而入，不見宗廟之美，百官之富。得其門者或寡矣。夫子之云，不亦宜乎？」（《論語．子張．二十三》）

叔孫武叔有一天上朝和大夫們說，子貢比孔子優秀。子服景伯告訴子貢。子貢說，讓我們以宮牆來譬喻。我的牆只到肩膀，外面的人可以看到牆內房舍的美好。夫子的牆有幾丈高，如果找不到門進去，不可能看見裡面宮殿的美好，百官的富有。能夠找到門的人太少了，難怪叔孫武叔先生要這樣說。

叔孫武叔和子服景伯都是魯國的大夫。叔孫武叔州仇是叔孫成子不敢之後叔孫氏的繼承人，為魯國三卿之一，位列上大夫。

> 叔孫武叔毀仲尼。子貢曰：「無以為也；仲尼不可毀也。他人之賢者，丘陵也，猶可踰也。仲尼，日月也，無得而踰焉。人雖欲自絕，其何傷於日月乎？多見其不知量也。」（《論語．子張．二十四》）

叔孫武叔出言毀謗孔子。子貢說：「說這樣的話是沒有用的。孔子是不可詆毀的。別人的賢能像丘陵一樣，可以踰越；孔子的賢能像日月，沒有辦法可以踰越。人雖想自絕於日月，但對日月能有什麼傷害呢？徒然讓人看出不知自己有多大本事而已。」

孟子是孔子之後第一位成一家之言儒家的代表。我們如果想找三位歷史上對發揚光大孔子名聲最有貢獻的人物，就是子貢、孟子和司馬遷。

> 孟子曰：「宰我、子貢、有若，智足以知聖人，汙不至阿其所好。宰我曰：『以予觀於夫子，賢於堯、舜遠矣！』子貢曰：『見其禮而知其政，聞其樂而知其德。由百世之後，等百世之王，莫之能

達也。自生民以來，未有夫子也。』有若曰：『豈惟民哉？麒麟之於走獸，鳳凰之於飛鳥，泰山之於丘垤，河海之於行潦，類也。聖人之於民，亦類也。出於其類，拔乎其萃。自生民以來，未有盛於孔子也！』」（《孟子．公孫丑上．二》）

宰我、有若和子貢一樣，都是孔門傑出的弟子。孟子說，宰我、子貢、有若才智都足以知道孔子，說話誇大也不至於迎合自己所敬的人。宰我說，依我看來，孔子的才德比堯舜優秀多了。子貢說，孔子看一國之禮，就可知其國之政情，聽一國之樂，就可知其國之民風。由百世之後，上溯百世之先王都不能違背孔子的道理。自人類出生以來，沒有人像夫子一樣。有若說，不僅人類如此，麒麟和走獸，鳳凰和飛鳥，泰山和小丘，河海和水坑，都是同屬一類。然而在同類之中，出乎其類，拔乎其群，自人類出生以來，沒有人能超過孔子。

一切都是學習的結果

孔子如此才德出眾，出乎其類，超乎其群，是如何做到的呢？宋儒認為孔子是聖人，聖人「不思而得，不勉而行。」但孔子自己並不如此認為：

> 子曰：「吾十有五而志於學，三十而立，四十而不惑，五十而知天命，六十而耳順，七十而從心所欲，不踰矩。」（《論語．為政．四》）

孔子十五歲立志求學；三十歲有所成就，奠定了做學問的基礎；四十歲對遭遇的問題大致都能有所了解，知其所以如此的道理，不會感到困惑；五十歲知道各種客觀條件對人生形成的限制與機會；六十歲一切了然於胸；七十歲由於長期適應環境，形成內在的規範，雖在規矩之中，仍然自由自在。

孔子並非生而知之，他一切成就都是學習的結果，並且從學習中感到人生成長的喜悅。

子曰：「學而時習之，不亦說乎？」（《論語・學而・一》）

這是《論語》第一章。孔子說，一面學習，一面實踐，不是快樂的事嗎？因為人從學習中得到品德與知識的成長，而品德和知識都是人生追求的終極目的（ultimate end），也就是內在價值（intrinsic value），人生由此得到滿足與幸福。

子曰：「我非生而知之者，好古敏以求之者也。」（《論語・述而・十九》）

孔子說，我不是生下來就知道的人，我是愛好古往，勤於探求而知道的人。

子曰：「十室之邑，必有忠信如丘者焉，不如丘之好學也。」（《論語．公冶長．二十七》）

孔子說，一個十戶人家的地方，一定會有忠實誠信和我一樣的人，然而不如我好學。勤奮努力，好學不倦，讓孔子出類拔萃。不過孔子是謙虛的，我們必須承認，人的秉賦不同，並不是每個人努力就能做到，也不是每個人都有努力的意志。

學習只是增益人生智慧的路徑之一，學習與思考並用才能使人生智慧通達。

子曰：「學而不思則罔，思而不學則殆。」（《論語．為政．十五》）

孔子說，學習而不思考是一種浪費，思考而不學習是一種危險。二〇一三年十月八日《大西洋月刊》（*The Atlantic Monthly*）報導，麥可．普特

（Michael Puett）教授在哈佛大學教授古典中國倫理與政治理論，吸引數百名學生選課，研究古代中國哲學。普特教授在北大對七百位本科生演講所用的海報，上面引用的文字正是「學而不思則罔，思而不學則殆」的英譯：「To study but not think is a waste; to think but not study is dangerous」。單就文字而言，「to study」不如「to learn」好，因為study本身就有思考的意思在內。以翻譯《四書》聞名於世的英國牛津大學教授詹姆斯・理雅各就是用「learning」。理雅各的譯文如下：「Learning without thought is labor lost; thought without learning is perilous」。孔子的這兩句話常被國內外學者引用，因為人生智慧的增長就是不斷學習和思考的結果。

學有知識之學，也有品德之學。學習經過思考，才能將別人的知識融入自己的思維系統，擴大眼界，啟發智慧，觸類旁通，增加我們觀察和處理問題的能力。古時候由於書寫困難，往往文字簡約而內涵豐富，尤其需要反覆讀誦，深入思考，才能化別人的經驗為自己的學問。其實不論古今，記誦不能累積而成學問，必須加上思考，將不同來源的知識加以組識，才能形成可以活用的學問。

不過沒有足夠的知識，光憑自己思考，也不一定能想出好的道理。這就像「巧婦難為無米之炊」，又像缺少食材的廚師難以做出好菜。

子曰：「吾嘗終日不食，終夜不寢，以思，無益，不如學也。」（《論語·衛靈公·三十》）

孔子說，我曾經整天不吃飯，整夜不睡覺，日夜思考，沒有用處，不如學習。學習增加我們可用的知識，使我們更有能力處理問題；有時候好像打開一扇門，帶領我們進入一個新境界，讓我們豁然開朗，以前一切困惑與問題，都恍然大悟迎刃而解。這真是知識的快樂。

那麼孔子如何學習，又跟誰學習？

衛公孫朝問於子貢曰：「仲尼焉學？」子貢曰：「文武之道，未墜於地，在人。賢者識其大者，不賢者識其小者，莫不有文武之道

焉。夫子焉不學，而亦何常師之有？」（《論語・子張・二十二》）

公孫朝是衛國的大夫。公孫朝問子貢說，孔子的學問從哪裡學來的呢？子貢說，文王和武王的治國之道並未流失，仍然流傳在人間。賢能之人記得其重要的部分，一般人記得其不是那麼重要的部分，大家都記得一些文王和武王的治國之道。夫子哪裡學不到，又何必有經常的老師呢？

所以對孔子而言，隨時隨地都是學習的機會，沒有必要跟隨一定的老師。

子曰：「三人行，必有我師焉。擇其善者而從之，其不善者而改之。」（《論語・述而・二十一》）

孔子說，三個人一起走路，必定有人是我的老師，我選擇他們好的地方效法，不好的地方改正。

子入太廟，每事問。或曰：「孰謂鄹人之子知禮乎？入太廟，每

> 事問。」子聞之曰：「是禮也。」（《論語・八佾・十五》）

太廟是魯國祭祀周公之廟，鄹人是指孔子的父親叔梁紇。鄹是曲阜東南的鄰邑。孔子小時候在鄹邑長大，後來才遷居曲阜任職。《論語》這一章所說，應該是孔子到曲阜後第一次進太廟的情形，所以每件事都問，一方面是學習，一方面是對他已經知道的事項加以印證。這正是孔子不恥下問好學的態度。有人說，誰說鄹邑之人的兒子知禮？進到太廟每件事都問。可知孔子當時雖然年輕，已經以知禮聞名了。孔子聽到就說，這正是禮數呀！

孔子學習的態度認真，全神貫注，所以學習效果好。舉例來說：

> 子在齊聞〈韶〉，三月不知肉味。曰：「不圖為樂之至於斯也。」（《論語・述而・十三》）

這個故事在司馬遷《史記・孔子世家》中有較為完整的版本：

孔子適齊……。與齊太師語樂，聞〈韶〉音，學之，三月不知肉味，齊人稱之。

孔子到了齊國，和齊國主持音樂的太師談論音樂，聽到〈韶〉樂，專心學習，因為太投入，以致三個月吃不出肉的味道。〈韶〉是舜時候的音樂，舜以禪讓得天下，又將天下禪讓給禹，是孔子心中的明君。

子謂〈韶〉，「盡美矣，又盡善也。」謂〈武〉，「盡美矣，未盡善也。」（《論語．八佾．二十五》）

〈武〉是周武王時候的音樂。武王以武力得天下，生靈塗炭，所以〈武〉在感受上雖然盡美，但未能達到盡善。

孔子是大家心目中的聖人，學問如此淵博，但孔子從不認為自己是聖人，也不認為自己的學問淵博。

子曰：「賜也，女以予為多學而識之者與？」對曰：「然；非

與？」曰：「非也，予一以貫之。」（《論語・衛靈公・二》）

孔子對子貢說，賜呀，你以為我學問淵博，而且都記在心裡，是嗎？子貢回答說，是的，不是嗎？孔子說，不是的，我以一個道理貫穿其中。

子曰：「吾有知乎哉？無知也。有鄙夫問於我，空空如也，我叩其兩端而竭焉。」（《論語・子罕・七》）

孔子說，我有學問嗎？沒有。如果有個無知的人向我提出問題，而我對這個問題一無所知，我只要把問題的正反兩面加以分析，問題就明白了。

《論語》中的這兩章，雖然是說孔子態度謙虛，不過縱然是聖人也不可能無所不知。做學問貴能將所學的知識融會貫通，遇到自己不了解的問題，也可以加以分析和解決。運用知識的能力比知識更重要，但卻是從知識中培養出來的。

二、學不厭教不倦的人生

孔子在弟子心中是聖人，司馬遷尊孔子為至聖，後人更奉孔子為至聖先師。但孔子並不認為自己是聖人，一方面是自謙，一方面因為聖人有一定的定義。

子曰：「默而識之，學而不厭，誨人不倦，何有於我哉！」（《論語‧述而‧二》）

孔子說，默默的用心記下來，學習不感到滿足，教導人不感到厭倦，對我來說算得了什麼呢。

子曰：「若聖與仁，則吾豈敢。抑為之不厭，誨人不倦，則可謂云爾已矣。」公西華曰：「正為弟子不能學也。」（《論語‧述而‧三

十三》）

孔子說，如果說聖和仁，我哪裡敢呢。我不過做起來不感到厭煩，教導人不感到疲倦，也就是可以說這樣子罷了。公西華說，這正是弟子學不來的地方呀。

公西華是孔子弟子。孔子覺得不算什麼的事，公西華認為了不起。子貢的感覺和公西華一樣。

子貢問於孔子曰：「夫子聖矣乎？」孔子曰：「聖則吾不能。我學不厭而教不倦也。」子貢曰：「學不厭，智也，教不倦，仁也；仁且智，夫子既聖矣。」（《孟子．公孫丑上．二》）

子貢問孔子說，先生已經進入聖的境界了吧？孔子說，聖，我還沒能做到，我是學習不覺滿足，教導人不感厭倦。子貢說，學習不覺滿足是智，教導人不感厭倦是仁。既仁且智，先生已經成聖了。

孔子和公西華及子貢的對話，涉及孔子思想中三個重要概念：仁、智、聖。仁者愛人，智是知識和智慧，仁和智都是可以無限擴充的概念。仁者的愛心必須擴大、實踐，並且加以實現。仁的極致就是聖。

子貢曰：「如有博施於民，而能濟眾，何如？可謂仁乎？」子曰：「何事於仁，必也聖乎！堯、舜其猶病諸。夫仁者，己欲立而立人，己欲達而達人。能就近取譬，可謂仁之方也。」（《論語・雍也・二十八》）

子貢說，如果有人廣泛給人民好處，又能處處幫助人民，這個人怎麼樣呢？可以算仁嗎？孔子說，何止是仁，一定是聖了。堯、舜可能也有做不到的地方。所謂仁，就是自己想有成就，也幫助別人有成就；自己想發達，也幫助別人發達。能就近從自己想到別人，可說是行仁的方針了。

另外一個類似的說法，是孔子和子路之間的一次對話。

子路問君子。子曰：「修己以敬。」曰：「如斯而已乎？」曰：「修己以安人。」曰：「如斯而已乎？」曰：「修己以安百姓。修己以安百姓，堯舜其猶病諸。」（《論語・憲問・四十五》）

子路問怎樣才能成為君子，孔子說，認真修養自己的品德與學問。子路說，這樣就可以了嗎？孔子說，修養自己的品德和學問，然後去幫助別人，讓他們得到安頓。子路說，這樣就可以了嗎？孔子說，修養自己的品德和學問，然後去幫助天下的百姓，讓他們得到安頓。修養自己的品德和學問，讓天下百姓得到安頓，堯、舜可能也有做不到的地方。

孔子在這裡提出君子的三種境界，一個比一個高，就是「修己以敬」、「修己以安人」和「修己以安百姓」。君子的這三種境界就是仁的具體表現，如能做到「修己以安百姓」就是「博施濟眾」，達到聖的境界了。要想做到「博施濟眾」，讓天下百姓都得到安頓，不是充滿了愛心就好，還需要有知識、有能力、有智慧，並且需要具備若干人格特質。

子張問仁於孔子。孔子曰：「能行五者於天下者為仁矣。」請問之。曰：「恭、寬、信、敏、惠。恭則不侮，寬則得眾，信則人任焉，敏則有功，惠則足以使人。」（《論語・陽貨・六》）

就算仁者的心腸、知識條件和人格特質都具備，還要看天命。所以「堯、舜其猶病諸」。

所以孔子從來不認為自己是聖人，也從來沒有以成聖作為人生追求的目標。這才是孔子最偉大的地方。

子曰：「聖人，吾不得而見之矣；得見君子者斯可矣。」（《論語・述而・二十五》）

孔子不但不認為自己是聖人，而且認為自己連聖人都看不到。他為學不厭，誨人不倦，不是想成為聖人。

有教無類，因材施教

孔子是我國私人興學第一人。孔子「有教無類」，收學生不分貧富，不分貴賤，也不分賢愚不肖。凡來從學的人無不加以教誨。

子曰：「有教無類。」（《論語．衛靈公．三十八》）

孔子弟子中，子貢富有，顏回、原憲貧窮，孟懿子是貴族，三桓孟孫氏之後，繼孟釐子為魯卿。此外，高柴愚笨，曾參遲鈍，顓孫師也就是子張華而不實，子路粗野。

子曰：「柴也愚，參也魯，師也辟，由也喭。」（《論語．先進．十七》）

孔子都加以調教，使他們各有成就。

子曰：「自行束脩以上者，吾未嘗無誨焉。」（《論語・述而・七》）

古人稱肉脯十條綑為一束為束脩。孔子說，只要準備一束乾肉，也就是略備薄禮登門求教，沒有拒絕不加教誨的。

孔子因材施教，不同資質的弟子給予不同的教育。

子曰：「中人以上，可以語上也；中人以下，不可以語上也。」（《論語・雍也・十九》）

一般資質以上的人，可以和他們談高深精緻的學問；一般資質以下的人，不可以和他們談高深精緻的學問。不過孔子重視做人的品德勝於知識之學；而且品德貴在實踐力行，不是談高深的學問。

孔子對性格不同的弟子用不同的方式加以調教：

子路問：「聞斯行諸？」子曰：「有父兄在，如之何其聞斯行諸？」冉有問：「聞斯行諸？」子曰：「聞斯行之。」公西華曰：「由也問，聞斯行諸。子曰，有父兄在；求也問，聞斯行諸？子曰，聞斯行之。赤也惑。敢問？子曰：「求也退，故進之。由也兼人，故退之。」（《論語・先進・二十一》）

子路問孔子，聽到就去做嗎？孔子說，有父兄在，怎麼可以聽到就做呢？孔子的意思是說，應該先和父親、兄長商量一下，聽一聽他們的意見。冉有問同樣的問題，孔子的答覆卻不一樣。孔子說，就該去做。公西華在旁聽了覺得困惑，他問孔子，子路問聽到就去做嗎？先生說有父兄在。冉有問聽到就去做嗎？先生說，聽到就該去做，為什麼他們問同樣的問題，卻給他們不同的答覆？孔子說，冉有的性格退縮，所以讓他進取。子路的性格好強，所以讓他退讓。

孔門傑出弟子

《史記．仲尼弟子列傳》所載孔子弟子顯有年、名及受業聞見於書傳的三十五人，無年及不見於書傳的四十二人，共七十七人。所謂見於書傳是指《論語》、《禮記》等書有記載的。不過細查〈列傳〉的三十五人，其中十二人無年齡記載，五人不見於書傳。《論語．先進．二》列出孔門四科十位傑出的弟子：

德行：顏淵、閔子騫、冉伯牛、仲弓。語言：宰我、子貢。政事：冉有、季路。文學：子游、子夏。

顏淵少孔子三十歲，在《論語》中出現十七次。他是孔子最欣賞的學生。孔子稱讚他好學，「其心三月不違仁」、又說他貧而不改其樂。孔子有次問子貢，「女與回孰愈？」你和顏回哪個更優秀？子貢回答說，「賜也何敢望回？回也聞一以知十，賜也聞一以知二。」我哪敢和顏回比，顏回聽到一件事就能知道十件，我聽到一件只能知道二件，我怎能和顏回相比呢？孔子說：「弗如也！吾與女弗如也。」孔子居然說，不如呀，我和你都不如呀！（《論語．公冶長．八》）宋儒認為顏回的造詣與聖人相去只有一息，要學顏回之所學，以求成聖。可惜我們看不出，顏回在《論語》或其他文獻中，留下什麼資料讓後人去學。

閔子騫少孔子十五歲，在《論語》中出現五次。子騫名損，以孝行聞名於世。他最有名的故事是母親去世，父親再娶，又生了兩個兒子。一日天寒，子騫為父親駕車，轠繩掉落。父親持他的手，發現衣著單薄，回家看另外兩個兒子，衣著都很溫暖，因此要和這位後母離婚。子騫勸阻說：「母在一子寒，母去三子寒。」孔子稱讚子騫說：

孝哉閔子騫，人不間於其父母昆弟之言。（《論語．先進．四》）

意思是說，閔子騫的父母兄弟稱其孝友，別的人也都異口同聲這麼說。所以閔子騫的孝友是盡人皆知的。孔子並稱讚閔子騫不多言，言必有中。

> 魯人為長府。閔子騫曰：「仍舊貫，如之何？何必改作？」子曰：「夫人不言，言必有中。」（《論語・先進・十三》）

長府是魯國府庫。有關官員想要改建府庫。閔子騫說，將原來的府庫加以整修如何？何必改建呢？孔子說，這個人呀，平常不說話，說話都很中肯。子騫又是一位潔身自愛的君子。

> 季氏使閔子騫為費宰。子騫曰：「善為我辭焉。如有復我者，則吾必在汶上矣。」（《論語・雍也・七》）

費是季氏的封邑，也是他的大本營。季氏派人請閔子騫擔任費邑的首長。子騫對來使說，請代我婉辭；如果再有人找我，我就要避居到汶上了。

冉伯牛名耕，〈列傳〉未提到他的年齡。他在《論語》中只出現兩次。冉伯牛品德好，可惜患了不治之症。孔子去看他，隔著窗戶執他的手，很感傷的說：

亡之！命矣夫？斯人也，而有斯疾也！斯人也，而有斯疾也！（《論語．雍也．八》）

怎麼這樣的人會得這樣的病呢！

仲弓姓冉名雍，〈列傳〉未提到他的年齡，在《論語》中出現十一次。仲弓沉默寡言，居敬行簡，能察納雅言，但有自己的主張。孔子說他有王者的氣象。

或曰：「雍也，仁而不佞。」子曰：「焉用佞？禦人以口給，屢憎於人。不知其仁，焉用佞？」（《論語．公冶長．四》）

子曰：「雍也，可使南面。」仲弓問子桑伯子。子曰：「可也，簡。」仲弓曰：「居敬而行簡，以臨其民，不亦可乎？居簡而行簡，無乃大簡乎？」子曰：「雍之言然。」（《論語．雍也．一》）

有人說冉雍有仁德，但不是很會說話。孔子說，哪裡用得著會說話呢？與人交往而言語便捷，往往令人生厭。我不知冉雍是不是仁，但是用不著會說話。孔子認為冉雍有王者氣象，可使南面為君。冉雍問，子桑伯子如何？孔子說可以了，他不在小處計較。冉雍說，平常認真，行事不在小處計較，這樣對百姓也就可以了。如果平常不認真，行事又不在小處計較，未免太漫不經心了吧？孔子聽了說，冉雍的話是對的。

宰予字子我，在《論語》中出現七次，〈列傳〉中未提到他的年齡。宰予能言善辯，在孔門語言科排名第一，尚在子貢之前。孔子對他功利主義的價值觀不以為然，也不喜歡他言行不一、說話不誠實的態度。

宰予晝寢。子曰：「朽木不可雕也，糞土之牆不可杇也，於予與何誅。」子曰：「始吾於人也，聽其言而信其行。今吾於人也，聽其言，而觀其行。於予與改是。」（《論語・公冶長・九》）

宰予白天睡覺，孔子說，腐朽的木頭不可以雕刻，糞土糊成的牆壁不可以粉刷。對於宰予，還有什麼可以責備的呢？孔子又說，從前我對人，聽他怎麼說，就相信他會怎麼做，現在我對人，聽他怎麼說，還要觀察他怎麼做。我因為宰予而有此改變。不過宰予真的很會說話。

宰我問：「三年之喪，期已久矣。君子三年不為禮，禮必壞；三年不為樂，樂必崩。舊穀既沒，新穀既升，鑽燧改火，期可已矣。」子曰：「食夫稻，衣夫錦，於女安乎？」曰：「安。」「女安則為之。夫君子之居喪，食旨不甘，聞樂不樂，居處不安，故不為也。今女安，則為之。」宰我出。子曰：「予之不仁也！子生三年，然後免於父母之懷。夫三年之喪，天下之通喪也。予也，有三年之愛於其父母乎？」（《論語．陽貨．二十一》）

宰予問孔子，居喪三年，一年已經夠久了。君子如果三年不實施禮，禮一定會敗壞，三年不演奏樂，樂一定會荒廢。一年之中舊穀已經吃完，新穀已經收成，鑽木取火的木頭也更換了，一年已經可以了。孔子問他，居喪期間，要你吃精米、穿華服，你心安嗎？宰予說，心安。孔子說，你心安就去做吧。君子居喪期間，吃美食吃不出美味，聽音樂不覺得快樂，居處舒適，心裡感到不安，所以不做。現在你既然覺得心安，那麼就去做吧。宰予出去後，孔子說，宰予真是不仁呀！小孩子生下來三年，才能脫離父母的懷抱，所以三年之喪是天下通行的守喪期間。宰予對父母有三年之愛嗎？孔子所說的，正是「人而不仁，如禮何？人而不仁，如樂何？」（《論語・八佾・三》）

子貢姓端木名賜，少孔子三十一歲，在《論語》中出現四十四次，僅次於子路的四十七次。孔子和子貢師徒之間很多具有深意的對話，都是儒家思想中最重要的元素，特別是以下幾項：

1. 君子無所求

子禽問於子貢曰：「夫子至於是邦也，必聞其政，求之與？抑與之與？」子貢曰：「夫子溫、良、恭、儉、讓以得之。夫子之求之也，其諸異乎人之求之與？」（《論語・學而・十》）

陳子禽問子貢，先生來到這個國家，必定與聞這個國家的政事，是要求人家，還是人家自動和他討論呢？子貢說，先生為人溫和、善良、謙恭、自抑、退讓，所以所到之處，都樂於和他討論政事。先生要求的方式，大概不同於一般人的方式吧？儒家理想人格的特質就是心地善良、謙抑退讓、不與人爭。君子無所求，縱然有所求，也是做好準備，等待機會，不會巴結去爭取。

2. 貧而樂，富而好禮

子貢曰：「貧而無諂，富而無驕，何如？」子曰：「可也。未若貧而樂，富而好禮者也。」子貢曰：「詩云：如切如磋，如琢如磨。其斯之謂與？」子曰：「賜也，始可與言詩已矣。告諸往而知來者。」（《論語．學而．十五》）

子貢說，貧窮但不諂媚，富有但不驕傲，怎麼樣呢？孔子說，可以了。不過不如貧窮然而快樂，富有然而好禮。子貢說，《詩》中說，如同切割與磋光，如同雕刻與磨亮，就是這個意思嗎？孔子說，賜呀，從現在開始，可以和你談《詩》了。告訴你過去，就知道未來。

貧窮仍然快樂，是因為財富並非人生最重要的價值，更重要的價值是品德和智慧，這是儒家文化和現代資本主義最根本的不同。資本主義一切重大弊端，都是因為把利放在倫理道德的前面；一個富而好禮的社會，才不會為了利益而破壞社會的和諧與秩序。「貧而樂，富而好禮」，和「貧而無諂，富而無驕」相比，是更正面積極的人生態度，正如治骨角的工匠，切割後還要磋光，治玉石的工匠，雕琢後還要磨亮。

3. 己所不欲，勿施於人

子貢問曰：「有一言而可以終身行之者乎？」子曰：「其恕乎？己所不欲，勿施於人。」（《論語・衛靈公・二十三》）

子貢問，有一個字可以讓我們一輩子奉行的嗎？孔子說，這不就是恕嗎？自己不想要的事，不要加到別人身上。「己所不欲，勿施於人」，是全世界共同接受的「金律」，普世價值，正是儒家理想人格的基本特質。

4. 己欲立而立人，己欲達而達人

子貢曰：「如有博施於民，而能濟眾，何如？可謂仁乎？」子曰：「何事於仁，必也聖乎？堯舜其猶病諸。夫仁者，己欲立而立人，己欲達而達人。能近取譬，可謂仁之方也已。」（《論語・雍也・二十八》）

《論語》的這一章，前文已有解釋。「己所不欲，勿施於人」只是消極的不做傷害別人的事，猶如亞當・史密斯三美德中的「公平」（justice），公平就是不減少別人的利益；「己欲立而立人，己欲達而達人」則是積極的幫助別人，猶如史密斯三美德中的「仁慈」（benevolence），仁慈就是增加別人的利益。從自己想到別人，自己好也希望別人好，就是仁。

冉有名求、字子有，少孔子二十九歲，在《論語》中出現十七次。冉有多才多藝。

子路問成人。子曰：「若臧武仲之知，公綽之不欲，卞莊子之勇，冉求之藝，文之以禮樂，亦可以為成人矣……。」（《論語・憲問・十三》）

成人是指人格完美，冉求之藝是構成完美人格的條件之一，可見孔子對冉有的重視。

季康子問：「仲由可使從政也與？」子曰：「由也果，於從政乎何有？」曰：「賜也，可使從政也與？」曰：「賜也達，於從政乎何有？」曰：「求也，可使從政也與？」曰：「求也藝，於從政乎何

有？」（《論語・雍也・六》）

仲由是子路，子路果決；賜是子貢，子貢通達；求是冉有，冉有多藝。子路、子貢和冉有是孔門弟子中最幹練，最會做事的人。不過冉有處事圓融、務實，有時候失去原則，因此會受到老師責罵。有一次孔子真的氣壞了：

季氏富於周公，而求也為之聚斂，而附益之。子曰：「非吾徒也！小子鳴鼓而攻之可也。」（《論語・先進・十六》）

不過冉求始終是孔子忠心的弟子；冉有並善於軍事。魯哀公十一年（西元前四八四年）齊師伐魯。魯國倉促成軍，季孫氏以冉有帥左師，孟懿子以其子孟孺子帥右師。臨敵右師敗走，左師大敗齊軍。由於冉有的表現，以及他對孔子的推崇，這年冬天，季康子備好了禮物，迎孔子返魯，結束了十四年在外漂泊的日子。

季路就是子路，名仲由，少孔子九歲，在《論語》中出現四十七次。由於年齡比較接近孔子，又是孔門早期的弟子，所以弟子之中只有他一個人敢對老師出言頂撞，也常受到老師責備，但無礙於師徒之間的感情；他也是老師身邊的「鐵粉」。孔子曰：「自吾得由，惡言不聞於耳。」（〈列傳〉）子路拚死維護孔子的尊嚴。

在《論語》孔子和子路的多次對話中，有兩章意義特別重大，關係到儒家思想中君子的概念和正名：

> 子路問君子。子曰：「修己以敬。」曰：「如斯而已乎？」曰：「修己以安人。」曰：「如斯而已乎？」曰：「修己以安百姓。修己以安百姓，堯舜其猶病諸。」（《論語・憲問・四十五》）
>
> 子路曰：「衛君待子而為政，子將奚先？」子曰：「必也，正名乎？」子路曰：「有是哉！子之迂也。奚其正？」子曰：「野哉！由也。君子於其所不知，蓋闕如也。名不正，則言不順；言不順，則事

不成；事不成，則禮樂不興；禮樂不興，則刑罰不中；刑罰不中，則民無所措手足。故君子名之必可言也，言之必可行也。君子於其言，無所苟而已矣。」（《論語・子路・三》）

這兩章前文多次提到，不需要再加解釋。「正名」和「君子」在孔子治國安天下的理想中，扮演重要角色；還缺少的一個角色就是禮。禮在現代社會中為社會的誘因制度，也是倫理的支援體系，正名的意義即在實踐倫理。

子夏是卜商的字，少孔子四十四歲，是孔子晚年的弟子，在《論語》中出現二十三次。他和孔子之間的對話，最重要的一次正是談禮，可惜較少受到後世儒者的注意，應是儒家思想發展中最不幸的一件事。

子夏問曰：「巧笑倩兮，美目盼兮，素以為絢兮。何謂也？」子曰：「繪事後素。」曰：「禮後乎？」子曰：「起予者商也！始可與言詩已矣。」（《論語・八佾・八》）

《論語》這一章的重大意義，本書第三章已經有充分討論。這一聯詩句說的是一位素顏美女的巧笑和盼顧動人。子夏從「繪事後素」領悟到「禮後」。禮在什麼之後呢？在倫理之後。社會的和諧與秩序需要每個人謹守做人的分際，扮演好自己的社會角色，做人的分際就是倫理，扮演好自己的角色，就是正名。在孔子時代，禮為人的行為提供了儀式、規矩及其實施機制，作為倫理的誘因制度與支援體系，所以稱禮制。禮制敗壞，很多人不守本分，社會失序，這時候就只靠君子保存社會的生機了。

子游是言偃的字，少孔子四十五歲，在《論語》中出現八次，他和子夏、曾參，少孔子四十六歲，子張，少孔子四十八歲，是孔子晚年的弟子。子游在武城的事蹟受到孔子稱許。

三、教育的目的

孔子的理想世界是一個個體與群體和諧的社會。在這個社會中，個人追求理想人生，可以達成孔子心目中的理想社會。

孔子所處的時代是技術與經濟停滯的時代，一九七一年諾貝爾經濟學獎得主顧志耐稱之為「傳統停滯時代」(traditional stagnation epoch)。傳統停滯時代並非沒有技術進步，而是沒有長期持續不斷的技術進步。偶發一次性的技術進步，使勞動生產力提高，社會的總產值，即GDP增加，人均產值因而增加，生活改善，然而人口隨之增加，使人均產值重回原來的水準。所以傳統停滯時代只有GDP增加，沒有人均GDP增加。因此孔子的理想世界，不追求經濟進步或經濟成長，只追求社會和諧，讓人民在和諧的環境中安居樂業，過幸福的日子。

十八世紀後半，工業革命從英國開始展開，技術進步在科技研發和資本主義制度支持下，取得長期持續不斷的性質，帶領世界進入顧志耐的現代成長時代（modern growth epoch），理想世界就必須在社會和諧之外，加上經濟進步或經濟成長。

孔子的理想人生最根本的部分，是倫理優先的價值觀。所謂價值就是可以直接滿足我們內心需要，讓我們感到幸福的東西，主要為倫理、財富，以及社會地位與名聲；由於可以直接滿足我們內心的需要，所以叫作「內在價值」（intrinsic value），也是人生追求的「最終目的」（ultimate end）。

倫理就是人與人之間適當的關係。倫理的實踐是道德，道德表現在行為之上為品德，具有品德之人為君子。君子是孔子理想人格的典型。孔子的理想人生包括三個階段，代表三種不斷提升的境界，就是「修己以敬」、「修己以安人」、「修己以安百姓」。

> 子路問君子。子曰：「修己以敬。」曰：「如斯而已乎？」曰：

「修己以安人。」曰：「如斯而已乎？」曰：「修己以安百姓。修己以安百姓，堯、舜其猶病諸。」（《論語．憲問．四十五》）

孔子的理想世界是一個和諧安定的社會。如何從追求個人的理想生活，到達成理想的世界，就是孔子一生念茲在茲所追求的「道」。「道」就是道路，一條達到目的的道路，有時也表示一種原則，一種理想或一種思想體系。

這三種境界可以進，可以止，可以退。代表儒家動態平衡的理想人生。儒家永遠追求更高的理想境界，希望對社會有更多的貢獻，從「安人」到「安百姓」。不過「修己以安百姓」需要很多主觀和客觀的條件，「堯、舜其猶病諸」，不是每個人都能做到，也不需要每個人做到。儒者進則兼善天下，退則獨善其身，只做社會的資產，不為社會的負債。停留在任何階段都可以安身立命。

「修己」是養成個人完美的人格。完美的人格不僅包括品德，也包括知識與才能。「修己以敬」是說以認真虔誠的態度，修養自己的品德和學問，達到人格的完美。

子曰：「志於道，據於德，依於仁，游於藝。」（《論語．述而．六》）

雖然「志於道」，亦即立志追求理想的人生，但不必一定做到「安人」和「安百姓」。但一定要站穩道德的立場，常抱仁慈的情懷，游息於各種才藝之中。孔子說：「君子多乎哉？不多也。」（《論語．子罕．六》）

不過倫理源於人性利他之心，富與貴源於人性利己之心。人的利他之心薄弱，利己之心強烈，所以淡泊名利方能優先倫理。因此子路問成人，孔子的答覆，除了「臧武仲之知」、「卞莊子之勇」、「冉求之藝」，還有「公綽之不欲」。（《論語．憲問．十三》）

從以上的討論可知，為什麼儒家不需要功名利祿，依然可以快樂的過一生。

子曰：「飯疏食，飲水，曲肱而枕之，樂亦在其中矣。不義而富且貴，於我如浮雲。」（《論語・述而・十五》）

子曰：「賢哉！回也。一簞食，一瓢飲，在陋巷。人不堪其憂，回也不改其樂。賢哉！回也。」（《論語・雍也・九》）

儒家常有隱逸的思想。

子曰：「道不行，乘桴浮於海。從我者其由與？」（《論語・公冶長・六》）

孔子說，理想如果不能實現，我要乘竹筏，隱居海外。跟隨我的是子路吧？

子欲居九夷。或曰：「陋，如之何？」子曰：「君子居之，何陋之有？」（《論語・子罕・十三》）

東方的夷人有九種，所以稱九夷。孔子想要隱居到文化比較落後的夷人之地。有人提醒他，那種地方簡陋，如何住得下去呢？孔子說，君子居之，怎麼會簡陋呢？

孔子弟子原憲在孔子去世後，隱居於窮鄉僻壤之處，他的老同學子貢為衛相，結駟聯騎遠道去看他。原憲穿戴破舊的衣冠見子貢，讓子貢覺得有失顏面。

> 曰：「夫子豈病乎？」原憲曰：「吾聞之，無財者謂之貧，學道而不能行者謂之病。若憲，貧也，非病也。」子貢慚，不懌而去，終身恥其言之過也。（《史記．仲尼弟子列傳》）

子貢說，先生病了嗎？原憲說，我聽人說，沒錢叫作貧，學道而不能實踐叫作病。像我這樣是貧，不是病。子貢聽了感到慚愧，懷著悔恨的心情離開，終身以說錯了話為恥。

「不戚戚於貧賤，不汲汲於富貴。」（陶淵明：〈五柳先生傳〉）品格高潔，學殖豐厚，勝於擁有富貴。學養本身就是人生的內在價值，也是人生追求的終極目的，不是作為工具，用以換取世俗的利益。

> 子曰：「古之學者為己，今之學者為人。」（《論語・憲問・二十五》）

為人就是以所學取悅於人，以取得功名利祿。孟子說：

> 有天爵者，有人爵者。仁義忠信，樂善不倦，此天爵也。公卿大夫，此人爵也。古之人，修其天爵，而人爵從之。今之人，修其天爵，以要人爵。既得人爵，而棄其天爵，則惑之甚者也！終亦必亡而已矣。（《孟子・告子・十六》）

品德是天賜的爵位，官職是人給的爵位。古時候的人，修養天賜的爵位，人給的爵位就隨之而來。今天的人，修養天賜的爵位，為了得到人給的爵位，得到人給的爵位後，拋棄天賜的爵位，真是糊塗到了極點。最後人給的爵位一定也會失去。

修其天爵就是為己，因為品德本身就是人生追求的目的。修其天爵以要人爵，就是為人，因為品德被利用當作手段，以博取好感，獲得功名利祿，而功名利祿才是真正想追求的目的。

孔子的理想人生從追求自己人格完善，進而幫助他人，幫助全天下的人，而不是為了功名利祿。

> 子曰：「君子謀道不謀食。耕也，餒在其中矣；學也，祿在其中矣。君子憂道不憂貧。」（《論語・衛靈公・三十一》）

君子謀求實現人生的理想，不是解決自己的生活問題。努力耕田，有時免不了飢餓；努力求學，一定會得到一份職務和俸祿。君子擔心的是不能實現理想，不是貧窮。

不要擔心得不到職位，要擔心沒有擔任那個職位的能力。不要擔心別人不知道你，要培養自己的能力讓人家知道。

子曰：「不患無位，患所以立；不患莫己知，求為可知也。」（《論語・里仁・十四》）

如何「求為可知」？

子張學干祿。子曰：「多聞闕疑，慎言其餘，則寡尤；多見闕殆，慎行其餘，則寡悔。言寡尤，行寡悔，祿在其中矣。」（《論語・為政・十八》）

子張問如何謀取職位。孔子說，多聽，對自己懷疑的部分暫且不說，其餘不懷疑的部分小心說，就會少過錯；多看，對自己不放心的部分暫且不做，其餘沒有問題的部分小心做，就會少後悔。說話少過錯，做事少後悔，自然就會有人給你職位和俸祿。

孔子和孟子對求學和就業的主張，都隱含著一個假定，就是社會有健全的誘因制度，獎善懲惡，選拔品學兼優的人才，進入政府，服務人民，這個制度在他們的時代就是「禮」。周禮在儀式和規矩之外，還包括國家治理的系統，由「天子統三公，三公率諸侯，諸侯制卿、大夫，卿、大夫治士、庶人」，支配國家資源，讓天下人才為其「奔走而服務」。（《資治通鑑》，〈周記〉）

不過東周到了孔子時代，已經禮壞樂崩，天子失去權威，靠有力的諸侯支持，勉強維持形式上的尊嚴。在諸侯的層級，以魯國為例，魯昭公想要制裁季平子，結果為季孫、叔孫、孟孫三家聯合所敗，逃亡國外，死後方得返魯。孔子在陽虎擅權，裹脅定公和三桓，兵敗奔齊後，出任中都宰。由於政績昭著，以及夾谷之會的貢獻，受到定公重用，也得到季氏的信任。然而墮三都失敗，黯然離開魯國。他究竟是自願，抑在三桓的壓力下離開，我們看不到證據。如果是自願離開，為什麼周遊列國找不到實施理想的機會，不早日返國，要等到季康子迎回呢？

禮是社會的制度，應隨歷史發展、國際形勢與人際關係改變而調整。東周列國爭雄，魯國北有強齊，南有吳、楚，孟孫氏的根據地郕和叔孫氏的根據地郈，是魯國北方的重鎮，季孫氏的大本營費是南方的屏障，戰略地位重要，周制「邑無百雉之城」應已不合時宜。而且魯國的軍政大權久已落入三桓，特別是季孫氏之手，城池的大小並非問題的重點。以魯國當時的政治形勢，孔子不可能動搖三桓的勢力，墮三都得罪於巨室，自然使他的政治改革無法繼續。

如今世界進入現代成長時代，經濟和社會的結構都發生重大改變。個人貢獻於社會的途徑多元，能進入政府和願意進入政府的人只是少數。求學的目的在「為己」之外，需要增加專業教育。社會誘因制度當然也應與時俱進，才能發揮整合個人努力與社會目的的功能。

四、倫理為先的全人教育

孔子期許弟子為君子，而君子的最高境界是「修己以安百姓」。所以他給弟子的教育是全人教育，希望他們成為全方位的人才。

子曰：「君子不器。」（《論語．為政．十二》）

不器就是全方位的人才，不是局限於一方面的專業。顏回就是他心目中全方位的人才。

子曰：「回也，其庶乎？屢空。賜不受命而貨殖焉，億則屢中。」（《論語．先進．十八》）

顏回的道德學問差不多了吧？但卻常常貧窮。子貢不接受天命的召喚而經商，預測市場卻常常料中。

子貢問曰：「賜也何如？」子曰：「女器也。」曰：「何器也？」曰：「瑚璉也。」（《論語．公冶長．三》）

子貢請教老師如何看他，或者對他如何評價。孔子說，你是器具。子貢再問，我是什麼器具，孔子說，你是瑚璉，瑚璉是宗廟之中用以盛穀物的祭器，夏稱瑚，商稱璉。瑚璉雖然是一種高貴的器具，但仍然只是器具。

因為孔子處於技術與經濟停滯的傳統停滯時代，工商業不發達，所以他希望第一流的人才進入政府，為國家做事，以增進全民的福祉。如果換成今天科技日新月異，經濟不斷成長的現代成長時代，棄儒從商，創造價值，提供就業，對社會同樣有貢獻，而且是更直接的貢獻。

孔子的另外一位弟子樊遲對農業有興趣：

樊遲請學稼，子曰：「吾不如老農。」請學為圃。子曰：「吾不如老圃。」樊遲出。子曰：「小人哉，樊須也。上好禮，則民莫敢不敬；上好義，則民莫敢不服；上好信，則民莫敢不用情。夫如是，則

四方之民襁負其子而至矣，焉用稼？」（《論語・子路・四》）

樊遲請求學種田，孔子說，我不如老農夫；請求學種菜，孔子說，我不如老菜農。樊遲出去後，孔子說，樊須真是小民呀。居高位的人如果好禮，則人民沒有敢不恭敬的；居高位的人如果好義，則人民沒有敢不遵從的；居高位的人如果好信，則人民沒有敢不真誠的。居高位的人如能做到好禮、好義、好信，那麼四方的百姓就會用布條背負著他們的孩子而來，哪裡用得著種田呢？

孔子的教育是倫理為先的全人教育。《論語》中的學包括品德之學、知識之學和才藝之學，而品德之學最重要。

魯哀公問：「弟子孰為好學？」孔子對曰：「有顏回者好學，不遷怒，不貳過。不幸短命死矣！今也則亡，未聞好學者也。」（《論語・雍也・二》）

魯哀公問孔子，弟子當中哪一位好學？孔子回答說，有一位叫顏回的好學，顏回受了氣不轉發到別人身上，同樣的過錯不犯第二次，可惜他短命死了。現在沒有了，沒聽說有好學的。顏回死於魯哀公十四年（西元前四八一年），孔子七十一歲。所以哀公和孔子這段對話發生在孔子在世最後兩年。

不遷怒、不貳過是美德，魯哀公問的是好學，孔子回答的是品德。品德是孔子教育中最重要的部分。

子曰：「弟子入則孝，出則弟，謹而信，汎愛眾，而親仁；行有餘力，則以學文。」（《論語．學而．六》）

年輕人在家孝敬父母，出外尊重長上，做事謹慎，說話守信，懷著寬廣的愛心，但特別親近品德高尚之人。這些都是美德，實踐美德之後如果還有餘力，就去學習知識與才藝。

司馬遷在《史記．孔子世家》中說：「孔子以詩、書、禮、樂教」，又說弟子：「身通六藝者七十有二人」。唯在〈仲尼弟子列傳〉中則說：「受業身通者七十有七人。」「身通」之後疑脫落「六藝」二字。所謂六藝，就是詩、書、禮、樂、易、春秋。不過孔子在魯哀公十一年（西元前四八四年）冬自衛返魯後，才因魯史作《春秋》，所以《春秋》至少不可能成為孔子早年的教材。又，孔子晚年方學易，他說：

> 假我數年以學易，可以無大過矣。（《論語・述而・十六》）

所以《易》也不太可能成為他的教材。他主要使用的教材就是《詩》、《書》、《禮》、《樂》。

詩禮之教

孔子施教的知識之學，包括《詩》、《書》、《禮》、《樂》，不過仍以倫理道德貫穿其中。《書》基本上就是現在的《書經》，記載的是堯、舜、禹、湯、文、武、周公之治。可以說是歷史教育，但也傳達了聖主明君仁愛、誠、信的德政。

根據《史記．孔子世家》，「古者詩三千餘篇」，孔子刪為三〇五篇。不過韓兆琦在其《新譯史記》的注釋中，認為《詩》在孔子時已基本定型，孔子只是將其整理、編定，並沒有將三千餘篇刪為三百餘篇之事。現在我們看到的《詩經》，包括風、雅、頌三部分。風共有一六〇篇，內容是各諸侯國風俗歌謠之詩，反映人民的生活與感受，由諸侯采之貢於天子，藉以考其俗尚之美、惡，知其政治之得失。小雅、大雅共有一〇五篇。小雅是宴饗之詩，其所表現的是「歡欣和說，以盡群下之情」；大雅是朝會之歌，表現的是「恭、敬、齊、莊，以發先王之德」。頌是宗廟祭祀之詩，共四十篇，主要是頌揚先王之美德與事功，告於神明。

孔子說：

> 興於詩，立於禮，成於樂。（《論語．泰伯．八》）

詩訴諸人的情感，最能鼓舞人心，使人發憤努力，所以說「興於詩」。禮規範人的行為，包括視、聽、言、動。孔子告訴顏回：「非禮勿視，非禮勿聽，非禮勿言，非禮勿動。」（《論語．顏淵．一》）視、聽、言、動皆合於禮，就會受人尊敬，所以說「立於禮」。樂涵養人的性情，使之純正，不致流於卑邪，成就做人的品德，所以說「成於樂」。

孔子又說：

> 小子，何莫學夫詩？詩，可以興，可以觀，可以群，可以怨。邇之事父，遠之事君。多識於鳥獸草木之名。（《論語．陽貨．九》）

小子是孔子稱呼他的弟子們，何不學詩呢？關於「詩，可以興」的部分，上文已有討論。詩讚美或諷刺政治，抒寫風俗民情，可以反映政府施政的得失，所以說「可以觀」。詩教溫柔敦厚，並且用音樂表達，使人的性情歸於平和，易於與人相處，所以說「可以群」。詩又表達人的哀怨之情，哀而不傷，怨而不怒，不言理而言情，不說服人而感動人，所以說「可以怨」。我們從詩中所學，從小處說，可以事奉父母，從大處說，可以事奉君主。詩中多用鳥獸草木託物敘事，所以可以「多識鳥獸草木之名」，豐富語言的內容，所以孔子說：「不學詩，無以言」、「不學禮，無以立」。（《論語・季氏・十三》）

樂調和人的性情，使歸於平和；禮節制人的行為，使符合倫理。如果人人都能依倫理而行，各自扮演好自己的社會角色，社會就可達到和諧，人民就會得到安寧，所以人縱然已經具備了優良的美德，仍需要以禮節之。

子曰：「恭而無禮則勞，慎而無禮則葸，勇而無禮則亂，直而無禮則絞。君子篤於親，則民興於仁；故舊不遺，則民不偷。」（《論語・泰伯・二》）

孔子說，恭敬而不知禮就會勞累，謹慎而不知禮就會畏怯，勇敢而不知禮就會悖亂，率直而不知禮就會莽撞。在上位的人能厚待親人，百姓就會跟著對人仁厚；在上位的人能不遺棄故交舊友，百姓對人就不會刻薄無情。

禮包括儀式、規矩和制度三部分，以上所說是規矩。儀式是社會活動的象徵性或形式化行為，適用於祭拜、朝會、外交、婚、喪、喜、慶、以及各種不同人際關係的交往，用以表達特別的情感。孔子時代禮的儀式達到非常瑣細的程度，重要場域「失禮」是很嚴重的事。所以孟釐子因為相魯昭公訪問楚國，途經鄭國和抵達楚國時，不能襄助禮儀，感到羞愧。返魯後學禮，並且遺命他的兩個兒子孟懿子和南宮敬叔從孔子學禮。而魯定公與齊景公夾谷之會，魯由孔子相定公赴會。

再舉一個簡單的例子：

> 孔子與門人立，拱而尚右，二、三子亦皆尚右。孔子曰：「二、三子之嗜學也，我則有姊之喪故也。」二、三子皆尚左。（《禮記．檀弓上》）

孔子和他的弟子站在一起，拱手而將右手放在左手之上。弟子也照他的樣子將右手放在左手之上。孔子說，你們各位太好學了，我將右手放在左手之上是因為有姊喪，於是弟子們將左手放在右手之上。

儒家重視禮的形式，所以魯昭公二十五年（西元前五一七年），孔子初次訪問齊國，齊景公想加以重用，晏子勸阻，有下面一段話：

今孔子盛容飾，繁登降之禮，趨詳之節，累世不能殫其學，當年不能究其禮。君欲用之以移齊俗，非所以先細民也。（《史記．孔子世家》）

現在孔子講究穿裝打扮，登堂、下堂、行走的各種複雜禮節，幾輩子學不完他們的儀式，當年弄不清楚他們的禮節，君主想用來改變齊國的習俗，實在不是教育百姓的理想方式。司馬談論六家要旨，也說儒者「博而寡要，勞而少功」，不過「若夫列君臣父子之禮，序夫婦長幼之別，雖百家弗能易也。」（《史記．太史公自序》）

不過孔子雖然重視一些禮的形式，我們也不要忘記他對「禮後乎」的認同，以及他所說過一些話：

子曰：「人而不仁，如禮何？人而不仁，如樂何？」（《論語．八佾．三》）

林放問禮之本，子曰：「大哉問，禮，與其奢也，寧儉；喪，與其易也，寧戚。」（《論語．八佾．四》）

畢竟禮只是形式，倫理才是根本。而且司馬遷說得好：

余至大行禮官，觀三代之損益，乃知緣人情而制禮，依人性而作儀，其所由來尚矣。（《史記．禮書》）

禮必須隨社會變遷與時俱進，否則就會成為社會進步的絆腳石。

語言也是孔子施教重要的一部分，所以與德行、政事、文學合為孔門四科。不過孔子的語言教育並非教人花言巧語，而是說話要真誠。孔子最不喜歡宰予的言行不一，他說：

始吾於人也，聽其言而信其行。今吾於人也，聽其言，而觀其

行。於予與改是。」（《論語・公治長・九》）

子貢「利口巧辭」，孔子也常加以貶抑，給他一點挫折，以免他出言傷人，或說大話，傷害到自己的品格。

子貢方人。子曰：「賜也，賢乎哉？夫我則不暇。」（《論語・憲問・三十一》）

「方」就是謗。子貢喜歡評論人家的過失。孔子告誡他說，你有那麼好嗎？我就沒有那麼多閒工夫批評別人。

子貢曰：「我不欲人之加諸我也，吾亦欲無加諸人。」子曰：「賜也，非爾所及也。」（《論語・公治長・十一》）

「我不欲人之加諸我也，吾亦欲無加諸人。」就是「己所不欲，勿施於人」的意思。這原是一句好話，不過孔子覺得子貢還未能做到，所以告誡他：

這不是你能做得到的。

言行要一致。孔子說：「君子恥其言而過其行。」（《論語・憲問・二十九》）就是言過其實，說到要能做到。孔子說：「其言之不怍，則為之也難。」（《論語・憲問・二十一》）說大話不臉紅，做起來就難了。

基本上，孔子不喜歡多話的人。他說：「剛毅，木訥，近仁。」（《論語・子路・二十七》）又說「君子欲訥於言，而敏於行。」（《論語・里仁・二十四》）訥是講話遲鈍的意思。司馬牛問仁。孔子說：「仁者，其言也訒。」曰：「其言也訒，斯謂之仁已乎？」子曰：「為之難，言之得無訒乎？」（《論語・顏淵・三》）訒也是講話遲鈍的意思。做起來困難，說起來能不謹慎嗎？

孔子最不喜歡甜言蜜語，看人臉色說討好的話：

子曰：「巧言，令色，足恭，左丘明恥之，丘亦恥之。匿怨而友其人，左丘明恥之，丘亦恥之。」（《論語・公冶長・二十四》）

花言巧語，討好的面容，過分的恭敬，左丘明覺得可恥，我也覺得可恥。對人有怨恨，卻匿藏自己的怨恨和人做朋友，左丘明覺得可恥，我也覺得可恥。

子曰：「巧言令色，鮮矣仁！」（《論語．學而．三》、《論語．陽貨．十七》）

這樣的人作踐自己的人格，而且可能別有所圖。孔子又說：「巧言亂德。」（《論語．衛靈公．二十六》）因為花言巧語最能顛倒是非，混淆視聽。

才藝之學

除了倫理和知識，射箭與駕車也是孔門弟子必學的才藝。

達巷黨人曰：「大哉孔子！博學而無所成名。」子聞之，謂門

弟子曰：「吾何執？執御乎？執射乎？吾執御矣！」（《論語．子罕．二》）

達巷有位人士說，孔子真偉大呀！才識淵博而不以一藝成名。他說的就是君子不器的意思。孔子聽了向弟子說，我專長的是什麼呢？是駕車嗎？射箭嗎？還是駕車吧？這是孔子自謙的話，他不敢接受偉大博學的美譽，只謙稱自己善於駕車。

子曰：「君子無所爭，必也，射乎？揖讓而升，下而飲。其爭也君子。」（《論語．八佾．七》）

孔子說，君子沒有相爭的事情，如果有的話，那就是射箭吧？彼此禮讓然後登台，下台一起飲酒，縱然相爭，也表現出君子的風度。

全人教育也包括軍事方面的能力。冉有就是一位優秀的軍事人才。魯哀公十一年（西元前四八四年）齊伐魯，冉有帥左師，在右師敗退的不利情勢下，大敗齊軍。臨敵，樊遲擔任他的右衛。季康子說：「須也弱。」冉有說，「就用命焉。」就是說樊遲雖弱，但戰鬥意志高昂。結果冉有是採用了樊遲的意見，奮勇攻入齊軍。

樊須字子遲，在《論語》中出現十一次。〈仲尼弟子列傳〉說他少孔子三十六歲。如果樊遲少孔子三十六歲，則魯哀公十一年，孔子六十八歲，樊遲三十二歲，很難說他「弱」。《家語》說他少孔子四十六歲比較接近。樊遲如果少孔子四十六歲，則應是孔子晚年自衛返魯後的弟子。

> 樊遲問仁。子曰：「愛人。」問知。子曰：「知人。」樊遲未達。子曰：「舉直錯諸枉，能使枉者直。」樊遲退，見子夏曰：「鄉也吾見於夫子而問知，子曰，『舉直錯諸枉，能使枉者直』，何謂也？」子夏曰：「富哉！言乎。舜有天下，選於眾，舉皋陶，不仁者遠矣。湯有天下，選於眾，舉伊尹，不仁者遠矣。」（《論語·顏淵·二十二》）

樊遲問仁，孔子告以「愛人」，問知，告以「知人」，樊遲未能想通，孔子進一步解釋給他聽，起用正直的人，閒置奸邪的人，能使奸邪的人正直。樊遲仍然不明白，去向子夏請教，子夏說，這句話真是含意豐富！舜為天子的時候，從群眾當中挑選人才，起用了皋陶，不仁的人就遠離了。湯為天子的時候，從群眾中挑選人才，起用了伊尹，不仁的人就遠離了。

類似的話孔子對魯哀公也說過：

哀公問曰：「何為則民服？」孔子對曰：「舉直錯諸枉，則民服；舉枉錯諸直，則民不服。」（《論語．為政．十九》）

魯哀公問怎麼做人民才會遵從呢？孔子回答說，起用正直的人，閒置奸邪的人，人民就會遵從。起用奸邪的人，閒置正直的人，人民就會不從。

孔子另外一位傑出的弟子有若，也是一位勇士。魯哀公八年，吳伐魯，吳王夫差駐軍泗上。魯微虎挑選勇士三百人，準備夜襲夫差，有若就是其中的一員。季康子擔心無謂犧牲加以制止。夫差聽到消息，一夕三遷，然後退兵。有若在《論語》中出現六次。〈列傳〉說他少孔子十三歲。有若如果少孔子十三歲，則魯哀公八年（西元前四八七年），孔子六十五歲，那麼有若已經五十二歲，應不會入選三百勇士之列，披堅執銳，夜襲敵營。《家語》說他少孔子三十三歲，應該比較接近。

有若真是一位文武雙全、智勇兼備的君子；他在《論語》出現過四次。說過一些很有智慧的話：

有子曰：「禮之用，和為貴。先王之道，斯為美，小大由之。有所不行，知和而和，不以禮節之，亦不可行也。」（《論語・學而・十二》）

有子曰：「其為人也孝弟，而好犯上者，鮮矣。不好犯上，而好作亂者，未之有也。君子務本，本立而道生。孝弟也者，其為仁之本與？」（《論語・學而・二》）

這兩章前文已有討論。

哀公問於有若曰：「年饑，用不足，如之何？」有若對曰：「盍徹乎？」曰：「二，吾猶不足，如之何其徹也？」對曰：「百姓足，君孰與不足？百姓不足，君孰與足？」（《論語・顏淵・九》）

徹是抽十分之一的稅，二是抽十分之二的稅。魯哀公歲用不足向有若請教，有若回答說，何不抽十分之一的稅？哀公說，我抽十分之二尚且不足，怎麼要我抽十分之一呢？有若說，百姓富有，國君還怕收不到稅嗎？百姓貧窮，國君向誰收稅呢？

主要參考文獻

・韓兆琦注譯，《新譯史記》，台北市，三民書局，二〇〇八年，〈孔子世家〉，〈仲尼弟子列傳〉。
・沈知方主編、蔣伯潛注釋，《語譯廣解四書讀本》，台中，啟明書局，一九四九年。

·許同萊編，《孔子年譜》，台北市，中華文化出版事業委員會，一九九五年。
·孫震，《半部論語治天下》，台北市，天下文化，二〇一八年。

第七章——孔子的晚年歲月

一、重燃對教育的熱忱

魯哀公十一年（西元前四八四年）冬，孔子在季康子派使迎接下，回到他的故鄉曲阜闕里。他於魯定公十三年去魯赴衛，周遊列國，那年五十五歲，如今已是六十八歲的老人，在那個年代應算是高齡。

曲阜是孔子時代魯國國都的故城，建於洙水和泗水之間。洙水源出泰山，西南流至泗水縣注入泗水，泗水源出泗水縣東部陪尾山南麓泉林寺內，四泉同湧，與洙水合流而西，至曲阜城東北二分，洙水在北，泗水在南。故城呈不規則的長方形，東西最寬處三．七公里，南北長約二．七公里，城牆周長十一．五公里，占地面積約十平方公里。古書記載四周有十二座城門，現已探明十一座，其中南面的稷門，就是當年齊國送魯國女樂文馬，陳於「魯城南高門之外」的高門。城門之間有十三條幹道相通，幹道最寬的達十五米，長達兩千多米。魯國的宮殿宗廟位於故城中部偏北一帶。後世的曲阜城，包括闕里和顏回所居的陋巷，只是故城的西南一隅。不過，如今河川改道，洙水反在泗水之南。

如今我們看到的孔廟內有孔子居住的故宅，講學的杏壇和「詩禮堂」，相傳是孔子告誡伯魚應學詩、禮之處。

陳亢問於伯魚曰：「子亦有異聞乎？」對曰：「未也。嘗獨立，鯉趨而過庭。曰：『學詩乎？』對曰：『未也。』『不學《詩》，無以言。』鯉退而學《詩》。他日，又獨立，鯉趨而過庭。曰：『學禮乎？』對曰：『未也。』『不學《禮》，無以立。』鯉退而學《禮》。聞斯二者。」陳亢退而喜曰：「問一得三，聞詩，聞禮，又聞君子之遠其子也。」（《論語．季氏．十三》）

陳亢就是《史記．仲尼弟子列傳》中的原亢籍。原氏出於陳，陳原同氏，亢字籍，一字子禽，為齊大夫陳子車之弟。伯魚名鯉，是孔子的獨子，年長於陳亢。陳亢問伯魚說，先生有聽到弟子們聽不到的教誨嗎？伯魚回答說，沒有。他老人家有次獨自站立在庭院之中，鯉快步通過，老人家說，學詩了嗎？回答說，沒有。老人家說，不學詩不知怎樣講話，於是鯉退而學詩。又有一次，老人家獨自站立於庭院之中，鯉快步通過，老人家說，學禮了嗎？回答說，沒有。老人家說，不學禮不知怎樣與人相處。於是鯉退而學禮。陳亢離開後很高興的說，問一件事知道了三件，知道詩，知道禮，知道君子與自己的兒子保持一定距離。孔子並不親自教兒子學問，只是偶爾指點一下。

曲阜城南隔著沂水有雩壇，是古代為求雨祭祀所設的祭壇；由於祭祀的時候有音樂和歌舞，所以稱舞雩。這讓我們想到孔子出仕前和弟子的一次愉快相聚。

子路、曾皙、冉有、公西華侍坐。子曰：「以吾一日長乎爾，毋吾以也。居則曰：『不吾知也。』如或知爾，則何以哉？」子路率爾而對曰：「千乘之國，攝乎大國之間，加之以師旅，因之以饑饉；

由也為之，比及三年，可使有勇，且知方也。」夫子哂之。「求，爾何如？」對曰：「方六、七十，如五、六十，求也為之，比及三年，可使足民。如其禮樂，以俟君子。」「赤！爾何如？」對曰：「非曰能之，願學焉。宗廟之事，如會同，端章甫，願為小相焉。」「點！爾何如？」鼓瑟希，鏗爾，舍瑟而作，對曰：「異乎三子者之撰。」子曰：「何傷乎？亦各言其志也。」曰：「莫春者，春服既成；冠者五、六人，童子六、七人，浴乎沂，風乎舞雩，詠而歸。」夫子喟然歎曰：「吾與點也！」三子者出，曾皙後。曾皙曰：「夫三子者之言何如？」子曰：「亦各言其志也已矣。」曰：「夫子何哂由也？」曰：「為國以禮，其言不讓，是故哂之。」「唯求則非邦也與？」「安知方六、七十，如五、六十，而非邦也者？」「唯赤則非邦也與？」「宗廟會同，非諸侯而何？赤也為之小，孰能為之大？」（《論語．先進．二十五》）

這段對話譯成白話如下：

子路、曾皙、冉有、公西華陪侍夫子而坐，夫子說：「你們不要因為我年紀比你們大幾歲，就不敢講話。你們私下常說：『沒有人知道我呀。』如果有人知道你了，要加以重用，你要怎麼做呢？」子路不加思索搶著回答說：「一個有戰車千輛的國家，夾在大國之間，外有大軍壓境，內部食用不足，如果讓我來做，不到三年，可使人民勇敢，並且知道為何而戰。」夫子笑而不言。「求，你怎麼樣呢？」冉有回答說：「一個長寬六、七十里或五、六十里的國家，如果讓我來做，不到三年，可使人民富足。至於這國家的禮樂教化，則要等待賢能的君子。」「赤，你怎麼樣呢？」公西華回答說：「不是說能做到，只是說願意學習。在宗廟祭祀的活動，或諸侯之間的會盟，我希望穿起『立端』的禮服，戴上『章甫』的禮帽，扮演一個小相的角色。」「點，你怎麼樣呢？」曾皙的瑟聲轉稀，然後鏗然一聲而止，放下瑟起立，回答說：「和三位說的不一樣。」夫子說：「有什麼關係呢？不過是各自談談自己的志向罷了。」曾皙說：「春天到了末期，春天的衣服已經做成了，成年人五、六個，未成年人六、七個，大家一起到沂水洗澡，到舞雩台上吹風，然後唱著歌回家。」孔子聽了，嘆一口氣說：「我和點一樣呀。」前面三個人出去，曾皙留在後面。曾皙說：「他們三個人的話怎麼樣呢？」孔子說：「不過是各人說一說自己的志向罷了。」曾皙說：「夫子為什麼笑由呢？」孔子說：「國家應以禮治理，由說話不知退讓，所以笑他。」「那麼求所說的不是邦國嗎？」「怎見得長寬六、七十里與五、六十里不是邦國呢？」曾皙說：「那麼赤所說的不是邦國嗎？」孔子說：「宗廟之中的祭祀與諸侯之間的會盟，不是邦國之事是什麼呢？如果赤想扮演的是小相，那麼誰扮演的能算大相呢？」

這段師徒之間的對話，是《論語》中少有的一章長篇，文中出現的四位弟子，根據《史記．仲尼弟子列傳》，子路少孔子九歲，冉有少孔子二十九歲，公西華少孔子四十二歲，未提曾皙的年紀。不過他們在本章按年齡排序，曾皙在子路之後，冉有之前，他又是曾參的父親，而曾參少孔子四十六歲，所以應少孔子二十歲左右。

這段故事應是發生在孔子出仕之前，孔子最多五十歲，如此，則公西華只有八歲，不可能陪坐在孔子之旁，表現出那樣的談吐。崔述《洙泗考信錄》斷其少孔子三十二歲，比較接近。然而公西華縱然少孔子三十二歲，則當魯定公十二年，孔子年五十四歲以司寇攝相事，公西華出使齊國，只有二十二歲，仍算是一位稍嫌年輕的外交官。

這天應該是暮春時節，所以曾晳才會說起戲水、吹風、咏而歸的活動。在天氣乍暖還涼的日子裡，師徒五個人閒坐鼓瑟聊天，何等令人嚮往！這個時候的子路、冉有和公西華，意氣風發，各自述說自己的理想，怎料世路多艱，應如何選擇與適應呢？孔子雖然關懷著天下萬民的幸福，但他心中最嚮往的，仍然是平凡、閒適的快樂人生吧？

沂水源出孔子生命的原鄉陬邑，尼山之麓，西流至曲阜，在今曲阜城的南方，經過舞雩台，入滋陽縣境。《論語》：孔子立於川上，歎逝水西流，不舍晝夜（《論語．子罕．十六》），是此時此地嗎？

南宋高宗紹興三十一年（西元一一六一年），三十二歲的儒學大師朱熹在一個春日的午後，夢中來到孔子昔日講學的聖地。醒來寫了一首《春日》：

勝日尋芳泗水濱，無邊光景一時新；等閒識得東風面，萬紫千紅總是春。

東風應是指孔子或孔子博大精深思想。一日認識了孔子的思想，則人生到處萬紫千紅都像春天一樣了。

現在孔子回到闊別十四年的故里，風景不殊，人事已非。昔日陪伴他周遊列國的弟子，多已各有發展。不過仍時來探訪。

子曰：「從我於陳、蔡者，皆不及門也。」（《論語．先進．二》）

經常圍繞在他身邊的是年輕一代的弟子。根據《史記，仲尼弟子列傳》的記載：卜商字子夏，少孔子四十四歲；言偃字子游，少孔子四十五歲；曾參字子輿，少孔子四十六歲；顓孫師字子張，少孔子四十八歲。此外，樊須字子遲，〈仲尼弟子列傳〉說他少孔子三十六歲，唯《孔子家語》說他少孔子四十六歲，可能比較接近事實。

子夏是孔子晚年比較有成就的弟子，他在《論語》出現二十三次，留下一些重要的見解，為後世所引用。孟子認為「子夏、子游、子張皆有聖人之一體。」（《孟子．公孫丑上．二》）子夏和孔子之間最有啟發性的對話就是提出「禮後」的看法，值得我們重讀全文。

> 子夏問曰：「巧笑倩兮，美目盼兮，素以為絢兮，何謂也？」子曰：「繪事後素。」曰：「禮後乎？」子曰：「起予者商也！始可與言詩已矣。」（《論語．八佾．八》）

子夏聽老師解釋「繪事後素」，聯想到「禮後」，可能是孔子以前也沒想到的領悟，所以稱讚他「起予者商也！」禮在什麼之後呢？在仁之後，在倫理之後。禮是合於倫理的行為準則，又是倫理的社會誘因制度或支援體系，這個支援體系如果失去功能，以致倫理敗壞，禮就空留下一些虛偽的形式。所以孔子說：「人而不仁，如禮何？」（《論語．八佾．三》）

子夏在《論語》中傳達了不少儒家重要的理念，以下是其中比較重要的部分：

> 子夏曰：「賢賢易色，事父母能竭其力，事君能致其身，與朋友交言而有信，雖曰未學，吾必謂之學矣。」（《論語．學而．七》）

子夏說，對待妻子，重視品德而非容貌；事奉父母，竭盡所能；服務君上，公而忘私；與朋友來往，說了話算數。這樣的人，雖說未曾求學，我一定要說他已經學到了。

> 子夏問孝。子曰：「色難。有事弟子服其勞，有酒食，先生饌；曾是以為孝乎？」（《論語．為政．八》）

子夏向老師請教如何盡孝。孔子說，臉色最難，真正的孝心自然會從臉色上流露出來。有事情，由晚輩出力，有酒有肴，由長輩先用，這樣就能算盡孝嗎？

司馬牛憂曰：「人皆有兄弟，我獨亡。」子夏曰：「商聞之矣，死生有命，富貴在天。君子敬而無失，與人恭而有禮。四海之內，皆兄弟也。君子何患乎無兄弟也！」（《論語．顏淵．五》）

司馬牛憂慮自己沒有兄弟。其實他並非沒有兄弟，而是自己的幾個兄長皆非善類，用現在的話說，都不是好東西。子夏勸解他說，我聽人說，死生由命決定，富貴憑天安排。君子修身，認真小心，不發生過失，對人恭敬有禮，能做到這樣，四海之內都是兄弟。君子怎麼會擔心沒有兄弟呢？

子夏曰：「君子信而後勞其民；未信則以為厲己也；信而後諫，未信則以為謗己也。」（《論語．子張．十》）

君子必須先取得信任，然後再去勞動民眾，否則民眾會以為對他們苛刻；

必須取得信任，然後再去規勸長官，否則長官會以為對他毀謗。

孔子早期的弟子多為長期追隨孔子，不仕；子夏和子游則為晚期弟子中比較早仕的兩位。

子夏為莒父宰，問政。子曰：「無欲速，無見小利。欲速則不達；見小利則大事不成。」（《論語．子路．十七》）

子夏擔任莒父的首長，請教為政之道。孔子告訴他，不要求快，不要貪圖小利。求快可能反而達不到目的；貪圖小利可能成就不了大事。

子游在《論語》中出現八次。

子游為武城宰。子曰：「女得人焉耳乎？」曰：「有澹臺滅明者，行不由徑，非公事未嘗至於偃之室也。」（《論語．雍也．十二》）

子游擔任武城的首長。孔子問他，你得到賢能的人幫助你嗎？子游說，有一位叫澹臺滅明的人，走路不走小徑，除非有公事，從來沒有進過我的房間。由此可見，澹臺滅明是一位方正、謹守分際的君子。武城位於曲阜東南方，在今費縣境內；費縣有澹臺滅明故居。澹臺滅明字子羽，少孔子三十九歲，也是名列〈仲尼弟子列傳〉的孔門弟子。司馬遷說他「狀貌甚惡」，孔子沒有很看重他；離開孔門後，自修品德學問，有所成就；為人取捨去就有一定原則。後來南遊到長江一帶，追隨他的弟子有三百人，名聲流傳於國君之間。孔子聽了說：「吾以言取人，失之宰予；以貌取人，失之子羽。」「以言取人，失之宰予」見諸《論語》；不過孔子「有教無類」，「因材施教」，應不會「以貌取人」，恐怕傳言有誤吧？

子之武城，聞弦歌之聲。夫子莞爾而笑，曰：「割雞焉用牛刀？」子游對曰：「昔者，偃也聞諸夫子曰：『君子學道則愛人，小人學道則易使也。』」子曰：「二三子，偃之言是也。前言戲之耳。」

（《論語・陽貨・四》）

孔子來到武城，聽到彈琴和唱歌的聲音。微笑說，殺雞哪裡用得著牛刀呢？子游回答說，以前偃聽夫子說，君子學了道就知道關心別人，一般百姓學了道就容易接受使喚。孔子說，各位，偃的話是對的，前面的話只是跟他開個玩笑而已。孔子看到這位晚年的年輕弟子，將治國平天下的大道理落實於地方治理，心裡高興，和他開起玩笑。君子學了道，知道自己的使命在於「修己以安人」、「修己以安百姓」，所以愛人。一般百姓學了道，知道做人應遵守倫理，扮演好自己的社會角色，並不是讓老百姓成為順民的意思。

曾參和顏回一樣，是孔門弟子中力學篤行的典型。顏回聰明，然而早逝，沒有留下著述；曾參雖然遲鈍，但是傳孔子之學於子思再傳於孟子。朱熹認為《大學》為曾參所作，《中庸》為子思所作，並將《大學》與《中庸》從《禮記》中抽出，各為一書，與《論語》、《孟子》合為四書，成為儒學必讀的經典。世稱顏回為復聖，曾參為宗聖；顏回、曾參、子思、孟子在曲阜孔廟大成殿中分坐於孔子聖像左右，俗稱四配。孔子評論說：

柴也愚，參也魯，師也辟，由也喭。（《論語．先進．十七》）

魯是遲鈍的意思。曾參反應遲鈍，然而成就非凡，對我們資質一般的人應是很大的鼓勵吧！

曾參在《論語》中出現十七次。其中最為人傳誦的應為以下三章。

曾子曰：「吾日三省吾身；為人謀而不忠乎？與朋友交而不信乎？傳不習乎？」（《論語．學而．四》）

曾子說，我每天拿三件事檢討自己：替人家做事沒有盡心盡力嗎？與朋友交往沒有誠實不欺嗎？老師的傳授沒有加以實踐嗎？

曾子曰：「慎終追遠，民德歸厚矣。」（《論語．學而．九》）

曾子說，審慎對待人生的終結，對死者表達尊敬，祭拜過往的逝者，對祖先表達懷念，社會的風俗就歸於敦厚了。

曾子曰：「士不可以不弘毅，任重而道遠。仁以為己任，不亦重乎？死而後已，不亦遠乎？」（《論語．泰伯．七》）

曾子說，讀書人不可不志向高遠、意志堅定，因為他的責任重大，路途長遠。以仁的擴充與實踐為自己的責任，不是很重大嗎？至死才放下身上的重擔，不是很長遠嗎？

從《論語》以上三章，我們清楚看出，曾子是如何朝乾夕惕，戰戰兢兢砥礪自己的品德和學問，肩負起自己的社會責任，至死才放下身上的重擔。

曾子有疾，召門弟子曰：「啟予手！啟予足！詩云，『戰戰兢兢，如臨深淵，如履薄冰。』而今而後，吾知免夫！小子！」（《論語．泰伯．三》）

曾子有病將終，召集門下的弟子說，打開衣裳，看看我的手，看看我的腳。《詩》上說，戒慎恐懼，像站在深淵的邊沿，像踏在薄冰的水上。從今以後，我可以放下人生的重擔，免於一切恐惶了！他的成功豈是偶然！

不過，曾子有一句話，值得我們進一步討論：

子曰：「參乎！吾道一以貫之。」曾子曰：「唯。」子出。門人問曰：「何謂也？」曾子曰：「夫子之道，忠恕而已矣。」（《論語・里仁・十五》）

孔子叫著曾參的名字說，我的理想人生之道由一件事加以貫徹。曾子恭敬的答應說，是的。孔子出去後，門下的弟子問，這是什麼意思？曾子說，夫子理想人生之道，無非是忠恕而已。孔子的理想人生之道，或者說他思想中最核心的元素，其實只有一個字，這個字就是仁。仁者愛人，仁者己欲立而立人，己欲達而達人。仁如果得到普及與實踐，天下歸仁，社會就會達到和諧安定，人民就會得到幸福了。仁包括盡己和愛人兩方面，盡己之謂忠，我們要盡心盡力，仁才能得到實踐。

子貢問曰：「有一言而可以終身行之者乎？」子曰：「其恕乎！己所不欲，勿施於人。」（《論語・衛靈公・二十三》）

「己所不欲，勿施於人」只是仁的消極一面，仁還有積極的一面，就是「己欲立而立人，己欲達而達人」，「博施濟眾」，從「安人」到「安百姓」。不過，我們如將「恕」字作擴大的解釋，認為恕是將心比心，推己及人，則曾子的答覆也就是仁的意思，應也可以接受。

子張在《論語》中出現二十三次，僅少於子路和子貢。他是孔門弟子中好問的一位。

子張學干祿。子曰：「多聞闕疑，慎言其餘，則寡尤；多見闕殆，慎行其餘，則寡悔。言寡尤，行寡悔，祿在其中矣。」（《論語・為政・十八》）

這一章的意義，前文已有解釋。

子張問：「士何如斯可謂之達矣？」子曰：「何哉？爾所謂達者。」子張對曰：「在邦必聞，在家必聞。」子曰：「是聞也，非達也。夫達也者，質直而好義，察言而觀色，慮以下人；在邦必達，在家必達。夫聞也者，色取仁而行違，居之不疑；在邦必聞，在家必聞。」（《論語．顏淵．二十》）

子張問，讀書人怎麼樣才可以做到「達」呢？孔子說，你所說的「達」是什麼意思？子張回答說，出仕為官時，大家都知道，居家為民時，大家都知道。孔子說，你所說的是「聞」，不是「達」。所謂「達」，是指為人正直好義，善體人意，謙恭退讓；這樣的人，出仕為官時必「達」，居家為民時必「達」。所謂「聞」，是指貌似仁義，實際上並非如此，但卻裝模作樣；這樣的人，出仕為官時必「聞」，居家為民時必「聞」。「達」是受到尊敬，「聞」只是有人知道名聲而已。

子張問行。子曰：「言忠信，行篤敬，雖蠻貊之邦，行矣。言不忠信，行不篤敬，雖州里行乎哉？立，則見其參於前也；在輿，則見其倚於衡也。夫然後行。」子張書諸紳。（《論語．衛靈公．五》）

子張問，為人如何做到到處行得通，為人接受呢？孔子說，說話誠實守信，行為敦厚恭敬，就算到了蠻夷之邦，也可以與人相處，通行無阻。如果說話不能誠實守信，行為不能敦厚恭敬，就算在本地本土，能行得通嗎？站立的時候，忠信篤敬就像樹立在我們面前，乘車的時候，就像在車前的橫木之上。這樣，不管走到哪裡都可以與人相處，通行無阻。子張聽了，將這段話寫在腰帶上。

從以上三段對話可以看出，子張所問都是功利的目的：如何得到官位俸祿？如何出名？如何到處吃得開、行得通？孔子告訴他的都是做人的本分，「修己以敬」，提升自己的品德和才識。可能就是因為這些談話，讓孔子覺得子張有一點急功近利，不是很實在。而子張同時期的好友也對他有微詞：

子游曰：「吾友張也，為難能也，然而未仁。」（《論語·子張·十五》）

我的朋友子張，做到像他那樣已經很不容易了，不過還不能做到仁。

曾子曰：「堂堂乎張也，難與並為仁矣。」（《論語·子張·十六》）

子張的儀表，何等堂皇，但是很難和他一起砥礪品德。

子夏之門人問交於子張。子張曰：「子夏云何？」對曰：「子夏曰：『可者與之，其不可者拒之。』」子張曰：「異乎吾所聞。君子尊賢而容眾，嘉善而矜不能。我之大賢與，於人何所不容？我之不賢與，人將拒我，如之何其拒人也？」（《論語·子張·三》）

子夏的弟子向子張請教交友之道。子張說，子夏是怎麼說的呢？弟子們回答說，子夏說，可以交往的就交往，不可以交往的就不交往。子張說，我聽到的不是這樣。君子尊敬賢者，而容納一般的人，讚賞品德好的人，而體諒那些做不到的人。我如果是大賢，什麼人容不下呢？我如果不賢，別人就會拒絕我，為什麼要拒絕別人呢？

子貢問：「師與商也孰賢？」子曰：「師也過，商也不及。」曰：「然則師愈與？」子曰：「過猶不及。」（《論語．先進．十五》）

子貢問，子張和子夏哪一個比較優秀？孔子說，子張超過，子夏不及。子貢說，這麼說來，子張比子夏好嗎？孔子說，超過和不及都一樣。孔子真是了解他的弟子呀！

二、整理詩、書、易、禮

孔子治國的理想在魯國未能貫徹，其後周遊列國十四年，也未能得到實現的機會。自衛返魯後，他回到根本，重新從教育和著述出發，培養人才，垂訓後世，為中華民族留下寶貴的文化資產，也為當前世界發展準備了可行的方案。這應是他當年沒有想到的成就吧！朱熹說：「是以其政雖不足以行於一時，而其教實被於萬世。」（〈詩經傳序〉）

司馬遷在《史記，孔子世家》中說，古者詩三千餘篇，孔子去其重複，取其可施於禮儀者，刪為三百零五篇。不過現在的學者多不取此說。錢穆特別引《論語》中的兩章加以證明。（《孔子傳》）

> 子曰：「《詩》三百，一言以蔽之，曰『思無邪』。」（《論語・為政・二》）

孔子說，《詩》共有三百篇，如果我們用一句話概括它的內容，就是沒有邪念。朱熹引程頤曰：「思無邪者，誠也。」沈知方主稿，蔣伯潛注譯的《語譯廣解四書讀本》，在這一章的注釋中引申說：「誠即是真，文學以真為第一要義。《詩》三百篇，大之美刺朝廷政治，小之抒寫男女情感，皆能立其誠，故『思無邪』也。」魯襄公二十九年（西元前五四四年）吳公子季札聘魯，請觀周樂。使樂工為之歌周南、召南等十五國以及小雅、大雅與頌之樂，季札各有評論，當時的《詩》已經是我們今天所看到的《詩經》的格局，這年孔子只有八歲。周成王以周公旦有大勳勞於天下，賜周公的兒子伯禽以天子之禮、樂，所以春秋時期諸侯之中，魯國的禮、樂最為完備。因此，孔子也有比較豐富的資料，幫助他從事整理詩、書、禮、樂的工作。

> 子曰：「誦《詩》三百，授之以政，不達；使於四方，不能專對。雖多，亦奚以為？」（《論語．子路．五》）

孔子說，能背誦《詩》三百篇，讓他治理國家，不能達成任務；讓他出使各國，不能應對諸侯。背誦的《詩》多又有什麼用處呢？錢穆引這一章，和上章一樣，只是用以說明，《詩》在孔子刪訂之前，已經大致是三百餘篇了。所以孔子只是就當時存在的《詩》加以整理與編訂，並無將三千餘篇刪為三百零五篇之事。

朱子在他為《詩經》所作的序中說，人心感於物而形於言，言之未能盡，而咨嗟咏嘆之發為詩歌。心之所感有邪正，所以言之所形有是非。因此，我們可以從詩歌中觀察各地的風俗民情與政府施政的得失。《詩經》分國風、小雅、大雅、頌四部分。風多出於鄉里地方男女詠唱各言情愛之作。其中《周南》和《召南》，由於受到文王的教化，性情純正，所以發出來的文辭，歡樂而不過於荒淫，哀怨而不及於憂傷，是風詩的正經。其餘自〈邶〉以下，由於各國的治亂不同，人的賢與不賢也不同，所以發出來的文辭，邪正是非不同，屬於風詩之變。至於雅、頌的部分，多為西周盛世聖人，主要是周公所作的郊廟朝廷之歌，其所使用的文辭和順而莊重，其所涵蓋的內容博大而精細，足供後人遵循和效法。雅詩之中也有一些是賢人憂心國事與民俗之作，屬於變的部分。

周代的祖先古公亶父因為避北方戎狄的侵擾，遷於岐山之南的岐下。至西伯姬昌時，由於疆土擴充，徙都豐邑，而以岐下故地分封給周公旦、召公奭為采邑，所以稱為周南和召南。周南的首篇關雎三章，說的是青年男子對一位淑女的愛慕，從追求、相思、相戀到迎娶的過程。小雅首篇鹿鳴三章是朝廷宴群臣、嘉賓之歌。在朝為君臣，於宴為賓主，表示對臣下的尊敬與禮遇，也是君使臣以禮的意思。大雅首篇文王七章，歌頌文王之盛德。頌首篇清廟一章，是周公成雒邑，朝諸侯，率之以祀文王之歌。詩三百零五篇，孔子皆配以適當的音樂。

子曰：「吾自衛反魯，然後樂正，雅、頌各得其所。」（《論語・子罕・十四》）

孔子說，我自衛國回到魯國，然後完成對樂的修正，並且將風、雅、頌中的詩篇，各安排到它們應在的位置。

司馬遷稱，孔子「序書傳，上紀唐虞之際，下至秦穆，編次其事。」（《孔子世家》）就是說，孔子編訂《書傳》，從唐堯、虞舜之間開始，到秦穆公為止，將其間的歷史文獻，按照順序加以編排。《書傳》就是《書》，亦稱《尚書》，經孔子編訂後成為後來的《書經》。尚是遠古或上古的意思，《尚書》是中國最早的一部史書，也可能是中國最古老的書，其中包括唐、虞、夏、商、周五個朝代的歷史，不過〈堯典〉包含在〈虞書〉之內。

《尚書》有今文《尚書》和古文《尚書》兩個版本。秦以前的文字是篆體，秦、漢是隸體。秦始皇末年焚書、坑儒，六藝缺失。濟南伏生秦時曾為博士，偷藏了一部《尚書》於壁中。經過戰亂喪失數十篇，僅餘二十九篇，漢初以之施教於齊、魯之間。漢文帝時，伏生已九十餘歲，朝廷派鼂錯往學，以隸書抄寫了一部，稱為今文《尚書》，並據以立博士，成為官學。漢景帝時又從孔子舊宅壁中發現篆書竹簡《尚書》一部，稱為古文

《尚書》，較今文《尚書》多出十六篇，其相同的部分文字亦略有不同。古文《尚書》為孔安國所有，安國在漢武帝時為博士，但因未列為官學，漢末戰亂喪失。至東晉元帝時，梅賾獻孔安國古文《尚書》，時人以為古文《尚書》失而復得，將兩個版本合而為一。直到南宋朱熹產生懷疑，因為他發現伏生的今文部分比較難懂，孔安國的古文部分反而比較容易。但未做進一步研究。後來他的弟子蔡沈奉師命作《書經傳》，於朱子逝世十年後成編，每篇題目下都注明「今文古文皆有」或「今文無古文有」。不過蔡編《書經傳》因為分篇不同，例如〈大甲〉、〈盤庚〉、〈說命〉、〈泰誓〉各為三篇；再如〈舜典〉今文古文皆有，但今文合於〈堯典〉；〈益稷〉今文古文皆有，但今文合於〈皋陶謨〉；共有五十八篇。經過一千多年的爭論，到了清代，終於確定古文部分是偽本。

不過根據錢穆的研究，古文部分雖然是偽本，但其中很多材料為真，而今文部分雖然為真，但內容也有不實之處。例如〈舜典〉篇堯傳天下於舜，舜命禹為司空兼百揆，就是宰相；命棄為后稷，就是農業大臣；契掌五教，就是教育大臣；皋陶為士，就是司法大臣；垂作共工，就是工業大臣；益作虞，就是農牧大臣；伯夷典禮；夔典樂；龍作納言，掌管皇帝命令。共凡九個官職。首先，禹是夏代的祖先，契是商代的祖先，棄是周代的祖先，這時都在舜之下成為同僚。其次，當時政府的規模小，已有如此細密的分工，何以後來夏、商、周、春秋、戰國，甚至秦、漢政府規模擴大，都沒有如此進步的政府組織？再如〈禹貢〉分天下為九州，何以此九州未見於夏、商、周三代，甚至春秋、戰國時期？錢穆認為整部《尚書》虞、夏、商三書都有問題，東周部分也有問題，只有西周書「或許才是中國《尚書》的原始材料，原始成分。」（《中國史學名著》）

如此看來，孔子當年編訂的《書經》已不可考，我們只有從《論語》中一窺他對中國上古，也就是堯、舜時代歷史的一些看法：

> 子曰：「大哉！堯之為君也。巍巍乎！唯天為大，唯堯則之。蕩蕩乎！民無能名焉。巍巍乎！其有成功也，煥乎！其有文章。」

（《論語・泰伯・十九》）

孔子說，堯真是了不起的君主，只有天最大，只有堯可以相比，他的仁何等崇高！他的恩澤廣被，人民不知如何表達。他所成就的功業，何等崇高！他所建立的制度何等完美！

除了仁和制度之外，君主成就事功還需要人才。

舜有臣五人而天下治。武王曰：「予有亂臣十人。」孔子曰：「才難！不其然乎？唐、虞之際，於斯為盛。有婦人焉，九人而已。三分天下有其二，以服事殷，周之德，其可為至德也已矣！」（《論語・泰伯・二十》）

舜有賢臣五人，天下得以安定。周武王說，我有治世能臣十人。孔子說，人才難得！不是嗎？唐堯、虞舜的時代，人才輩出。武王的十位能臣之中，一人為婦女。周在文王時擁有天下三分之二，依然事奉殷商，周的美德，可說達到極致了。舜的五位賢臣是：禹、棄、契、皋陶與伯益；他們和舜在堯的時代曾是一殿之臣。武王的十位能臣是：周公旦、召公奭、太公望、畢公、榮公、太顛、閎夭、散宜生、南宮适，還有一位婦女是武王的王后太公望之女邑姜。

更難得的是，舜和禹都是因為禪讓而得天下，既得天下，而不視為己有。

> 子曰：「巍巍乎！舜、禹之有天下也，而不與焉。」（《論語・泰伯・十八》）

孔子說，舜和禹擁有天下而不視為己有，他們的心態何等崇高！

孔子認為理想的治理方式，第一是德治，第二是無為而治。

> 子曰：「為政以德，譬如北辰，居其所而眾星共之。」（《論語・為政・一》）

孔子說，以道德治理國家，就像北極星座一樣，只要停在那裡，別的星座就環繞在四周拱衛。

> 子曰：「道之以政，齊之以刑，民免而無恥；道之以德，齊之以禮，有恥且格。」（《論語・為政・三》）

孔子說，以政令加以指導，以刑罰加以約束，人民為逃避刑罰而失去羞恥之心；以道德加以引導，以禮制加以約束，人民保有羞恥之心，並且知道辨別是非。

> 子曰：「無為而治者，其舜也與？夫何為哉？恭己正南面而已矣。」（《論語・衛靈公・四》）

孔子說，什麼都不做就可以治理天下，是說舜吧？那麼他做什麼呢？只是恭敬的面向南方坐在那裡而已。這正如孔子對冉雍的稱讚：

子曰：「雍也，可使南面。」仲弓問子桑伯子。子曰：「可也，簡。」仲弓曰：「居敬而行簡，以臨其民，不亦可乎？居簡而行簡，無乃大簡乎？」子曰：「雍之言然。」（《論語・雍也・一》）

縱然無為而治也不可能什麼都不做，應就是「居敬而行簡，以臨其民」的意思吧？

不論德治或無為而治，都需要一定的條件，就是（一）全民重視倫理，重義輕利；（二）有良好的社會誘因制度，引導人民遷過向善；（三）培養修己以敬君子，以服務社會為職志，不是為了自己的利益。這就是孔子建設理想世界的三要素：仁、禮和君子。堯、舜的時代距離孔子已有一千五百年左右，遠古缺少文字，孔子口中的堯、舜、禹，甚至文、武、周公，多多少少是他內心理想的投射吧？

關於《易》的部分。相傳伏羲氏畫八卦，每卦由三爻組成，爻是卦的基本元素，可稱為太極。爻又分陽爻和陰爻，陽爻為一奇（⚊），陰爻為一偶（⚋），就是所謂太極生二儀。二爻有四種組合方式，就是所謂二儀生四象；三爻有八種組合方式，就是所謂四象生八卦。

根據司馬遷的說法，周文王以西伯的身分為殷商三公時，被紂王囚於羑里，將伏羲氏的八卦兩兩重疊，即將原來的三爻增加為六爻，於是有六十四種組合，成為六十四卦，共有三八四爻（史記，殷本紀與周本紀）。文王並為每卦命名、作辭，稱為卦名與卦辭；他的兒子周公則為每爻作辭，稱為爻辭。不過亦有人認為六十四卦也是伏羲氏所作。

孔子時代所看到的《易》大致即包含這些部分。

> 子曰：「加我數年，五十以學易，可以無大過矣。」（《論語．述而．十六》）

孔子說，再給我幾年的壽命，讓我在五十歲的時候得以學易，就可以不會發生重大過失了。既然說「五十以學易」，當然表示孔子這時只有四十多歲，應該不會對自己的生命有如此消極的看法。根據沈知方主編，蔣伯潛注釋的《語譯廣解四書讀本》，一說易應為亦字，當讀作：

加我數年，五十以學，亦可以無大過矣。

依此說法，則《論語》此章與《易》無關。另一說法是朱子引劉聘君說，劉忠定公自言見一版本，「加」作「假」，「五十」作「卒」，則此章當讀作：

假我數年，卒以學易，可以無大過矣。

就是說，再給我幾年壽命，讓我終於有時間可以學易。司馬遷在〈孔子世家〉的說法，大致就是這樣的意思。司馬遷說：

孔子晚而喜《易》，序彖、繫、象、說卦、文言。讀《易》，韋編三絕。曰：「假我數年，若是，我於易則彬彬矣。」

我們現在看到的《易經》有經和傳兩部分。經包括六十四卦，三百八十四爻，卦名、卦辭和爻辭。傳是對經的闡釋，包括〈彖〉上、下兩篇，〈象〉上、下兩篇，〈文言〉一篇，〈繫辭〉上、下兩篇，〈說卦〉、〈序卦〉和〈雜卦〉各一篇，共十篇，稱為十翼，就是經的十個翅膀，也就是輔助之意。相傳《易》之十傳或十翼為孔子所作，司馬遷也認為孔子為《易》編訂十翼。不過由於十翼的文字繁複，與孔子的風格不同，錢穆在〈孔子傳〉、許同萊在《孔子年譜》中，都認為可能是戰國至漢初儒者所為。

禮包括儀式、規矩和制度三部分。儀式主要是祭祀、吉慶、喪葬、朝會、宴會等，表達心意或情感的標準化程序與形式。儀式又可延伸為器物，如建築、車馬、衣飾，及其他用品的不同形式，以區別身分與地位。這些禮的形式，經過夏、商的演進，在西周盛世，達到非常繁瑣複雜的程度。然而到了春秋時期，由於周室式微，天子失去權威，制度敗壞，以致儀式和規矩難以維持，呈現所謂「禮壞樂崩」的情形。

讓我們舉幾個例子：

子曰：「臧文仲居蔡，山節藻梲，何如其知也？」（《論語・公冶長・十七》）

蔡是國君占卜所用的大龜。臧文仲是魯國的大夫，卻家藏這種大龜，僭國君之禮。節是房屋立柱頂端的斗拱，梲是樑上的短柱。臧文仲將斗拱雕刻成山形，在短柱上繪以水草，這是天子宗廟才有的裝飾，僭天子之禮。

魯昭公二十五年，昭公計畫除去當時魯國擅權的季平子，告訴子家駒說：

「季氏為無道，僭於公室久矣，吾欲弒之，何如？」子家駒曰：「諸侯僭於天子，大夫僭於諸侯久矣。」昭公曰：「吾何僭矣哉？」子家駒曰：「設兩觀，乘大路，朱干玉戚，以舞〈大夏〉，八佾以舞〈大武〉，此皆天子之禮也……。」（《春秋公羊傳》）

家中設有兩個觀台，出門乘大車，用深紅色的盾牌、玉製的大斧舞〈大夏〉，用「八佾」舞〈大武〉，都是天子之禮。魯昭公自己竟不知道。周制，八佾是天子之樂。所謂八佾是由八個人排成一排，共八排六十四人的歌舞。諸侯之樂是六個人排成一排，共六排三十六人。大夫之樂是四個人排成一排，共四排十六人。士之樂是二個人排成一排，共兩排四個人。

孔子謂季氏：「八佾舞於庭，是可忍也，孰不可忍也。」（《論語．八佾．一》）

不僅魯昭公僭天子之禮，季孫氏是大夫，亦僭天子之禮。又：

季氏旅於泰山。子謂冉有曰：「女弗能救乎？」對曰：「不能。」子曰：「嗚乎！曾謂泰山不如林放乎？」（《論語．八佾．六》）

季氏要去祭拜泰山。這也是天子之禮，所以孔子問冉有說，你不能加以勸阻嗎？冉有說，不能。孔子很感慨的說，這不是說泰山不如林放知禮嗎？

從這裡我們可以看出來，這是孔子自衛返魯以後所發生的事，當時季孫氏當家的人正是以幣迎孔子返魯的季康子；冉有是季氏的大管家，剛剛於魯哀公十一年為季氏打敗齊軍。《論語》同篇中也記載了林放問禮之本。

林放問禮之本。子曰：「大哉問！禮，與其奢也，寧儉；喪，與其易也，寧戚。」（《論語．八佾．四》）

林放問禮的根本，或禮的本質。孔子稱讚他「大哉問！」禮與其在形式上奢侈，不如在根本上儉省；喪事，與其在形式上鋪張，不如在根本上哀戚。孔子又說：

人而不仁如禮何？人而不仁如樂何？（《論語．八佾．三》）

司馬遷說，孔子自衛返魯，「追迹三代之禮。」三代是指夏、商、周。

子曰：「夏禮，吾能言之，杞不足徵也；殷禮，吾能言之，宋不足徵也。文獻不足故也。足則吾能徵之矣。」（《論語．八佾．九》）

孔子說，夏代的禮我可以說得上來，但是現在夏代的後裔杞國無法提供足夠的證據。商代的禮我可以說得上來，但是現在商代的後裔宋國無法提供足夠的證據。因為它們的文獻殘缺不全，如果文獻充足，我就可以證明給你們看。不過孔子在缺少足夠的文獻、證據之下，如何得知夏、商之禮呢？

子曰：「殷因於夏禮，所損益可知也；周因於殷禮，所損益可知也；其繼周者，百世可知也。」（《論語．為政．二十三》）

孔子說，殷禮是因襲夏禮而來，其修正與補充的部分，我們可以想到。周禮是因襲殷禮而來，其修正與補充的部分，我們也可以想到。以此類推，周代百世以後也是可得而知的。孔子追迹三代之禮，是參考夏、商之禮，將周代至春秋後期殘缺、錯亂的禮儀加以整理，使之臻於完備。

禮還有一個重要的部分是制度。制度是儀式和規矩的支援體系（supporting system），也是行為的誘因機制（incentive mechanism），就是說社會以獎勵和懲罰引導其成員在不同價值中做選擇。例如儒家的選擇，倫理優先於利益，資本主義的選擇，利益優先於倫理。這個制度在我國古代經濟落後、社會結構簡單時期，就是政府。唐代的杜佑在他的《通典》序中說：

> 夫行教化在乎設職官；設職官在乎審官才；審官才在乎精選舉；制禮以端其俗，立樂以和其心。

而孔子：「既富而教」，管子：「倉廩實然後知禮節，衣食足然後知榮辱。」所以《通典》以〈食貨〉列第一，其次是〈選舉〉，第三是〈職官〉，第四是〈禮〉，第五是〈樂〉……。

宋代司馬光在《資治通鑑．周紀》，說完周威烈王初命晉大夫魏斯、趙籍、韓虔為諸侯之後，接著就評論說：

臣聞天子之職莫大於禮，禮莫大於分，分莫大於名。何謂禮？紀綱是也。何謂分？君臣是也。何謂名？公、侯、卿、大夫是也。夫以四海之廣，兆民之眾，受制於一人，雖有絕倫之力，高世之智，莫不奔走而服役者，豈非以禮為之紀綱哉？是故天子統三公，三公率諸侯，諸侯制卿、大夫，卿、大夫治士、庶人。貴以臨賤，賤以承貴。上之使下猶心腹之運手足，根本之制支葉，下之事上猶手足之衛心腹，支葉之庇本根，然後能上下相保而國家治安。故曰天子之職莫大於禮也。

不過政府的功能不僅是統治，除了統治還有獎勵。漢武帝元朔五年（西元前一二四年）六月下詔曰：

蓋聞導民以禮，風之以樂。今禮壞樂崩，朕甚愍焉。其令禮官勸

學興禮以為天下先。（《資治通鑑．漢紀十一》）

於是丞相公孫弘等上書曰：

聞三代之道，鄉里有教，夏曰校，殷曰序，周曰庠。其勸善也，顯之朝廷；其懲惡也，加之刑罰，故教化之行也，建首善自京師始，由內及外。今陛下昭至德，開大明，配天地，本人倫，勸學修禮，崇化厲賢，以風四方，太平之原也。古者政教未洽，不備其禮，請因舊官而興焉。為博士官置弟子五十人，復其身。太常擇民年十八已上，儀狀端正者，補博士弟子。郡國縣道邑有好文學，敬長上，肅政教，順鄉里，出入不悖所聞者……得受業為弟子。一歲皆輒試，能通一藝以上，補文學掌故缺；其高弟可以為郎中者，太常籍奏；即有秀才異等，輒以名聞……。

制曰：「可。」自此以來，則公、卿、大夫、士、吏，斌斌多文學之士矣。（《史記．儒林列傳》）

政府獎勵文學，則朝中多文學之士。所以社會要有有效的誘因制度，禮的儀式和規矩方能為人遵守，否則不免混亂。這就是東周春秋時期的情形。

三、作《春秋》以代王法

孔子於魯哀公十一年（西元前四八四年）冬十一月返魯，到魯哀公十六年（西元前四七九年）夏四月逝世，四年多時間，應有很多機會和哀公見面。然而《論語》記載哀公與孔子談話只有兩章。

> 哀公問曰：「何為則民服？」孔子對曰：「舉直錯諸枉則民服；舉枉錯諸直則民不服。」（《論語．為政．十九》）

哀公問，怎麼做人民才會信服呢？孔子回答說，起用正直的人，閒置邪惡的人，人民就會信服；起用邪惡的人，閒置正直的人，人民就不會信服。類似的答覆，孔子對樊遲「問知」也曾說過。（《論語・顏淵・二十二》）

另外一章是哀公問「弟子孰為好學？」孔子告訴他顏淵好學，不幸短命死了（《論語・雍也・二》）。同樣的問題季康子也問過（《論語・先進・六》）。這樣的問題似乎只是客套，沒有什麼重要的意義。顏回死於魯哀公十四年（西元前四八一年），所以這兩段對話只可能發生在魯哀公十四年或十五年（西元前四八〇年）。

《論語》記載季康子向孔子提出問題有七章。比較重要的是以下四章。

> 季康子問曰：「使民敬、忠以勸，如之何？」子曰：「臨之以莊則民敬，孝慈則忠，舉善而教不能，則勸。」（《論語・為政・二十》）

季康子問，讓人民尊敬、忠心而且力求上進，應該怎麼做呢？孔子說，對待人民態度莊重，人民對你就會尊敬；對父母孝順，對子女慈愛，人民對你就會忠心；提拔優秀的人，教導一般的人，人民就會力求上進。

季康子問政於孔子。孔子對曰：「政者正也。子帥以正，孰敢不正？」（《論語．顏淵．十七》）

季康子向孔子請教為政之道。孔子回答說，政就是正的意思。如果先生以身作則，為人行事端正，哪個人敢不端正呢？

季康子問政於孔子曰：「如殺無道，以就有道，何如？」孔子對曰：「子為政，焉用殺？子欲善，而民善矣。君子之德風，小人之德草。草上之風必偃。」（《論語．顏淵．十九》）

季康子向孔子請教為政之道說，如果殺無道的人，聽從有道的人，怎麼樣呢？孔子回答說，先生執政，哪裡用得著殺呢？先生想善，人民就跟著善了。官員的行為像風，百姓的行為像草，風從草上吹過，草一定會倒向風吹的方向。

季康子患盜，問於孔子。孔子對曰：「苟子之不欲，雖賞之不竊。」（《論語・顏淵・十八》）

季康子為盜案而煩惱，向孔子請教。孔子回答說，如果不是先生想要的東西，雖然給你獎賞也不會去做。

季康子希望人民對當政的人尊敬、忠心；希望他們努力求上進，不要做壞事，不要盜竊。他要求的都是別人。孔子告訴他的是反求諸己，以身作則。當政的人品格高潔，為人善良，行事端正，不貪圖財富，自然會影響屬下和百姓。上行下效，蔚為風氣，使政令得以實現，社會趨於純正。不過施政還是需要一些基本的條件，例如禮樂教化和富民。可是春秋到了孔子時代，禮壞樂崩，這些條件基本上已經不存在。孔子的主張看不到近效，當政的人感到不切實際，自然言之諄諄，聽之藐藐。

魯哀公十二年（西元前四八三年），季康子準備攻占顓臾。顓臾是伏羲氏之後，風姓，在季孫氏大本營費邑西北方八十里處，是魯的附庸國；

顓臾的東方是東蒙山。

季氏將伐顓臾。冉有、季路見於孔子，曰：「季氏將有事於顓臾。」孔子曰：「求，無乃爾是過與？夫顓臾，昔者先王以為東蒙主，且在邦域之中矣，是社稷之臣也，何以伐為？」冉有曰：「夫子欲之，吾二臣者皆不欲也。」孔子曰：「求，周任有言曰：『陳力就列，不能者止。』危而不持，顛而不扶，則將焉用彼相矣？且爾言過矣。虎兕出於柙，龜玉毀於櫝中，是誰之過與？」冉有曰：「今夫顓臾，固而近於費。今不取，後世必為子孫憂。」孔子曰：「求，君子疾夫舍曰欲之，而必為之辭。丘也聞，有國有家者，不患寡而患不均，不患貧而患不安。蓋均無貧，和無寡，安無傾。夫如是，故遠人不服，則修文德以來之；既來之，則安之。今由與求也，相夫子，遠人不服而不能來也，邦分崩離析而不能守也，而謀動干戈於邦內。吾恐季孫之憂，不在顓臾，而在蕭牆之內也。」（《論語・季氏・一》）

季康子準備攻打顓臾。冉有和季路來看孔子說，季氏將要對顓臾有所行動。孔子說，求，這不就是你的過錯嗎？先王從前讓顓臾為東蒙之主，而且就在魯國的國境之內，可算是一殿之臣了，為什麼要打它呢？冉有說，老闆要這樣做，我們兩個做部下的都不想這樣。孔子說，求，周任有句話說，能夠貢獻心力就做，不能貢獻心力就停止。如果長官有難不幫他一下，長官要摔倒不扶他一把，還要用副手嗎？而且你說的不對了，老虎和野牛從柵欄裡跑出來，龜甲和玉石在盒子裡毀壞，是誰的過失呢？冉有說，如今顓臾牢固，而且就在費的附近，今天若不拿到手，將來一定成為子孫的憂患。孔子說，君子最討厭的一件事，就是明明心裡想要卻不說出來，而另外想出一套說辭來掩飾。我聽說，做國君的和做大夫的，不擔心人少，而擔心分配不均；不擔心貧窮，而擔心不安定。因為分配平均就沒有貧窮的問題；和諧團結就不怕人少；社會安定就不會傾覆。如果做到這個樣子，遠地的人不服，就改善我們的文化條件和道德條件吸引他們前來；來了以後就好好對待，讓他們安心留下來。現在子路和你幫季氏做事，遠地的人不服不能讓他們來，國家分裂崩塌，人民流離失所，不能守護，卻想在自己的國內動刀兵。我恐怕季孫需要擔心的不是顓臾，而是自己的家門以內。

在這段對話中，孔子說：「有國有家者，不患寡而患不均，不患貧而患不安。蓋均無貧，和無寡，安無傾。」用現在的話說，寡是人口少，貧是所得低，不均是所得分配不均。就此意義而言，這段話的推理不是很周嚴。所以另外一個版本是：「不患貧而患不均，不患寡而患不和。蓋均無貧，和無寡，安無傾。」翻譯成白話就是說，「不怕所得低，只怕所得分配不均；不怕人口少，只怕不能和諧團結。因為所得分配平均，就沒有貧窮問題；人民和諧團結，就沒有人口少的問題；這樣社會就會安定，國家就不會傾覆。」所得分配平均，社會和諧安定，實為古今中外所有國家的執政者都應謹記在心、努力達成的目標。

從這段對話中，我們也可以清楚看出孔子處理國際政治問題的基本原則：「遠人不服，則修文德以來之。」以德服人，不以力服人；以德服人是王道，以力服人是霸道。這也是孔子凡事反求諸己而薄責於人的原則，在對外關係方面的應用，「既來之則安之。」來了以後還要善加對待。這是中華傳統文化溫柔敦厚的國際展現。有這樣的文化，世界還會有戰爭，國與國之間還會有奴役和剝奪嗎？

冉有和子路是孔門政事科代表性的人才。冉有雖然較子路年輕二十歲，但排名在子路之前。我們從這次對話中可以看出，孔子對他們服務季氏未能堅持原則有一點失望。

季子然問：「仲由、冉求可謂大臣與？」子曰：「吾以子為異之問，曾由與求之問。所謂大臣者，以道事君，不可則止。今由與求也，可謂具臣矣。」曰：「然則從之者與？」子曰：「弒父與君，亦不從也。」（《論語・先進・二十三》）

季子然是季氏家族。季子然問孔子，子路和冉求可以說是大臣嗎？孔子說，我以為你會問別的事，原來是問子路和冉求。所謂大臣是以正道事奉國君，不接受就離開。如今子路和冉求，可說是一般的臣子。季子然說，那麼他們會順從國君的意思嗎？孔子說，太過分的事像弒父、弒君，也不會順從。

季氏將伐顓臾究竟發生在哪一年，由於史無記載，而且最後並未實現，所以沒有定論，錢穆在《孔子傳》中說：「此事不知在何年。」許同萊在《孔子年譜》中將其繫於魯哀公十三年（西元前四八二年），但未說明理由。不過考慮以下兩個理由，將其定為魯哀公十二年（西元前四八三年）可能比十三年更為合理。第一，冉有於魯哀公三年（西元前四九二年）應季康子之召返魯，成為季氏依重的家臣，哀公十一年（西元前四八四年）春又帥師打敗來犯的齊軍，立下大功。子路雖然是孔門資深的弟子，且早於魯定公十一年（西元前四九九年）即曾受季桓子任命，擔任季氏宰，然而他於魯哀公十一年隨孔子返魯，再度進入季府，反而成了新手。冉有顯然比子路更接近季康子，也有更大的影響力。子路在孔子面前一向爭先發言，但是這次一言不發，而且孔子的問話和責難也主要針對冉有。因此我們可以合理推論，子路進入季府未久，尚未完全進入情況。所以此事發生在魯哀公十二年的可能性比較高。

第二，魯哀公十一年（西元前四八四年）不僅冉有為季氏帥師打敗齊軍，同年五月，吳王夫差聯合魯軍大敗齊軍於艾陵，擄獲齊卿國書及革車八百乘，戰士首級三千，獻於魯哀公。這是魯國和齊國多年交戰從來沒有的勝利。季氏是魯國擅政的大臣，實際上主執魯政，這時候意氣風發，最容易對鄰近的小國產生覬覦之心。所以他動念攻占顓臾是在魯哀公十二年的可能性也較十三年為高。

魯哀公十四年（西元前四八一年）夏四月，齊國大夫陳恆，由於權力傾軋和猜忌，先殺掉執政的大夫闞止，繼而弒齊簡公於舒州。陳恆《史記》作田常，謚成子。陳、田同音，恆為避漢文帝諱改為常。闞止《史記》作監止。

陳恆是陳國貴族的後裔，他的八世祖陳厲公之子完，因為避宮廷之禍，於齊桓公十四年（西元前六七二年）逃亡至齊，受到桓公優遇，在齊國繁衍子孫，擴張勢力，終於取呂氏而代之。

陳成子弒簡公。孔子沐浴而朝。告於哀公曰：「陳恆弒其君，請討之。」公曰：「告夫三子。」孔子曰：「以吾從大夫之後，不敢不告也。君曰『告夫三子』者。」之三子告，不可。孔子曰：「以吾從大夫之後，不敢不告也。」（《論語．憲問．二十二》）

陳成子殺了齊簡公。孔子洗淨頭髮和身體上朝，向魯哀公報告說：陳恆殺了他的國君，請出兵討伐。魯哀公說，去告訴三位大臣。孔子說，由於我位列大夫，不敢不向上面報告。現在要我告訴三位大臣。到了三位大臣的地方，向他們報告，不獲同意。孔子說，由於我位列大夫，不敢不向上面報告呀！

魯哀公所說的三子，就是魯國長期把持國政的三桓：季孫氏、叔孫氏和孟孫氏，當時三家的負責人分別為季康子、叔孫武叔和孟懿子。

關於孔子向魯哀公的報告，《左傳》的記載可為補充。

孔丘三日齋，而請伐齊三。公曰：「魯為齊弱久矣，子欲伐之。將若之何？」對曰：「陳恆弒其君，民之不與者半。以魯之眾加齊之半，可克也。」公曰：「子告季孫。」孔子辭，退而告人曰：「吾以從大夫之後也，故不敢不言。」（《左傳．哀公十四年》）

孔子齋戒三天，請求出兵伐齊再三。哀公說，魯國由於齊國以致孱弱已經很久了，先生想要出兵討伐，能把它怎麼樣呢？孔子回答說，陳恆弒其國君，齊國的人一半不同意。以魯國的群眾加齊國的一半，一定可以打敗他們。哀公說，請先生告訴季孫。孔子告辭，離開後對人說，我因為追隨大夫之後，所以不敢不說。

多年以來，齊強魯弱。先是依附晉國以制衡齊國，不得不接受晉國的召喚，隨之南征北討。然後，南方的吳國壯大，北上爭霸，打敗齊國，不得不忍受吳王夫差的霸凌。內部又有三桓擅權，魯君早已大權旁落。孔子只是盡其言責而已。

陳恆弒齊簡公後，立簡公弟驁，是為平公；陳恆為相，專齊國之政。至其曾孫田和篡位自立，歷史從此進入田齊時代。

因魯史而作春秋

孔子晚年除了整理詩、書、禮、樂，另外一項重要工作，就是作《春秋》。司馬遷引孔子的話：

「弗乎？弗乎？君子病沒世而名不稱焉。吾道不行矣，吾何以自見於後世哉？」乃因魯史作《春秋》。上至隱公，下訖哀公十四年，十二公。據魯，親周，故殷，運之三代，約其文辭而指博。故吳、楚之君自稱王，而《春秋》貶之曰子。踐土之會實召周天子，而《春秋》諱之曰「天王狩於河陽」。推此類以繩當世貶損之義。後有王者舉而開之，《春秋》之義行，則天下亂臣賊子懼。（《史記．孔子世家》）

「君子擔心死後沒有值得稱道的名聲留傳下來。現在我的理想不能實現了，我的主張如何讓後世知道呢？」這段話出於《論語》，就是「君子疾沒世而名不稱焉」（《論語．衛靈公．十九》）。於是以魯史為根據編寫《春秋》，上從魯隱公開始，下至魯哀公十四年（西元前四八一年）為止，共十二位魯公。這部《春秋》以魯國歷史的記載為根據，以下三句「親周，故殷，運之三代」，文意不是很清楚。如稍加臆測，可能是：以周禮為基準，以殷史為藉鑑，參考夏、商、周三代的得失，其文辭簡約而內涵廣泛。所以吳、楚的國君自稱為王，然而《春秋》貶之為子，晉文公在踐土之會實際上是召周天子前來，然而《春秋》卻避之而稱天王巡狩於河陽。依此類推，作為當世褒貶的準繩。後世如有賢明的王者加以弘揚光大，《春秋》所確立的道德原則普遍為人接受，那麼天下的亂臣賊子就要畏懼了。

「君子病沒世而名不稱焉」，「病」《論語》原文作「疾」。上一章是「君子病無能焉，不病人之不己知也。」就是說，君子擔心沒有那個才能，不擔心人家不知道自己。孔子一貫的態度是凡事求諸己，只做自己該做的事，以成就完美的人格，實現自己的理想；這樣，美德才會成為人生追求的最後目的，也就是價值。不是為了取得生前的利益或身後的名聲；這樣，美德就成了達到其他目的的手段。所以「君子疾沒世而名不稱焉」，不是怕身後名聲不能留傳，而是怕沒有做出什麼貢獻值得留名後世。

齊景公有馬千駟，死之日，民無德而稱焉。伯夷、叔齊餓死于首陽之下，民到于今稱之。其斯之謂與？（《論語・季氏・十二》）

齊景公生前有馬四千匹，可以說有財有勢，死的時候，人民想不到有什麼美德可以稱讚他。伯夷和叔齊餓死在首陽山之下，無財無勢，人民直到如今都稱讚他。就是這個意思吧？

孔子的理想是建設一個和諧安定的社會，讓人民可以過幸福的日子。要想社會和諧，必須社會上每個人扮演好自己的社會角色，這就是孔子的正名主義。各個不同角色之間的分際就是倫理，倫理就是人與人之間應維持的適當關係。不過不是每個人每個時刻都能恰如其分扮演好自己的角色，甚至孔子自己也要到七十歲，才能「隨心所欲，不逾矩。」因此必須以禮加以輔助。禮是一種社會制度，一方面為倫理提供準則，一方面提供支援機制。這個支援機制在孔子時代就是以周天子為領袖的政府功能。所以司馬光在《資治通鑑》中說：「天子之職莫大於禮」；又說：「何謂禮？紀綱是也」；由天子發號施令，經過三公、諸侯、卿、大夫，至於士、庶人，賞善懲不肖，發揮引導人民行為的功能。

不過到了孔子的時代，周禮基本上已經崩壞，孔子經過在魯國和周遊列國期間的努力，知道現實世界已無力挽回，所以回到魯國才作《春秋》以代王法，也可以說作《春秋》以代禮制。孟子說：「春秋，天子之事也。」《春秋》本來是天子該做之事，天子不能發揮其功能，孔子才作《春秋》以代之。所以史稱孔子為素王：雖無王者的冠冕，但卻發揮王者的功能。朱熹有段話說得好：

朱子曰：「周衰，王者之賞罰不行於天下，諸侯強凌弱，眾暴寡。是非善惡由是不明，人欲肆而天理滅矣！夫子因魯史而修《春秋》，代王者之賞罰。是是而非非，善善而惡惡，誅姦諛於既死，發潛德之幽光。是故《春秋》成，而亂臣賊子懼。」（《五經讀本．春秋三傳．綱領》）

孔子以《春秋》之褒貶，代王者之賞罰。是就說它是，非就說它非，善就說它善，惡就說它惡。對那些邪惡阿諛之徒，雖已身死仍然加以誅殺；將那些不為人知的美德之微光發揚光大。

孔子獎善懲惡的方式，不是採取一般性的原則，而是利用具體的事實。孔子說：

我欲載之空言，不如見之於行事之深切著明也。（《史記．太史公自序》）

所以他藉著從魯隱公元年（西元前七二二年）到魯哀公十四年（西元前四

八一年），二四二年之間，東周各諸侯國的歷史，以具體的事實，使用精確的文字，將是非善惡彰顯出來，讓後世知所趨避。

我們今天看《春秋》的文字，猶如新聞媒體的標題，除有深厚的文字修養和歷史基礎，恐怕很難了解其簡短文字中的精微深意。所以才有左丘明，與公羊、穀梁三傳加以說明與解釋。其中《左傳》說明史實，《公羊》和《穀梁》解釋經義。經義就是《春秋》經文所隱含的微言大義。

魯哀公十四年（西元前四八一年）春，魯國發生了一件大事，這件大事《春秋》的經文如下：

> 十有四年，春，西狩獲麟。

對於這件大事，《左傳》的說明是：

> 十四年春，西狩于大野。叔孫氏之車子鉏商獲麟。以為不祥，以賜虞人。仲尼觀之，曰：「麟也。」然後取之。

魯哀公十四年的春天，西行到大野打獵。叔孫武叔的隨車武士鉏商捕獲一隻麒麟。叔孫武叔以為是不祥之物，賞賜給管理山澤的官員。孔子看了說：「這是麒麟呀。」然後虞人取去。大野在今山東省巨野縣的東北方。

《公羊》的解釋是：

何以書？記異也。何異爾？非中國之獸也。然則孰狩之？薪采者也。薪采者則微者也，曷為以狩言之？大之也。曷為大之？為獲麟大之也。曷為為獲麟大之？麟者，仁獸也，有王者則至，無王者則不至……孔子曰：「孰為來哉！孰為來哉！」反袂拭面，涕沾袍。

為什麼要記載？因為不尋常。為什麼不尋常？因為麒麟不是中國之獸。那麼是誰捕獲到牠呢？是打柴的人。打柴的人是身分卑微之人，為什麼用狩字呢？因為要將事件誇大。為什麼要誇大？為了捕獲麒麟而誇大。為什麼為了捕獲麒麟而誇大？因為麒麟是仁獸，有聖王則來，沒有聖王則不來……孔子說，為什麼要來呢？為什麼要來呢？舉起衣袖擦臉，淚涕沾滿了前襟。

再看《穀梁》的解釋：

> 引取之也。狩地不地，不狩也。非狩而曰狩，大獲麟，故大其適也。其不言來，不外麟於中國也。其不言有，不使麟不恒見於中國也。

引之而來，然後取之。不說出狩地在哪裡，因為本來就不是狩獵。不是狩獵而說成狩獵，因為要將獲麟之事故意誇大。不說麒麟是外來之獸，因為不想使麒麟見外於中國。不說麒麟只是偶爾發現，因為不想使麒麟不常見於中國。

孔子的《春秋》寫到獲麟為止；弟子為記孔子之卒，獲麟以後的部分採用魯史，直到魯哀公十六年（西元前四七九年）四月為止。

四、泰山頹乎！梁木壞乎！哲人萎乎！

吳王夫差打敗越國後，北上爭霸。魯哀公七年（西元前四八八年）夏，侵魯至鄫，索取百牢，魯不得已與之。魯哀公八年春，再次犯魯，駐軍泗上，逼近魯國的都城曲阜，魯國被迫訂下城下之盟，從此屈服於吳國的武力之下。魯哀公十一年（西元前四八四年）五月，吳、魯聯軍，大敗齊師於艾陵。這是吳王夫差爭奪霸權的重要一役，下一個挑戰的對象就是晉國。

魯哀公十二年（西元前四八三年）秋，吳王夫差召集魯哀公、衛出公與宋國的代表皇瑗，會於鄖，《史記，吳太伯世家》作橐皋，在今安徽巢縣西北之柘皋鎮。會後，吳以衛出公後至，加以留置。子服景伯請子貢去看吳太宰伯嚭；子服景伯是魯國大夫，屬於孟孫氏的家族。子貢備齊禮物前往，談及衛出公，伯嚭說：「寡君願事衛君，衛君之來也緩，寡君懼，故將止之。」伯嚭說話謙卑，當然是外交語言。大意是說，吳王很願意以禮對待衛君，不過衛君來晚了，吳王不知何故，有點擔心，所以想把他留下。子貢說：衛君行前，一定曾和他的部屬商量。有人認為應該來，有人認為不應該來，所以才會遲到。那些認為應該來的是想和先生為友，那些認為不應該來的是想和先生為仇。如果拘留衛君，就是背棄為友之人，尊重為仇之人。邀集諸侯而拘留衛君，誰會不畏懼呢？背友尊仇使諸侯畏懼，恐怕很難成就霸業吧！伯嚭聽了，乃釋放衛君。

子貢在隨孔子周遊列國期間，即曾多次返魯，以他的外交專長提供服務。魯哀公七年（西元前四八八年），吳王夫差首次侵魯，他隨季康子參與。哀公十一年艾陵之戰，他隨叔孫武叔參與。兩次都有重要貢獻。這次是隨子服景伯參加橐皋之會，使衛出公免為吳王夫差之囚。看了這些歷史記載，我們應會對叔孫武叔為什麼會說「子貢賢於仲尼」（《論語．子張．二十三》），有進一步的了解吧？

魯哀公十三年（西元前四八二年）夏，《春秋》經文記載：「公會晉侯及吳子於黃池」。公指魯哀公。因為孔子「因魯史作《春秋》」，所以凡提及魯君都只稱公。《左傳》的說明是：「公會單平公、晉定公、吳夫差於黃池。」單平公是周天子的代表。黃池屬宋地。《公羊》的解釋是：經文為什麼稱子？因為這次會議是由吳國主持。既然這次會議由吳國主持，為什麼先說晉侯？因為不願看到夷狄入主中國。那麼為什麼說到吳子？因為這是兩位霸主之會。既然不願夷狄入主中國，為什麼說是兩位霸主之會？因為看重吳國。為什麼看重吳國？因為吳國在，天下諸侯沒有敢不到的。讓我們補充一句：為什麼《左傳》的記載有單平公，但《春秋》的經文沒有？因為單平公雖然是周天子的代表，但在兩霸之會中，沒有他的地位。

就在吳王夫差黃池爭霸的緊要關頭，越王句踐對吳國發動攻擊，大敗吳師，俘虜太子友和王孫彌庸、壽於姚，攻入吳國都城姑蘇，就是現在的蘇州。吳國派人向夫差報告，夫差怕消息走漏，親手殺掉聽到消息者七人。這次會盟，夫差因為「後院失火」，未能成就霸業，率領他的疲憊之師返回吳地，向越國求和。從此越國成了他的頭號強敵，再也無力北向爭雄；魯哀公二十二年（西元前四七三年）終於為越國所滅。

魯哀公十二年（西元前四八三年），孔子的獨子伯魚死。

魯哀公十四年（西元前四八一年），顏回死。顏回是孔子最看重的弟子，最有資格成為孔子的衣缽傳人。宋儒認為顏回的造詣去孔子只差一息，因此想學顏回之所學以求成聖。朱子認為，孔子如果為相，顏回應為「樞密副使」，就是副宰相的意思。

子謂子貢曰：「女與回也孰愈？」對曰：「賜也何敢望回？回也聞一以知十，賜也聞一以知二。」子曰：「弗如也！吾與女弗如也。」（《論語．公冶長．八》）

子曰：「回也，其心三月不違仁，其餘則日月至焉而已矣。」（《論語．雍也．五》）

哀公問：「弟子孰為好學？」孔子對曰：「有顏回者好學，不

遷怒，不貳過。不幸短命死矣！今也則亡，未聞好學者也。」（《論語・雍也・二》）

子曰：「賢哉！回也，一簞食，一瓢飲，在陋巷。人不堪其憂，回也不改其樂。賢哉！回也。」（《論語・雍也・九》）

子謂顏淵曰：「用之則行，舍之則藏。唯我與爾有是夫……」（《論語・述而・十》）

子曰：「回也，其庶乎？屢空。賜不受命而貨殖焉，億則屢中。」（《論語・先進・十八》）

子曰：「語之而不惰者，其回也與？」（《論語・子罕・十九》）

子謂顏淵，曰：「惜乎，吾見其進也，未見其止也。」（《論語・子罕・二十》）

孔子對顏回充滿讚賞、期待與疼惜。顏回之死讓他希望成空，受到很大的打擊：

顏淵死，子曰：「噫。天喪予！天喪予！」（《論語・先進・八》）

顏回死，孔子說，啊呀！天要毀滅我了！天要毀滅我了！

顏淵死，孔子哭之慟。從者曰：「子慟矣！」曰：「有慟乎？非夫人之為慟而誰為？」（《論語・先進・九》）

顏回死，孔子哭得很傷心。陪同的人說，夫子太傷心了！孔子說，我有太傷心嗎？我不為這個人傷心，為什麼人傷心呢？

魯哀公十四年（西元前四八一年）春，魯國的附庸小邾國大夫射，以句繹投奔魯國。小邾位於曲阜東南方，在今山東滕縣；句繹是其西北比較靠近曲阜的領地。大夫射要求：「只要讓季路和我約定即可，不需要與魯國立盟。」季路就是子路。魯國派子路出面，子路不肯答應。季康子派冉有跟子路說：「魯是有戰車千輛的大國，射不相信魯國的盟約而相信先生一句話，先生與他約定有什麼不好呢？」子路回答說：「魯國如果對小邾用兵，我不敢問為什麼，死在小邾城下都可以。現在射背叛自己的國家，而我來成全他的話，那就是我認為他的作為合於道義。這樣的事我做不到。」（《左傳》）

子路真是一位信守承諾、堅持原則的正直君子。就這一點而言，他表現了孔子所說的大臣風範：「以道事君，不合則止。」（《論語・先進・二十三》）子路後來仕衛擔任大夫孔悝的邑宰，可能就是因為「顓臾」和「小邾」事件，讓他決定離開魯國。

子路去魯，謂顏淵曰：「何以贈我？」曰：「去國則哭於墓而後行；反其國不哭，展墓而入。」謂子路曰：「何以處我？」子路曰：「吾聞之也，過墓則式，過祀則下。」（〈檀弓下〉）

子路將要離開魯國，跟顏回說，你有什麼話送給我呢？顏回說，離開自己的國家，先到墓地哭過再走；返回自己的國家不哭，到墓地探望就好。顏回說，那麼你對我怎麼辦呢？子路說，我聽人說，遇到墓，在車上行禮；遇到廟，下車致敬。顏回所說，是要子路勿忘祖先墳墓所在，早日歸來。子路所說，是一路會懷念老友，為老友祈福。想不到兩位老友一別竟成永訣！

魯哀公十五年（西元前四八〇年）春，成的邑宰公孫成以成邑歸齊。成為孟孫氏的封地，是魯國北方的門戶，孟孺子率兵攻打，未能攻克。這年冬天，魯國與齊國談和，以子服景伯為使赴齊，子貢做他的從賓，也可以說副使，在齊國見到公孫成。子貢對他說：「人都會受人役使，但仍有背叛之心。齊國現在雖然願受先生役使，難道將來不會有貳心嗎？先生是周公的後人，在魯國享受了很多利益，尚且有不義的念頭。現在來到齊國，沒有利益可得，而失去自己的祖國，會有什麼好處呢？」公孫成聽了說，「對呀！我為什麼沒早聽到您的指教呢？」

陳成子接待魯國貴賓說：「敝國國君讓我向貴客報告，敝國國君願像事奉衛君一樣事奉魯君。」景伯向陳成子介紹子貢，請子貢代表發言。子貢答陳成子說：「這正是敝國國君所願。以前晉人攻打衛國，齊國為了衛國，出兵攻打晉國冠氏，損失戰車五百輛，衛國出兵相助。齊國因此贈與衛國濟水以西，禚、媚、杏以南土地，讓渡人口五百社。然而當吳人侵犯敝地，齊國則乘我危難之際，攻取讙、闡二邑。敝國國君因此感到寒心。若得像衛君一樣事奉貴國國君，自然是我們所願。」陳成子聽了感到羞愧，於是歸還成邑。公孫成率領他的部屬到齊地嬴邑（《左傳・哀公十五年》）。古時候二十五家為一社。

子貢事理通達，世事嫻熟，而且言辭誠懇，不愧為一位傑出的外交家。不過陳恆方於這年六月弒齊簡公，另立新君，專齊國之政。在此政權亟需穩定之際，不願與鄰國為敵，應也是他做順水人情，將成邑歸還魯國的重要原因。

就在這年，衛國發生了一件大事。衛出公輒出亡在外的父親蒯聵，勾結其姊孔姬，自戚邑潛入衛都，劫持自己的外甥衛國掌權的大夫孔悝，奪取君位。孔悝的管家欒寧一方面派人通知子路，一方面奉出公投奔魯國。

子路將進孔府大門的時候，剛好另外一位孔門弟子子羔從裡面出來。子羔說：「大門已經關了。」子路說：「我姑且試試看。」子羔說：「不參與人家的政治，無須涉入人家的危難。」子路說：「既然食人家的俸祿，就應不避人家的危難。」這年孔子七十二歲，子路少孔子九歲，在那個年代，已經是六十三歲的老人了。子路進入孔府，奮戰時帽帶擊斷。子路說：「君子死，帽不可脫落。」他在繫帽帶的時候，為敵所乘，不幸戰死。他真是一位正氣凜然的勇士！孔子聽到衛亂的消息說：「柴會回來，由要死在那裡了。」（《左傳．哀公十六年》）高柴字子羔。

關於子路之死，《禮記．檀弓》有一段感傷的記載：

孔子哭子路於中庭。有人吊者，而夫子拜之。既哭，進使者而問故。使者曰：「醢之矣。」遂命覆醢。（《禮記．檀弓上》）

孔子聽到子路去世的消息，哭於房外的院子之中，這時有人前來弔唁，孔子向他行禮道謝。哭過之後，請送信的人進到室內，打聽子路去世的情形。送信的人說，已經剁成肉醬了。孔子聽了，命人將家裡的肉醬倒掉。周禮，不同關係的人去世，視親疏遠近的不同，哭於不同的地方。孔子說：

兄弟，吾哭諸廟；父之友，吾哭諸廟門之外；師，吾哭諸寢；朋友，吾哭諸寢門之外；所知，吾哭諸野。（〈檀弓上〉）

孔子當子路是朋友看待。子路死後被衛人剁成肉醬，孔子不忍再食類似的食物，所以命人將家中的肉醬倒掉。

孔子經過「獲麟」和陳恆弒君事件，對世局發展感到徹底失望；接著愛徒顏回和子路相繼逝世，更讓他受到重大打擊，心情沮喪到了極點。魯哀公十六年（西元前四七九年）夏四月的一個清晨：

孔子蚤作，負手曳杖，逍遙於門。歌曰：「泰山其頹乎？梁木其壞乎？哲人其萎乎？」（〈檀弓上〉）

就是說，孔子一大早起來，背著手、拖曳著手杖在門前散心；口裡唱著：泰山要倒了嗎！梁柱要壞了嗎！哲人要死了嗎！這時正好子貢來看他。孔子說：

賜，爾來何遲也！夏后氏殯於東階之上，則猶在阼也。殷人殯於兩楹之間，則與賓主夾之也。周人殯於西階之上，則猶賓之也。而丘也，殷人也。予疇昔之夜，夢坐奠於兩楹之間。夫明王不興，而天下其孰能宗予？予殆將死也。（〈檀弓上〉）

子路、顏回和子貢是孔子最親近的三位弟子，他們從孔子出仕之前就追隨，陪著老師走過魯國官場和周遊列國的日子，又一起回到魯國，幫老師做事，為老師分憂，危難相扶持。如今顏回和子路先後逝世，在孔子最哀傷的時候，他對子貢是何等期盼！孔子說，賜，你怎麼現在才來呢？夏后氏的族人死後停棺在廳房的東階，當作尚未離開的主人；殷人停棺在兩柱之間，表示在家人和客人之間；周人停棺在西階，當作即將離開的客人。

我是殷人，有天晚上，夢到坐在兩柱之間祭奠。世上沒有明主出現，天下有誰能信奉我的主張呢？我恐怕就要死了。古代東階是主人迎送賓客所立的位置，西階是賓客進出的位置。

七天後孔子逝世，時間是魯哀公十六年（西元前四七九年）夏四月己丑，應為四月十一日，距生於魯襄公二十二年（西元前五五一年）十一月庚子，終年七十三歲。

孔子葬於曲阜故城的北方。司馬遷在〈孔子世家〉謂「孔子葬魯城北泗上」，可能有誤，因為泗水當年流經故城之南。弟子守喪三年，有喪而無服，故稱心喪。

> 孔子之喪，弟子疑所服。子貢曰：「昔者，夫子之喪顏淵，若喪子而無服，喪子路亦然。請喪夫子，若喪父而無服。」（〈檀弓上〉）

關於孔子的喪事，弟子們不知應如何服喪，子貢說，以前夫子對顏回的喪事，像對兒子一樣，但是不穿喪服；對子路的喪事也一樣。建議對夫子的喪事像對父親一樣，但是不穿喪服。

三年居喪完畢，弟子們相互話別，離情依依。行前又到孔子墓前痛哭盡哀。有人再留下來。唯有子貢在墓旁結一草屋，又住了三年，前後共六年才離去。師徒情深，讓後人無限感懷！

孔子的主張生前雖然未能實現，但他崇高的人格與宏富的思想，身後一直為世人景仰和嚮往。司馬遷在〈孔子世家〉的結語讚歎說：

《詩》有之：「高山仰止，景行行止。」雖不能至，然心嚮往之。

他的地位與名聲，也隨著他的學術思想弘揚與歷代君王推崇，不斷提高與遠播。因此孔氏家族後來亦多葬於孔子的墓園。孔子墓遵照古禮，墓而不墳，初時占地不過一頃。過去兩千多年，經過增修十三次，擴地三次，增植草木五次，現在總面積已達三千餘畝，成為世界上延時最久、面積最大、埋葬人數最多的家族墓園。園中種植著柏、檜、柞、榆、朴、楓、柳、女貞、五味等樹木數十種，約十萬餘株，其中千年以上的古樹有兩萬餘株；世稱孔林，亦稱至聖林。

現在曲阜城北孔林的南牆是魯故城北城牆的位置，孔林的大門是故城的北門，而孔林內的洙水河則是故城的護城河及排洪渠道。進入孔林，經過洙水橋，就是孔子的墓門，正北為孔林享殿，殿廣五間，始建於明弘治七年（西元一四九四年），為歷代帝王春秋大祭的正殿。孔子墓在享殿後院內，墓高約六米，直徑約十二米，墓前有兩塊石碑，前後排列。後面的一塊高二．五米，寬〇．八米，上篆書「宣聖墓」三字。前面的一塊高三．八米，寬一．五米，篆書「大成至聖文宣王墓」八字；「文革」時曾遭破壞，斷為數截，後經修復，如今斷痕猶存。

孔子墓東側偏南為泗水侯孔鯉之墓；南方為沭聖公孔伋之墓；孔伋是孔子之孫，就是子思。墓西有小屋一間，前立「子貢廬墓處」石碑一塊，象徵著當年子貢結廬守喪之地，引人落淚。

孔林與孔廟及孔府合稱三孔。孔廟始建於孔子逝世後第二年，就是魯

孔林孔子墓。

圖片提供: Mirko Kuzmanovic ／Shutterstock.com

哀公十七年（西元前四七八年）。魯哀公為了尊崇孔子，將他生前「所居之室」保存下來，作為「歲時奉祀」之用。當時的「孔廟」規模很小，只有廟屋三間。漢高祖劉邦十二年（西元前一九五年），「帝幸闕里，以太宰祀孔子」，為帝王祭祀之始。太宰是古代天子所用牛、羊、豕三牲俱備的祭品。漢武帝「罷黜百家，獨尊儒術」後，儒家思想受到重視，孔廟不斷修建，規模愈來愈大，規格愈來愈高，從漢代到清代擴建重修數十次，其中明代十一次，清代十四次，終於形成僅次於皇宮的格局。

如今的孔廟在曲阜城南門內闕里巷。前後有九進院落，貫穿在一條南北中軸線上。南北長一一二〇米，東西寬一四〇餘米，占地三二七．三畝。其中最主要的建築大成殿，是祭祀孔子的主殿，坐落在一個巨大的石基之上，石基高兩米多，東西寬四十六米，南北長約三十五米，占地近兩千平方米。殿面闊九間，東西寬四十五．七米，進深約二十五米，高三十一．八九米。大殿四周廊下環立二十八根雕龍石柱，柱高五．九八米，直徑〇．八一米，下墊以覆盆蓮花寶座柱礎，為明孝宗弘治年間徽州工匠刻製。據傳與北京清故宮之太和殿大小樣式完全一樣，唯高度只低三磚。殿內供「至聖先師孔子神位」牌位，後為孔子坐像，高三．五米，左右為顏回、曾參、子思、孟子四配與閔損（子騫）、冉耕（伯牛）、冉雍（仲弓）、宰予（宰我）、端木賜（子貢）、冉求（冉有）、仲由（子路）、言偃（子游）、卜商（子夏）、顓孫師（子張）、有若、朱熹十二哲塑像。

孔府在孔廟之東，與孔廟毗鄰。宋仁宗於至和二年（西元一〇五五年）將孔子第四十六代孫孔宗願的封號由「文宣公」改為「衍聖公」，正式建府。孔府占地二百四十畝，為歷代衍聖公的官署與私邸。

三孔如今都因歷史悠久、規模廣大與文化內涵豐富，經聯合國世界遺產委員會通過，列為世界遺產。孔子的思想也歷久而彌新，更受世人關注。一九八八年一月十八日至二十一日，七十五位諾貝爾獎得主聚集在巴黎法國總統官邸，討論「面對二十一世紀的威脅與問題」（Facing the 21st Century: Threats and Problems; Nobel Laureates Look Ahead: Science, Technology, Medicine, and Peace）。會中，一九七〇年瑞典籍諾貝爾物理學

曲阜孔廟大成殿。

圖片提供: Inspired By Maps ／Shutterstock.com

獎得主阿爾文（Hannes Olof Gösta Alfvén）教授說：「面對二十一世紀，人類要生存下去，就要回到二十五個世紀以前，去汲取孔子的智慧。」

不過，孔子的思想產生於傳統停滯時代（traditional stagnation epoch），由於缺少以人均產值或人均所得為特色的經濟成長，國家追求的目的為社會和諧，為達成社會和諧，個人需要遵守倫理，倫理的社會支援體系，也就是禮，則由政府主宰。

如今進入現代成長時代（modern growth epoch），長期持續的技術進步，使勞動生產力不斷提高，人均產值不斷增加，國家的目的在社會和諧之外，增加經濟成長。倫理雖然必須遵守，因為倫理是與人相處應維持的適當關係，無倫理即無社會，然而隨著技術進步，經濟成長，經濟結構與社會結構改變，人際關係隨之改變，倫理的原則不變，但親疏遠近發生變化。政府所掌握的資源，在國家總資源中所占的比例減少，倫理的社會支援體系也自應由工商企業、教育與學術研究機構、各種行業與職業團體，以及社會中間組織共同支配。這些都是想要研究孔子智慧在二十一世紀的意義之學者必須多加努力的地方。

主要參考文獻

・《景印古本五經讀本》，台北市，台灣啟明書局，一九五二年；（一）《詩經集傳》，（二）《書經集傳》，（三）《禮記集說。檀弓上、下》，（六、七、八）《春秋三傳》。

・韓兆琦注譯，《新譯史記》，台北市，三民書局，二〇〇八年；（四、五）《世家一、二》，（六）《列傳一》。

・錢穆，《中國史學名著》，台北市，三民書局，二〇一九年三月（初版一刷一九七三年二月）。

・錢穆，《孔子傳》，台北市，東大圖書股份有限公司，二〇一九年八月（初版一刷一九八七年六月）。

・呂伯璘編纂，《魯青簡史》，高雄市，東來草堂出版社，一九八八年。

・郭墨蘭主編，《齊魯文化》，北京，華藝出版社，一九九七年；第九編：第一章，第三節，〈曲阜魯國故城遺址〉；第二章，第二節，〈孔林及孔子墓〉；第六章，第一節，〈孔廟、孔府及府第建築〉。

・孫震，《半部論語治天下》，台北市，天下文化，二〇一八年。

附錄一　孔子年表

西元前	魯紀年	孔子年齡	大事紀
五五一	魯襄公　二二	一	出生於魯國郰邑。
五四九	二四	三	父叔梁紇卒。
五三三	魯昭公　九	一九	自郰遷至魯城；任委吏；娶丌官氏。
五三二	一〇	二〇	子鯉生；鯉字伯魚。
五三一	一一	二一	任乘田。
五二八	一四	二四	母顏氏夫人徵在卒；殯於五父衢。
五二二	二〇	三〇	三十歲之前開始授徒、施教，為中國第一位民間興學的教育家。
五一七	二五	三五	魯昭公伐季平子，為季孫、叔孫、孟孫三家所敗，奔齊。孔子適齊；齊景公問政。
五一六	二六	三六	返魯；合葬父母於防，也可能稍晚。
五一〇	三二	四二	魯昭公卒於晉之乾侯。季平子議立昭公弟宋，是為魯定公。
五〇五	魯定公　五	四七	季平子卒，子桓子立。陽虎劫持季桓子，與之盟，操控魯國政局。

西元前	魯紀年	孔子年齡	大事紀
五〇二	八	五〇	陽虎欲弒季桓子，失敗，據讙及陽關叛魯。
五〇一	九	五一	魯師伐陽關，陽虎敗逃至齊。孔子出仕，任中都宰；亦有可能在上年陽虎叛魯後。
五〇〇	一〇	五二	由中都宰為司空，相定公，與齊景公會於夾谷。
四九九	一一	五三	由司空轉任司寇。
四九八	一二	五四	以司寇攝相事，墮三都；攻郕不克，功敗垂成。
四九七	一三	五五	齊贈美女、文馬，魯定公受之，怠於政事。孔子去魯適衛，居十月，結交文叔文子及蘧伯玉；赴衛前有可能先去過齊國。
四九六	一四	五六	去衛赴陳，途經匡邑為匡人所拘，求助於蘧伯玉，放行；經蒲返衛，受衛靈公禮遇；見南子。
四九五	一五	五七	去衛，過曹，經宋、鄭，至陳。
四九四	魯哀公 一	五八	秋八月，吳侵陳；孔子去陳赴衛。西行欲赴晉見趙簡子，至河而返。
四九三	二	五九	夏四月，衛靈公卒，孫輒立，是為衛出公；孔子去衛返陳。
四九二	三	六〇	居陳。秋七月，季桓子卒，子康子立；冬，召冉求返魯。

西元前	魯紀年	孔子年齡	大事紀
四九一	四	六一	自陳赴楚負函，或葉，見葉公沈諸梁。
四九〇	五	六二	居陳。秋九月，齊景公卒。
四八九	六	六三	春，吳伐陳；楚昭王救陳，軍次城父。孔子在陳絕糧，經城父赴衛。夏七月，楚昭王卒。
四八八	七	六四	居衛。魯哀公會吳王夫差於魯地鄫，夫差索百牢，魯屈服於吳武力，與之。
四八七	八	六五	居衛。吳伐魯，次於泗上；與魯盟而去。
四八四	一一	六八	春，齊師伐魯，為冉有所敗。夏五月，吳王夫差聯合魯師，大敗齊師於艾陵。冬，季康子迎孔子返魯。
四八三	一二	六九	重理舊業，授徒施教；整理詩、書、易、禮，因魯史作春秋。子鯉卒。
四八一	一四	七一	春，西狩獲麟，春秋絕筆。夏四月，陳恒弒齊簡公。子路去魯仕衛；顏回卒。
四八〇	一五	七二	蒯聵奪取其子衛出公君位；衛亂，子路戰死。
四七九	一六	七三	夏四月己丑，孔子卒。

附錄二　孔子周遊列國圖示

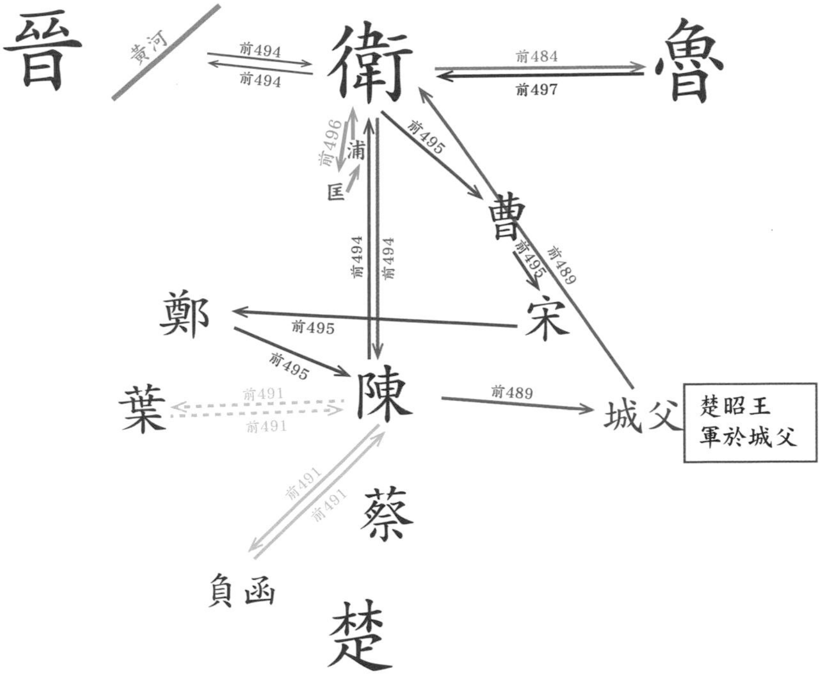

註：
1. 根據附錄一製作
2. 虛線表示或有的路線

文化文創 BCC035

孔子新傳
尋找世界發展的新模式

作者 —— 孫震

總編輯 —— 吳佩穎
責任編輯 —— 郭昕詠
封面設計 —— Tigerissue虎稿
內頁設計 —— Tigerissue虎稿
內頁排版 —— 簡單瑛設

出版人 —— 遠見天下文化出版股份有限公司
創辦人 —— 高希均、王力行
遠見・天下文化 事業群董事長 —— 高希均
事業群發行人／CEO —— 王力行
天下文化社長 —— 林天來
天下文化總經理 —— 林芳燕
國際事務開發部兼版權中心總監 —— 潘欣
法律顧問 —— 理律法律事務所陳長文律師
著作權顧問 —— 魏啟翔律師
社址 —— 臺北市104松江路93巷1號

讀者服務專線 —— 02-2662-0012｜傳真 —— 02-2662-0007；02-2662-0009
電子郵件信箱 —— cwpc@cwgv.com.tw
直接郵撥帳號 —— 1326703-6號　遠見天下文化出版股份有限公司

製版廠 —— 中原造像股份有限公司
印刷廠 —— 中原造像股份有限公司
裝訂廠 —— 精益裝訂股份有限公司
登記證 —— 局版台業字第2517號
總經銷 —— 大和書報圖書股份有限公司｜電話 —— 02-8990-2588
出版日期 —— 2021年4月23日第一版第1次印行
2022年8月17日第一版第6次印行

定 價 —— NT650元
ISBN —— 9789865251314
書 號 —— BCC035
天下文化官網 —— bookzone.cwgv.com.tw

國家圖書館出版品預行編目（CIP）資料

孔子新傳：尋找世界發展的新模式/孫震作. -- 第一版.
-- 臺北市：遠見天下文化出版股份有限公司, 2021.04

面；14.8×21公分. --（文化文創；BCC035）

ISBN 978-986-525-131-4（精裝）

1.(周)孔丘　2.傳記

121.23　　110004933

天下文化

BELIEVE IN READING